普通高等教育"十三五"规划教材
"互联网+"新形态一体化精品教材

新编大学体育与健康

（第2版）

XINBIAN DAXUE
TIYU YU
JIANKANG

主　编　常　智　刘　岩　何智强
副主编　（按姓氏拼音排序）
　　　　陈科全　葛晓燕　黄　埔
　　　　刘　凯　李　苏　陆雯婕
　　　　廖月荣　王湛卿　谢　珂
　　　　张　昊　张红克　郑健成

南开大学出版社

图书在版编目（CIP）数据

新编大学体育与健康／常智，刘岩，何智强主编. —天津：
南开大学出版社，2012（2018.5重印）
 ISBN 978-7-310-03959-3

Ⅰ.①新… Ⅱ.①常… ②刘… ③何… Ⅲ.①体育—
高等学校—教材②健康教育—高等学校—教材 Ⅳ.
①G807.4

中国版本图书馆CIP数据核字（2012）第159859号

版权所有　侵权必究

南开大学出版社出版发行
出版人：孙克强

地址：天津市南开区卫津路94号　　邮政编码：300071
营销部电话：（022）23509911　23508339
营销部传真：（022）23508542　邮购部电话：（022）23502200

*

北京荣玉印刷有限公司印刷
全国各地新华书店经销

*

2017年3月第2版　2018年5月第3次印刷
184×260毫米　16开本　20.5印张　446千字

定价：42.00元

如遇图书印装质量问题，请与本社营销部联系调换，电话：（022）23507125

前言

为落实《国家中长期教育改革和发展规划纲要（2010—2020年）》《国务院办公厅转发教育部等部门关于进一步加强学校体育工作若干意见的通知》（国办发〔2012〕53号）和《教育部关于印发〈学生体质健康监测评价办法〉等三个文件的通知》（教体艺〔2014〕3号）有关要求，我们特组织了一批公共体育学科的专家、学者，结合我国高校课程教学改革研究实践，以"素质教育、健康第一、以人为本"为指导思想，编写了这本大学公共体育教材。

大学体育课程是高校课程体系的重要组成部分，是高校体育与健康教育工作的中心环节。一本高质量的公共体育课教材，是提高高校公共体育课教学质量、顺利实施高校体育与健康教育工作的重要保障。

本教材既有体育理论，又包含体育技能。体育理论部分以体育基本理论为框架，汲取最新公共体育教学经验与科研成果，突出了健康理论的内容，努力构建以健康为导向的体育理论体系，力求与现代体育学科的发展相适应。体育技能部分针对大学生身心发育的特点及当前我国高校体育的教学现状，增加了一些大学生喜闻乐见的体育运动项目，注重教材的实用性和新颖性，突出趣味性和可读性，旨在不断增强大学生的体育参与意识，提高他们的体育技能，最终使他们养成良好的锻炼习惯和健康的行为方式，达到终身受益的目的。

本教材在编写过程中力求成为在校大学生体育课内学习和课外锻炼的指导性用书。概括起来，本教材具有以下特色。

1.内容精炼。在内容编排上，积极吸收国内外大学体育教学的最新研究成果，有选择地摒弃了陈旧、繁冗的内容，使教材做到内容精炼。

2.结构新颖。本教材在每一章的开始都设有"名人名言""学海导航"；章节中增添了"名人堂""知识窗"等拓展知识的栏目；每章的结尾都附有"作业与思考题"以及"网站链接"。

3.既有理论高度，又有实用价值。本教材以科学事实和科研成果为依据，叙述语言力求严谨、科学，有一定的理论高度。同时教材版式活泼，图文并茂，通俗易懂，便教易学，注意理论联系实际，贴近大学生的生活，方便他们学以致用。

4.利用新媒体扩展了教材的广度和深度。我们搜集了相关热门运动的视频，并以二维码的形式附在相关章节，可以使用手机扫描观看，辅助学生学习该运动。

本书为普通高等学校全日制本科非体育专业的学生设计，可以作为公共体育课教材使用。由于编写时间仓促，书中难免有不足之处，恳请广大师生批评指正。联系电话：010-57749959，邮箱：2033489814@qq.com。

编　者

CONTENTS 目录

CHAPTER 01
大学体育概述

第一节　体育的产生与发展　2
第二节　大学体育的地位与目标　7
第三节　大学体育中的重要理念　9

CHAPTER 02
科学健身观

第一节　科学健身的原则与方法　14
第二节　运动健身的医务监督　23
第三节　运动健身与营养补充　28
第四节　运动处方与锻炼计划　35

CHAPTER 03
体育竞赛组织与欣赏

第一节　体育竞赛的组织与编排　42
第二节　体育竞赛的欣赏　48

CHAPTER 04
田径运动

第一节　田径运动概述　56
第二节　径赛项目基本技术　57
第三节　田赛项目基本技术　64

CHAPTER 05
篮球运动

第一节　篮球运动概述　74
第二节　篮球运动基本技术　76
第三节　篮球运动基本战术　79

第四节　篮球技术训练　83
第五节　篮球比赛场地与裁判方法　87

CHAPTER 06
排球运动

第一节　排球运动概述　92
第二节　排球运动基本技术　94
第三节　排球运动基本战术　98
第四节　排球比赛场地与裁判方法　102

CHAPTER 07
足球运动

第一节　足球运动概述　112
第二节　足球运动基本技术　114
第三节　足球运动基本战术　121
第四节　足球比赛场地与裁判方法　126

CHAPTER 08
乒乓球运动

第一节　乒乓球运动概述　134
第二节　乒乓球运动基本技术　135
第三节　乒乓球运动基本战术　144
第四节　乒乓球比赛场地与裁判方法　145

CHAPTER 09
羽毛球运动

第一节　羽毛球运动概述　148
第二节　羽毛球运动基本技术　150
第三节　羽毛球运动基本战术　155
第四节　羽毛球比赛场地与裁判方法　159

CHAPTER 10
网球运动

第一节　网球运动概述　164
第二节　网球运动基本技术　166
第三节　网球运动基本战术　172
第四节　网球比赛场地与裁判方法　175

CHAPTER 11
跆拳道

第一节　跆拳道概述　180
第二节　跆拳道基本技术　182
第三节　跆拳道基本战术　191
第四节　跆拳道训练方法　192

CHAPTER 12
武术运动

第一节　武术运动概述　198
第二节　武术基本步法和手法　200
第三节　五步拳　202
第四节　简化太极拳（二十四式）　205
第五节　初级长拳（第三路）　224

CHAPTER 13
游泳运动

第一节　游泳运动概述　244
第二节　游泳技术介绍　247
第三节　溺水的应对与施救　253

CHAPTER 14
形体健身运动

第一节　健美　258
第二节　健美操　269
第三节　体育舞蹈　286
第四节　瑜伽　296

CHAPTER 15
休闲娱乐运动

第一节　轮滑　304
第二节　毽球　308
第三节　台球　312

附录

《国家学生体质健康标准（2014年修订）》测试评分表　316

参考文献　320

CHAPTER 01

大学体育概述

夫完全人格，首在体育，次在智育，更言德育。

蔡元培

学海导航

体育作为人类发展史上最为古老的文化之一,在原始人的生存活动中就包含了一些具有体育雏形特征的内容。但是,学校体育出现得较晚,它是随着社会政治、经济以及教育和体育的发展而发展,并逐步形成体系的。我国近代学校体育是从清末开始由日本、欧美一些国家传入的,首先是在教会学校开展,逐渐在以大学为主的各级、各类学校中普及。新中国成立后,我国大学体育迅速发展并取得巨大成就。本章主要介绍体育的产生与发展、大学体育的地位与目标以及大学体育的科学理念。

知识目标

1. 了解体育从产生到发展的相关知识,明确大学体育的地位与目标。
2. 理解大学体育的主要科学理念。

能力目标

在科学的体育理念的指引下自觉地参与体育学习和锻炼。

第一节 体育的产生与发展

一、体育的含义

"体育"一词在我国的使用有一个演变过程。在古代,我国使用"养生""导引""武术"等名词。到了19世纪初,鸦片战争打破了我国闭关自守的局面。1894年前后,德国和瑞典的体操开始传入我国,当时我国就采用"体操"这个术语来表示广义的体育。据史料记载,清朝政府批准执行的《奏定学堂章程》明文规定各级各类学校要开设体操科(即体育课)。1902年左右,一些在日本的留学生从日本带来了"体育"这一术语。1904年,基督教天津青年会干事饶伯森在京津各校宣传"西洋体育"时,也使用了"体育"一词。随着西方文化的不断涌入,我国学校体育的内容也由单一的体操向多元化方向发展,课堂上出现了篮球、田径、足球等。许多有识之士提出不能把学校体育课称体操科了,必须厘清概念层次。1923年,在《中小学课程纲要(草案)》中,正式把"体操科"改为"体育课"。从此,"体育"一词成为标记学校中身体教育的专门术语。

广义的体育是指以身体练习为基础手段,以增强人的体质、促进人的全面发展、丰富社会文化生活和促进精神文明为目的的一种有意识、有组织的社会活动。它是社会总文化的一部分，其发展受社会的政治和经济制约，也为社会的政治和经济服务。

狭义的体育是指发展身体，增强体质，传授锻炼身体的知识技能、技术，培养道德和意志品质的教育过程。

广义的体育包括狭义的体育、竞技运动、身体锻炼和身体娱乐四个部分。

二、体育的产生

随着人类社会的发展和科学的进步，现代体育已经发展到了很高的程度，具有世界的普遍性。但是，体育是怎样产生的呢？

体育产生的原因应该是三维论，而不是过去所说的二维论。

（一）生产劳动是体育产生的决定性因素

马克思曾说过，劳动创造了人本身。同样，劳动也创造了体育。

原始人的生活条件是低劣的，他们只能靠采集、狩猎、捕鱼等方法维持生存。所用的工具非常简陋，靠跑和跳去追击野兽；靠投石块、掷长矛去捕鱼或刺杀野兽；靠攀登和爬越去采集野果……这些只是为了生存的简单的身体动作，经过长期的反复出现，逐渐成为一种必不可少的劳动。体育正是从这些劳动中发展而来的。

（二）人类的进化是体育产生的社会根源

古猿由于生活环境的改变和生活方式的影响，"完成了从猿变到人的具有决定意义的一步——直立行走"（图1-1）。由于直立行走，上肢才得以解放，才出现了跑、跳跃、投掷、攀登、爬越等身体动作。

名人堂

蔡元培（1868—1940），浙江绍兴人，1912年任南京临时政府教育总长，于1916年任北京大学校长，将其教育救国的思想用于改革北大，使北京大学一举成为我国学术研究氛围浓厚的高等学府，为中国高等教育的发展做出了重大贡献。1940年蔡元培在香港病逝，毛泽东称他为"学界泰斗，人世楷模"。他提出的"大学为培养民族精神之所"的教育思想，至今仍有积极意义。在我国近代体育的发展中，蔡元培先生同样是一位举足轻重的人物。他说："体育最要之事为运动，凡吾人身体与精神，均含一种潜势力，随外围之环境而发达，故欲发达至何地位，既能至何地位。"

图1-1

人类如果没有经过这种进化，那么，"完全成型的人"是不会出现的，劳动也不会产生，同样，体育也就不会产生。这就是体育产生的社会根源。

（三）需要是体育产生的动因

需要伴随着人类社会的开始直至达到人类最理想的社会——共产主义。"按需分配"这个科学的共产主义口号就是基于这种对社会发展动因的分析提出来的。马克思曾说过："任何人如果不同时为了自己的某种需要和为了这种需要的器官而做事，他就什么也不能做。"

人类社会任何事物的产生和发展都是以社会需要为根本依据的。体育的产生和发展可追溯到原始社会。原始人的身体活动大致可以分为三种：第一种是与生产直接有关的活动，如捕鱼、狩猎、农耕等；第二种是原始武力活动必需的技能，如攻防、格斗等，他们须掌握一定的生活技能（如走、跑、跳、攀、爬等）；第三种是既不与生产、攻防直接有关，又非生活必需的技能，仅仅是为了满足人的某种需要，如游戏、竞技、舞蹈、娱乐等。当然，有时这三种活动的界限也难以截然分开。

> **知识窗**
>
> 据考证，150万年前人类由树栖变为地栖，最终变为直立行走的人。在几万年前，人类借用"飞石索"获取果实，3万年前发明了弓箭射击飞禽。由此可见，人类的生存和发展的需求是体育产生和发展的根基。

三、体育的发展

体育是人类有计划、有意识地满足自身的生存、享受和发展等不同层次需要的社会实践活动。因此，体育总是随着历史的进步和人类社会对体育的需要层次的提高而不断发展和完善的。

（一）萌芽时期的体育

原始社会是人类社会的初级阶段，也是体育的萌芽时期。原始人的生活条件非常严酷，生产工具十分粗糙简陋，主要是各种石器和棍棒；生产活动主要有狩猎、采集野果、捕捉鱼虾以及简单的农事耕作等。原始人类的这些活动，其根本目的是生存，不是锻炼身体、增强体质。因此，严格地说，这些活动只能称为生活和劳动。

原始人在生产水平很低的情况下，不可能有明确的社会分工，许多社会活动之间还没有清晰的界限。人们当时的跑、跳、投掷、攀登、爬越，既是劳动活动，也是生活技能，这些又都是我们现代体育活动的前身。现代体育运动正是从这些活动中发展而来的。

原始社会的教育主要是一些生产技能的传授。年青一代主要是跟随年长者在整个劳动过程和日常生活中接受教育和锻炼，学会走、跑、跳跃、投掷、攀登、爬越等各种最基本的生产劳动和日常生活的技能和本领。原始的生产技能多是极笨重的体力劳动，因此在原始教育中体育是主要的内容和手段，很难将原始的教育活动与体育活动截然分开。

原始人类的社会活动除了生产劳动外，还有其他各种活动。为了自卫或参与部落间的争斗，各种格斗活动就出现了；为了祭祀所信奉的神灵而进行的各种宗教活动，往往以抒发感情的动作来表示对神灵的崇敬，从而逐渐形成了各种舞蹈活动；在各种祭祀性的宗教集会上，往往还举行各种竞技比赛，如古代的奥林匹克运动，就是由在祭奠宙斯神的集会上进行的各种竞技活动发展起来的；人们在狩猎成功后或在艰苦的劳动后，为了表达内心的喜悦和愉快的心情并寻求乐趣，也经常进行一些集体的舞蹈和有趣的游戏；为了与疾病做斗争，就要寻求各种防治疾病的办法。

（二）独立形态的体育

原始社会的瓦解是随着私有制的出现而开始的。专一婚制是巨大的历史进步，家庭变为最重要的社会现象之一，它为儿童教育（包括体育）提供了场所。在长期的生产和生活实践中，自然和社会的知识不断积累，生产工具不断改进，生产力不断提高。劳动技能日趋多样化、复杂化。这样一方面对人提出了更高的社会要求，必须经过学习和培训才能学会使用和制造较为有效的劳动工具，并提高劳动技能；另一方面，由于劳动产品有了一些剩余，这就有可能由专人对年青一代实施教育、传授劳动技能以及进行身体训练。同时，人类的思维也有了发展，这就从主客观两个方面为教育的产生提供了可能性。

奴隶制的产生给社会带来的一个重大变化就是产生了学校。这时，教育（包括体育）才有可能作为一种独立现象，从生产劳动和社会生活的其他领域中分离出来，逐步形成专门的体系，并在教育、军事、科学技术、宗教和休闲娱乐等活动中得到进一步的充实和发展。

国家的出现使培养统治人才成为必需。教育成为统治阶级培养人才的工具，具有明显的阶级性（包括体育）。自从教育形成独立的体系后，体育始终是教育的组成部分，作为教育的基本内容之一而出现，但这时的体育已不再是过去那种简单的为生存服务的生活技能教育了。早在我国殷商时期设立的教育机关"学官"中，就把射箭作为学习的主要内容。周代的"六艺"（礼、乐、射、御、书、数）教育中，射、御就含有体育的因素。周天子以射选诸侯、卿、大夫和士。

古希腊的斯巴达教育体系中，同样把体育列为主要内容。公元前6世纪到公元前4世纪的雅典教育体系规定，十二三岁的少年进体操学校学习"五项竞技"（赛跑、角力、跳跃、掷铁饼、投标枪）和游泳、舞蹈；十五六岁的少年奴隶主子弟，进国家主办的体育馆，在那里，"五项竞技"仍是主要学习内容，但赛跑和角力更受重视，另外还增加了骑马、驾车等活动。中世纪欧洲封建主教育体系的"骑士七技"（骑马、游泳、投枪、击剑、打猎、弈棋、吟诗）中，体育就占有较大的比重。柏拉图的学生亚里士多德，第一个论证了体育、德育、智育的联系，主张教育儿童少年在身体、德行和智慧方面和谐发展。

教育的发展对教育中采用体育的内容、组织方法不断提高要求，从而促进了体育的发展。体育在逐渐形成独立形态的发展过程中，不仅与教育的发展紧密联系在一起，同时与军事、医学、艺术、宗教、休闲娱乐等活动的发展有密切关系。体育正是在与教育、军事、医疗卫生、艺术、文化娱乐、宗教等活动相互影响和相互作用的过程中才成为具有自身体系的独立形态。

体育在东西方各自发展的历史过程中，既有共同之处，又各具特色，两者都注重体育的教育性和阶级性，并把体育作为一种富国强民的重要手段。东方体育崇文尚柔、以静养生的成分要多于西方；西方体育则更多地提倡运动和肌肉健美、体格强壮。东方体育的竞技性不如西方体育；而西方体育的养生保健性又逊于东方体育。总之，与萌芽时期的体育相比，形成独立形态的体育体现了较强的教育性和阶级性，它的竞技性、健身性和娱乐性也大大强于萌芽时期的体育。

（三）渐成科学体系的体育

17世纪中叶，英国资产阶级革命胜利标志着人类社会步入了新的历史时期——资本主义社会。与这一历史时期相适应的体育也随着资本主义的兴起而迅速地发展。19世纪，由于资本主义发展的不平衡和民族主义的倾向，西欧各国之间接连发生战争，如克里米亚战争、普丹战争、普法战争等。接连不断的战争刺激着各国重建军备，使各国认清了对国民施以身体训练使之适于服兵役的重要性。正是这些强国强民的需要，迫使各国对体育加以重视，因而相继出现了"德国体操之父"——古茨姆斯、德国"国民体操之父"——杨氏和瑞典的林德福尔斯等体操领袖。他们的理论著作（古茨姆斯著有《青年人的体操》，杨氏与人合著有《德国体操》，林德福尔斯著有《体操的一切原则》）和体育实践经验，不仅受到本民族的欢迎，成为本国人民的共同财产，而且在这之后流传到欧、亚、美各洲，推动了世界体育运动的发展。

正当欧洲各国纷纷采用和推广德国和瑞典体操的时候，英国却由于其独特的社会条件，兴起了符合自己民族特色的户外运动、娱乐和竞技运动。这些条件主要是英国以海军立国，最早实现的工业革命促进了生产的发展；人们的生活水平相对提高，缩短了工作时间而使余暇时间增多；气候温和，人们有条件和兴趣更多地参加户外丰富多彩的体育锻炼，如射箭、羽毛球、板球、保龄球、曲棍球、橄榄球、足球、游泳、网球、划船、田径赛、高尔夫球、登山、滑冰和滑雪等等。英国人认为，参加户外运动是一件当然的事，是整个人生的一部分。

随着英国殖民主义的扩张，英国的户外运动、娱乐和竞技运动逐渐在美国、欧洲以及其他许多国家得到传播。这时，体育有了如下特点：体育开始形成科学体系，将近代科学的研究成果作为体育发展的理论基础（通常人们习惯上把具备了一定科学体系的体育称为现代体育）；体育运动已具有强烈的竞赛性和较广泛的国际性；体育运动的项目和规模都远远超过了封建社会和奴隶社会；体育已成为学校教育的重要组成部分。因此，杨氏体操、林氏体操和英国的户外运动与竞技运动又被称为现代体育的"三大基石"。为现代体育的产生和发展提供了重要的理论与实践基础的，还有欧洲的文艺复兴运动和著名教育家顾拜旦倡导的现代奥林匹克运动。美国现代体育的兴起稍晚于英国，但发展迅速，对现代体育的发展和完善起到了积极作用。

第二节 大学体育的地位与目标

一、体育在高等教育中的地位与作用

体育作为教育的重要组成部分，是学生感受人生，体验人生最深刻、最直接、最生动的活动。它在培养学生坚强的意志品质、勇于进取的拼搏精神、团结协作的团队精神等方面，以及对于学生人生态度、情感、价值观的形成具有独特的、其他学科无法替代的作用。其作用主要表现在以下几个方面：

（1）有利于完善学生的生长发育，巩固与提高已经获得的体能水平，保持与增进健康。实践证明，大学生在读期间的生长发育还未全部完成，在改善营养、卫生保健条件的同时，适当地从事一定的体育锻炼对完善大学生的生长发育是十分必要的，也是非常有益的。

（2）有利于学生个性的全面和谐发展。通过体育活动可以丰富大学生的课余文化生活，沟通思想，调节感情，培养团结协作、顽强拼搏、自尊自信的精神，提高独立性、创造性、责任感、自制力。

（3）通过体育活动可以提高学生思维的均衡性、灵活性、认知能力，发展学生的观察力、记忆力、想象力，提高学习潜力与学习效率，培养学生独立思考、发现问题、解决问题的能力。

（4）促进学生身心的和谐发展，促进身体美、精神美、技艺美，提高审美情趣，培养学生欣赏美、创造美的能力。

二、大学体育的目的与任务

根据我国的教育方针和高等教育要面向现代化、面向世界、面向未来的要求，根据社会主义建设对现代人才培养的要求和高等教育的目的和任务，高等院校体育的目的是：增强大学生的体质，促进大学生的身心健康，培养大学生的体育意识、能力和习惯以及良好的思想道德品质，使其成为德、智、体全面发展的社会主义建设者和接班人。要实现高校体育的目的，必须完成以下基本任务。

（一）增进学生身心健康，增强学生体质

通过体育的各种实践活动增进学生身体健康，增强体质，提高身体素质水平是大学体育的首要任务。体育作为促进学生身心健康发展最积极、最有效的手段，通过进行体育教学、运动训练、课外体育活动和体育竞赛等一系列体育活动使学生养成良好的锻炼习惯，不断提高学生的健康水平和对环境的适应能力，增强对疾病的抵抗能力；通过体育理论的学习，使学生重视营养卫生，遵守合理的作息制度，积极参与体育实践，从而以强健的体魄和充沛的精力保证学业的完成，为走向社会打下坚实的基础。

> **知识窗**
> **阳光体育运动**
>
> 2006年12月，教育部、国家体育总局、共青团中央联合下发了《关于开展全国亿万学生阳光体育运动的通知》（教体艺〔2006〕6号），要求在全国范围内开展"亿万学生阳光体育运动"。其目的在于切实加强学校体育工作，激发学生的运动兴趣，培养学生的锻炼习惯，锤炼学生勇敢顽强、坚韧不拔的意志品格，促进学生在身体、心理和社会适应能力等方面健康和谐的发展。

（二）培养良好的体育意识，养成自觉锻炼身体的习惯

通过体育教学，向学生传授体育基本知识、技术和技能，使其掌握科学的锻炼方法、手段，提高对体育锻炼的认识和意识。体育基本知识是指科学锻炼身体的原理、原则和方法，体育保健、自我监督和评价等。体育基本技术和技能是指参加运动的实践能力。通过体育教学培养学生的运动能力，并通过课外锻炼和竞赛的反复实践，达到熟练掌握的程度。体育的意识和习惯的培养，一是对体育运动定义和价值的正确认识，二是对运动的兴趣与掌握的程度，三是形成稳固的锻炼习惯。

（三）培养良好的思想品德，注重学生个体道德素质提高

体育是对学生进行品德教育最活泼、最直接、最生动的形式。大学体育是一个有目的、有计划、有组织的教育过程，其特征体现为学生实践内容的丰富。体育活动多采用竞赛形式，既有强烈的竞赛气氛，又有严格的规则约束，而规则既是行为的准则，又是品德的规范。

（四）提高学生的运动技术水平，促进学校体育工作的开展

随着我国经济的发展，高等学校之间的体育交流活动日益增多，促进了校际、学生间的友好往来。充分利用高等学校的有利条件和高校学生在体能、智能以及实践能力上的优势，坚持系统和科学训练，不断提高运动技术水平，这样既可为高等院校培养体育骨干，又能进一步推动高等院校体育活动的开展，丰富大学生的校园文化生活。

第三节 大学体育中的重要理念

一、"健康第一"理念

广大青少年身心健康、体魄强健、意志坚强、充满活力，是一个民族旺盛生命力的体现，是社会文明进步的标志，是国家综合国力的基础。青少年的体质健康水平，不仅是个人健康成长和实现幸福生活的根基，而且是整个民族健康素质的基础，并直接影响到我国人才培养的质量。健康体魄是青少年为祖国和人民服务的基本前提，是中华民族旺盛生命力的体现。学校教育要树立"健康第一"的指导思想，切实加强体育工作。有了健康的身体，才可能有健康的心理，才可能学到更加丰富的知识和技能，才可能为国家、为社会的发展做出贡献，才可能成为全面建设小康社会的有用人才。

坚持"健康第一"的理念是高校体育整体改革的重要方向。社会的发展对人才的培养提出了新的要求，大学生的健康问题已不局限于体质的增强，而是逐渐扩展到身体、心理、社会适应能力和道德品质等多个维度，这也是"健康第一"的新内涵。高校体育工作是高等教育工作的重要组成部分，处于学生成才的基础性地位，对于培养学生终身体育意识、养成良好的运动习惯、适应未来多变的社会环境、构建和谐美好的人生具有举足轻重的作用，所以我们必须牢固树立"健康第一"的新理念。高校教育工作者必须树立正确的健康观和人才观，更要引导全社会特别是大学生树立正确的教育观、人才观和健康观，让"健康第一"的指导思想在大学生中达成共识，促进大学体育工作高效和谐地发展。

二、终身体育理念

20世纪60年代中期，法国著名教育家朗格朗提出了终身教育的观点，1972年联合国教科文组织对终身教育的理论和原则进行了系统论述。在终身教育思想的影响下，更主要的是由于人们追求健康长寿、改善生活方式、提高生活质量的主体需求，终身体育思想在20世纪80年代应运而生。终身体育是指一个人终身主动接受体育指导、相关教育，参加体育锻炼。终身体育思想是从人的生涯角度对体育问题的理性认识，它以人为出发点，从哲学的角度探讨人、体育、社会三者的关系，旨在塑造全面发展的人，实现体育运动对人和社会发展的巨大功能。

现代教育特别强调"为学生的终身发展奠定基础"。终身体育的理念是指以培养学生终身参与体育活动的能力和养成终身体育锻炼的习惯为主导的思想，该理念认为学校体育是终身体育最重要的、具有决定性意义的中间环节，主张在学校阶段培养学生终身从事体育学习和锻炼的观念和习惯，并使学生掌握终身体育的基本理论和方法。《全国普通高等学校体育课程教学指导纲要》中有多处体现高校体育改革要贯彻终身体育思想的表述。

> **知识窗**
>
> ## 《国家学生体质健康标准》
>
> 《国家学生体质健康标准》是国家教育主管部门为贯彻落实"健康第一"的指导思想，切实加强学校体育工作，促进学生积极参加体育锻炼，养成良好的锻炼习惯，提高学生体质健康平均水平，而制定的标准性文件。该标准是《国家体育锻炼标准》的有机组成部分，是《国家体育锻炼标准》在学校的具体实施，是国家对学生体质健康方面的基本要求，适用于全日制小学、初中、普通高中、中等职业学校和普通高等学校的在校学生。

高校体育是奠定终身体育基础的极好时机。通过体育活动，一方面可以促进大学生正常生长发育、增强体质，打好体质健康基础；另一方面使大学生掌握体育的基本理论知识和锻炼方法，培养他们对体育的爱好、兴趣，养成体育锻炼的习惯，使体育活动成为大学生生活中不可缺少的内容。这个阶段所产生的体育后效应将在大学生毕业后的几十年生涯中表现出来。终身体育是依靠在高校体育阶段形成的体育意识、习惯和能力，在人生的各个不同阶段继续坚持体育学习和健身，不断修炼个性，充实人生，提高生活乃至生命质量，它是高校体育的长远目标。

三、素质教育理念

素质教育是以提高民族素质为宗旨的教育。它是依据《中华人民共和国教育法》规定的国家教育方针，着眼于受教育者及社会长远发展的要求，以面向全体学生、全面提高学生的基本素质为根本宗旨，以注重培养受教育者的态度、能力，促进他们在德、智、体等方面生动、活泼、主动地发展为基本特征的教育。它以全面提高人的基本素质为根本目的，以尊重人的主体性和主动精神为基础，以注重开发人的智慧潜能、注重形成人的健全个性为根本特征。

全国学校体育工作会议提出，把学校体育作为今后一个时期实施素质教育的重要切入点和突破口，这为我们抓好大学体育工作、进一步推进素质教育指明了方向。全面贯彻党的教育方针，全面实施素质教育，促进大学生全面发展和健康成长，是高等教育落实科学发展观的必然要求。身心健康是学生全面发展的重要基础，体育在素质教育当中占有非常重要的位置，其本身就是一个育人的过程，是教育的本质功能之一。

就个人发展而言，体育在提高大学生的健康素质的同时，还能砥砺他们的意志品质和人格精神。学生经历的每一次体育活动和竞赛都在潜移默化地教育熏陶他们，培养他们团结、合作、坚强、献身和友爱的高尚情操。对于今天的青年一代，体育更是培育他们自强不息精神和吃苦耐劳意志的有效途径。可以说，加强高校体育工作，促进大学生健康成长，是高等教育本质的回归。忽视学生身心健康，忽视学校体育工作，就谈不上全面贯彻党的教育方针，谈不上全面实施素质教育。近年来的实践已经充分证明，加强学校体育，确确实实成了全面实施素质教育的重要突破口。学校体育工作水平的高低已成为衡量一所大学素质教育水平的重要标志之一。

四、"以人为本"理念

联合国教科文组织的报告中强调，教育应当把人作为发展的中心，并明确提出"接受教育不再是为了升学和谋生，而是为了个人能力的充分发挥以及个人终身学习，为了社会的和谐发展"。这充分体现了"以人为本"的教育价值观，它对大学体育提出了新的要求。

首先，关注大学生的身心健康。身心健康是人能够生存和发展的基本前提。现代社会的高速发展对人的身心健康提出了严峻的挑战。生产的高度现代化，在很大程度上剥夺了人们从事体力劳动的机会，也导致了"文明病"的蔓延。生存竞争的日趋激烈使精神紧张成为一种流行的社会疾病。学生作为未来社会的主体，其身心健康状况不容忽视。忽视大学生的身体健康将直接影响到祖国未来建设者和保卫者的素质。由于高校体育是以身体练习为基本手段，并具有知、情、意、行相统一的特点，因此，它对大学生身心健康的影响是其他教育因素无法替代的。所以，促进大学生身心健康发展必将是高校体育的首要任务。

其次，尊重大学生的主体地位。"以人为本"教育观要求重视大学生自身的内在需要，崇尚发挥人的主体性。大学生是体育学习的主体，学习体育和发展身心是每一个学生的权利，高校体育的一切活动与体育教师的一切工作，都是为学生的体育学习与身心发展服务的。高校体育应淡化"师为主、生为从"的观念，在体育工作中，尊重学生的主体地位，以学生为中心，充分发挥学生的主动性，培养学生的主体意识。

再次，促进大学生的个性发展。当今我们大力提倡创新精神、创新意识、创新能力，就是为了发展丰富的个性，培养创造型人才。学生是千差万别的，"以人为本"所要求的促进学生个性发展，正是在尊重学生个体差异基础上的发展。在高校体育工作中，可通过对学生体育需要的引导，体育兴趣的培养，促使其智力活动的增强，进而使学生通过高校体育形成的个性特征在将来的长时间内发挥作用。

最后，注重大学生的能力培养。教育的本质是培养社会发展所需要的人才，现代社会的高度发展对人的能力提出了更高的要求，高校体育独有的实践性特点决定了它在培养学生综合能力方面具有其他学科不可替代的作用。在"以人为本"教育观的指导下，高校体育将通过体育教学、运动训练、课外体育活动和运动竞赛等手段，全面提高学生能力。

作业与思考题

1. 你了解体育的起源与发展吗？和同学们交流一下。
2. 简述广义体育和狭义体育的概念。
3. 大学体育的基本目标和发展目标有哪些？对照一下自己的情况，看实现了哪几个目标。

网站链接

1. 中华全国体育总会 http://www.sport.org.cn/
2. 中国奥委会 http://www.olympic.cn/
3. 中国大学生体育协会 http://www.sports.edu.cn/

CHAPTER 02

科学健身观

人的健全不但靠饮食，尤靠运动。

蔡元培

学海导航

现代社会由于生活水平的提高，运动与营养成为影响健康的重要变量，日益受到民众的重视。而运动的方式方法、运动量和运动强度的大小、营养的合理搭配及摄入量的大小等，都需要讲究科学。本章向大家介绍科学健身的理论与方法、运动健身的医务监督、营养补充和运动处方。

知识目标

1. 了解科学健身的基本原则和体育锻炼的基本方法。
2. 知晓医务监督的重要性及方法。
3. 了解运动后如何补充营养。
4. 了解运动处方的内容和常用锻炼计划。

能力目标

1. 根据自身情况制订锻炼计划。
2. 正确预防和处理日常运动中出现的不良生理现象及损伤。
3. 养成较好的运动卫生习惯及补充营养的习惯。

第一节 科学健身的原则与方法

一、科学健身的原则

对于参加体育锻炼的人来说，要想达到增强体质、促进身心健康的目的，必须科学地进行体育锻炼；否则，不但收不到良好的效果，还有可能造成伤害事故，有损健康。因此，要想获得理想的锻炼效果，就必须遵循人体生理变化及运动技能形成的规律，了解和掌握体育锻炼的一般原则。体育锻炼应遵循的原则有自觉性原则、渐进性原则、经常性原则、全面性原则、恢复性原则和适宜性原则。

（一）自觉性原则

自觉性原则是指参加体育锻炼的人必须有明确的锻炼目的，了解"生命在于运动"的科学道理，自觉积极地进行体育锻炼。毛泽东在《体育之研究》中指出："欲图体育之有效，非动其主观，促其对体育之自觉不可。"体育锻炼是一个自我锻炼，自我完善，且总是伴随着克服自身的惰性，战胜各种困难的过程。如果锻炼者不是自觉自愿，是不能坚持下来的。

（二）渐进性原则

渐进性原则是指在体育锻炼时，必须遵循人体生理功能活动的规律，从不同的主客观因素出发，科学地安排运动负荷，在渐进的基础上有节奏地提高锻炼水平。体育锻炼的过程是人体对内外环境变化适应的过程，是一个缓慢的由量变到质变的过程。肌肉活动时对机体的刺激使各器官系统的功能逐步适应，并取得平衡。所以，不能急于求成，逐步提高才能获得良好的锻炼效果。

（三）经常性原则

体育锻炼贵在养成良好的锻炼习惯，持之以恒。体育锻炼是对机体给予刺激的过程，每次刺激都会在体内产生一定的运动痕迹。连续不断的刺激作用则使产生的运动痕迹不断积累。这种积累使机体的结构和功能产生新的适应，体质就会不断增强，动作技能形成的条件反射也会不断得到强化。如果"三天打鱼，两天晒网"间断进行，或长时间停止锻炼，身体各器官系统的功能和动作技能形成的条件反射就会慢慢消退。这就是"用进废退"的规律。所以体育锻炼只有经常参与，才会收到良好的效果。

（四）全面性原则

全面性原则是指体育锻炼必须追求身心全面协调发展，使身体形态、功能，各器官系统功能以及心理品质等诸方面，都能得到全面和谐的发展。

知识窗

安排体育锻炼时的注意事项

1. 体育锻炼者每天都要收听天气预报，不要在超过轻度污染的环境中运动，患有高血压等心血管疾病的患者则应在空气质量更好的环境中运动。
2. 运动时远离可能带来污染的区域，如吸烟区、化工厂、交通拥挤地段等。
3. 在交通高峰期（上午7—10点，下午4—7点），不要在公路附近运动。
4. 运动前不要在污染区滞留，因为即使离开污染环境后，污染物对人体的不良影响也不会立即消失，同样会影响运动效果。

人体是一个复杂的生命有机体，各器官系统相互影响、相互制约。任何局部功能的提高，都会促进机体其他部位功能的改善，当某一功能得到发展时，其他功能也会不同程度地有所发展。但每一项活动都有一定的局限性，如果锻炼的内容和方法单一，机体就不能获得

良好的整体效应。例如，长期进行力量锻炼和健美活动，心肺功能就不会得到较大的发展；长期从事长跑锻炼，虽然心肺系统的功能有较大的改善，但力量、速度和上肢的发展却要受到一定的影响。所以在锻炼时，应以一些功效大且较有兴趣的运动项目为主，再选一些其他的项目为辅进行全面的锻炼。

（五）恢复性原则

恢复性原则是指锻炼者在进行体育锻炼时，承受了一定的运动负荷，身体必然会产生疲劳。因此，要想从锻炼中获得较好的效果，在下一次锻炼之前应注意休息，消除疲劳，使体力得以充分恢复。人体功能的提高就是通过负荷、疲劳、恢复、提高这样一个循环的过程而实现的。

大、中、小负荷要交替、有节奏地进行。两次大负荷之间要有足够的休息。对大多数人来讲，休息1~2天就可以了。

（六）适宜性原则

"人体欲得劳动，但不当使其极耳，动摇则谷气消，血脉流动，病不得生，譬犹户枢，终不朽也。"这一段话是我国汉末医学家华佗说的。运动也是如此。目前，欧洲正在兴起一股健身潮流，目的只有一个，就是让自己的身体"费特"。"费特"（Fit）作为一种现代健康文化、时代精神与生活方式的象征，其意即指适合、协调与能够胜任。这表明，无论是古代东方，抑或是现代西方，人们都把"适宜运动"作为促进健康的最佳选择。

为了达到促进健康的目的，世界各国许多专家已达成共识，认为运动的合理负荷强度应控制在有氧代谢的阈值范围，即本人最大运动心率值的60%~80%。

计算方法是：

最大运动心率=男220（女225）－年龄

合理负荷强度（目标心率）的上限=最大运动心率×80%

合理负荷强度（目标心率）的下限=最大运动心率×60%

如某同学今年20岁，经上述公式计算，他的运动适宜负荷量应控制在120~160次／min心率范围。

二、体育锻炼的基本方法

（一）重复锻炼法

重复锻炼法是指对某一锻炼方法按照一定负荷要求，多次重复同一动作进行锻炼的方

法；在重复刺激机体的过程中，加速新陈代谢，以达到增强体质的作用。

重复锻炼法要合理掌握重复次数和时间。两次练习之间的间歇时间原则上应使机体得到较充分的恢复。强度可达极限强度的90%～100%，使其达到锻炼负荷的有效价值范围（最有锻炼价值负荷量下的心率）并据此调节重复次数。在重复锻炼中，对负荷量如何控制和怎样去重复才能达到理想效果的负荷强度，应视实际情况而定。通常认为，普通大学生的负荷心率在130～170次／min是较适宜的。在这个范围内，心室血液充盈，每搏输出量以及氧气的运输量等均达到最佳状态，并可以持续地运动。心率低于130次／min则锻炼效果不明显，应增加重复次数；心率超过170次／min则须减少重复次数或安排足够的间歇时间。

（二）间歇锻炼法

间歇锻炼法是指在锻炼过程中，对安排的多组练习之间的间歇时间做出严格规定。该方法的关键是间歇时间必须严格控制，必须掌握在机体尚未完全恢复的状态下即进行下一组的练习。该方法的特点是每次练习的负荷时间较长，负荷强度适中。

该方法可使锻炼者的心脏功能明显增强。调节负荷强度可使机体各种机能产生与锻炼项目相匹配的适应性变化，提高有氧代谢供能能力，从而提高锻炼者体质水平。人们认为，体质增强的过程是在运动中实现的，其实，体质内部的增强过程主要是在间歇中实现的，是在休息过程中取得了"超量恢复"的结果。

同重复锻炼法一样，间歇锻炼法中间歇的时间也要依据负荷的有效价值标准去调节。一般来说，当负荷反应（心率）指标低于有效价值标准时，应缩短间歇时间，而在高于价值标准时则可延长间歇时间。总之，可以通过适当的间歇将负荷量调节到负荷有效价值范围以追求良好的锻炼效果。实践中，一般心率在130次／min左右时，就应再次开始锻炼。间歇时，不要做静止休息，而应当边活动边休息，如慢速走步、放松手脚、伸伸腰或做深而慢的呼吸等。因为轻微活动可使肌肉对血管起到按摩作用，以帮助血液回流，加快体内代谢废物的排除。

（三）连续锻炼法

连续锻炼法是按一定要求，持续进行规定动作的身体锻炼方法，是指在运动锻炼的过程中，为了保持有价值的负荷量而不间断地连续进行运动。该方法要求负荷强度较低、负荷时间较长、无间断地连续进行运动。连续的作用在于持续负荷量不下降，维持在一定的水平上，使身体充分地受到运动的作用。

连续锻炼时间的长短,同样要根据负荷价值有效范围来确定,通常认为在130次/min左右心率下连续锻炼20~30min,可使机体的各个部位都长时间地获得充分的血液和氧的供应,因而能有效地发展有氧代谢能力,发展耐力素质。实践中,用于连续锻炼的内容主要是那些比较容易并已为锻炼者所熟悉的运动,如跑步、游泳,也可以是跳健美操或迪斯科舞等。

该种方法多用于发展一般耐力,如较长时间的匀速跑。也可在非周期性项目中用于巩固某一技术动作和发展专项耐力,如篮球投篮训练中连续的原地起跳投篮练习等。

(四)循环锻炼法

循环锻炼法是指用几个不同的练习内容联合组成的练习组合。该方法要求练习者必须按照既定的练习顺序和路线,依次完成每个练习站的练习任务。一般的组织形式是锻炼者在完成一个练习站上的任务后,迅速转移到下一个练习站继续练习,同时下一个锻炼者依次跟上。每一个锻炼者完成了各个练习站上的练习内容时,就算完成了一次循环。其结构因素有每站的练习内容、运动负荷、练习站点的安排顺序、练习站点之间的间歇形式和时间、每一循环之间的间歇、设置练习站点的数目与循环的组数等。

循环锻炼法对技术的要求不高,且各项目都采用比较轻度的负荷练习,因此练习起来简单有趣,可有效地提高不同层次和水平的练习者的运动情绪和积极性;可以合理地增大锻炼过程的练习密度;可以随时根据具体情况因人制宜地加以调整,做到区别对待;可以防止局部负担过重,延缓疲劳的产生,交替刺激不同部位,有利于综合锻炼,从而达到全面发展的效果。

运用循环锻炼法时,关键是要按照全面性原则去搭配项目。就大学生而言,锻炼时既要发展四肢,也要发展躯干;既要运动胸背部,又要运动腰腹部;既要追求形态的健美,又必须注意机能、素质的全面发展。为此,就必须科学地搭配项目。一般选择6~12个简单易行的项目。搭配时注意上肢动作与下肢动作、剧烈的跑跳练习与静力憋气动作之间的合理交替。在健身锻炼中,可根据锻炼项目安排循环练习各练习点,还可分队比赛,增加竞争性,以提高练习兴趣。

(五)变换锻炼法

变换锻炼法是指通过不断变换运动负荷、练习内容、练习形式以及练习条件等,以提高锻炼者的积极性、适应性及应变能力的方法。此方法可有效地调节锻炼者的生理负荷,提高兴奋性,强化锻炼意识,克服疲劳和厌倦情绪,以达到提高锻炼效果的目的。

如刚参加锻炼时,可多做些诱导性和辅助性练习。随着锻炼水平的提高,应加大练习的难度,如用越野跑代替在田径场的长跑等。由于锻炼条件的变化,可使锻炼者的大脑皮层不断地产生新的刺激,提高兴奋性,激发锻炼的兴趣,从而提高机体对负荷的承受能力,提高锻炼效果。另外，不断地对锻炼内容、时间、动作速率等提出新的要求，可有效地调节生理负荷，使机体不断产生适应性变化，从而达到更好的锻炼身体的目的。

（六）负重锻炼法

负重锻炼法是指利用哑铃、杠铃、沙袋等重物进行身体运动来达到锻炼身体、增强体质目的的一种锻炼方法。负重锻炼法既适用于普通人为增强体质而进行的锻炼，又适用于运动员的身体训练，还适用于身体疾患者的康复锻炼。

一般人增强体质进行负重锻炼，应该采用最大摄氧量和最大心输出量以下的负荷。因为过大的负荷可能给心血管和呼吸系统带来不良的影响。为了保证这种锻炼方法对身体的良好作用，在运动负荷阈值范围内可以多次重复或连续进行。

三、发展身体素质的锻炼方法

（一）发展力量素质的锻炼方法

力量素质是指人体神经肌肉系统紧张或收缩时对抗或克服阻力的能力。肌肉力量是在加大阻力的条件下增加的，锻炼肌肉的抗阻能力是在肌肉收缩时给予负荷，以达到增强肌肉力量的目的。

1. 发展绝对力量

以最大负荷重量的85%～100%的重量，重复1～3次进行锻炼，完成最大重量或接近最大重量的练习。一般来说，大重量、少次数、高组数、长间歇是提高和发展绝对力量的关键。

2. 发展速度力量

用中等强度负荷（最大负荷重量的60%～80%），以最快的速度完成重复次数较少的练习。

3. 发展爆发力

用较轻的重量，以最快的速度做最多重复次数的练习。发展爆发力必须有绝对力量和速度力量为基础，所以应与以上两种练习结合进行方可收到较好的效果。

4. 发展力量耐力

用最大负荷量的50%～60%重复练习12次以上，不要求速度，但重复次数和坚持时间应达到或接近极限。

5. 增大肌肉体积的方法

以中、大重量（一次可连续举起6～8次的重量），使肌肉工作达最大限度，充分发胀，产生适应性变化，对增长肌肉体积效果较好。

6. 用对抗性静力练习发展力量

根据某部位肌肉力量发展的需要，使身体处于特定位置，站立或仰卧举腿，推或蹬住固定物或器械，用肌肉最大收缩力量坚持8~10s（初练者4~5s），做一定次数，对增加肌肉力量效果较为显著。

（二）发展速度素质的锻炼方法

速度素质是指人体快速运动的能力，包括对外界信号刺激快速反应的能力、人体快速获得高速度完成动作的能力、最短时间完成单个动作的能力、最短时间重复多次动作的能力、最短时间移动身体到达最长距离的能力等。不同类型的速度素质练习方法各不相同。现简要归纳说明如下。

（1）可采用突发信号的练习方法提高反应速度。

（2）利用追逐跑或追逐接力游戏等方式，提高人体快速获得高速度完成动作的能力。

（3）使用高速跑或高速做其他投掷、跳跃练习法，使练习者体会和建立在高速情况下完成各种动作的能力。

（4）运用助力训练法，借助于外力迫使练习者做出快速动作，建立新的动作节奏，从而达到提高速度的目的，如顺风跑、下坡跑、牵引跑等。

（5）可用缩小作业难度或缩小动作幅度的方法，提高完成动作的速度，如小步跑等。

（6）利用听觉、视觉等信号诱导练习者伴随信号快速运动，以帮助练习者建立新的动作节奏以提高动作速度。

（7）采用改变练习条件、环境等手段，激发或引起练习者的兴奋性，以利于建立快速完成动作的条件反射。

（8）可利用测验或比赛等方法，提高练习的强度，引发练习者高度的兴奋性，有助于建立快速完成动作的条件反射。

（9）提高奔跑速度的练习方法。奔跑的速度取决于步频、步幅和保持步频、步幅的能力。采用重复练习法效果较好，但要根据实际需要配合其他方法进行锻炼。发展步频练习时采用高频率练习较为有效，如快速高抬腿跑，听信号快速跑、快速摆臂等练习，但必须有一定的强度和运动负荷。

（三）发展耐力素质的锻炼方法

耐力素质是指有机体坚持长时间运动的能力，可分为肌肉耐力（又称力量耐力）和心血管耐力（又分为有氧耐力和无氧耐力）。

发展耐力素质多采用各种形式的中长距离低负荷持续跑或走以及长距离的游泳、轮滑、滑冰等周期性动作和长时间从事某些内容的身体锻炼。在练习过程中逐步加长练习的时间并提高练习强度和密度是发展耐力素质的关键，使机体的负担超过原来所能负担的耐力水平是提高耐力素质的重点。

耐力训练时，运动强度通常掌握在个人可承受最大强度的70%～80%的水平。一般通过心率测定来调节，以120～140次／min为宜。

提高耐力素质应着眼于心血管系统机能的提高。间歇锻炼法是比较好的方法。在采用间歇锻炼法时，间歇时间不应超过负荷时间。当获得一定耐力后，必须适当增加运动负荷。

持续锻炼法对发展耐力素质也有明显效果。长时间的匀速持续跑能较快地改善呼吸系统和心血管系统的机能，对神经系统亦有很大好处。

（四）发展灵敏素质的锻炼方法

灵敏素质是指人在复杂、突变的条件下，能快速、准确、灵活、协调地完成动作的能力，是动作技能熟练程度、身体素质和大脑皮层灵活性等多种因素在运动过程中的综合表现。

发展灵敏素质应从培养各种能力入手，如掌握运动的能力、反应能力、平衡能力、观察判断能力、节奏感等。发展灵敏素质应采用多种练习手段和方法。动作技能掌握得越熟练就越灵敏。各项球类活动、体操、技巧、游戏以及一些专门辅助练习，都是发展灵敏素质的有效手段。但灵敏素质的发展有赖于速度素质的发展，因此，应与各项素质的协调发展结合起来进行锻炼。一般可采用以下方法进行。

（1）首先要提高大脑皮质神经的灵活性，一般多采用变向跑、闪躲跑以及多种变化条件下跑的练习，如听数跑、听令急起急停等。

（2）提高灵敏性应加强肌肉的力量及关节柔韧性锻炼，尤其应注意发展爆发力和培养协调性及放松能力。

（3）体操、球类、技巧、摔跤、武术等项目的锻炼，能有效发展灵敏素质。

（五）发展柔韧素质的锻炼方法

柔韧素质是指人体的关节活动幅度、肌肉和韧带等软组织的伸展能力。柔韧素质取决于骨的结构、关节周围组织的体积、韧带、肌腱、肌肉、皮肤的伸展和弹性，以及中枢神经的调节等。发展柔韧素质通常采用伸展性练习，其运动形式有两种，即在助力作用下进行关节活动的运动形式和主动控制肌肉紧张与放松进行关节活动的运动形式。

发展肩部、腿部、臂部和足部的柔韧性，主要手段有压、搬、劈、摆、踢、绷以及绕环等练习，可以徒手、持器械或在器械上进行主动和被动练习。

练习前要做好充分的准备活动，动作幅度要逐渐增大，速度由慢到快，用力由小到大，使肌肉和结缔组织充分拉长，以承受得住"拉痛"为限，并保持一定时间，同时有意识放松对抗肌。要合理安排时间、次数和练习顺序，以防运动损伤。

> **知识窗**
>
> ### "跑步、游泳是有氧运动，力量练习是无氧运动"这个观点正确吗？
>
> 很多人以为跑步、游泳就是有氧运动，而力量练习、球类运动就是无氧运动，其实这种观点是错误的。
>
> 有氧运动、无氧运动的区分不在于运动的形式，而在于运动时的能量代谢方式，从能量代谢的角度讲有氧运动主要是指运动时人体的能量供应以有氧代谢的方式进行，此时，人体吸入的氧气可以满足机体对氧气的需要量，氧气的供应达到了供需平衡。表现和衡量以运动强度为标志。同样是跑，如果跑的速度慢，运动强度属于中小强度，此时机体的供能以有氧代谢的形式进行，就是有氧运动；而跑速快，如100m、200m短距离的比赛（全速跑）就是无氧运动，此时的机体供能主要以ATP、CP无氧糖酵解为主。其他的运动方式，如球类、力量练习都如此，当运动强度小，以有氧代谢的方式供能就是有氧运动。

四、利用自然力锻炼身体的方法

（一）日光浴

日光浴是一种利用日光进行锻炼或防治慢性病的方法。必须按一定顺序和要求，使人体皮肤直接在阳光照晒下进行身体锻炼。

紫外线能刺激人体的造血机能，使血液中红细胞增多，促进钙和磷的吸收利用，还能增加皮肤的抵抗能力，杀灭皮肤和空气中的细菌。红外线对人体血液循环、呼吸加深、新陈代谢都有很好的刺激作用。经常坚持日光浴，能使人体血管扩张、血流加快、血液循环得到改善，增进人体体温的调节能力。

（二）空气浴

空气浴是让皮肤广泛接触新鲜空气，利用气温和气流形成对人体的刺激，通过神经反射作用，改善体温调节能力，从而提高机体适应能力的一种锻炼身体的方法。

空气对人体的影响是多方面的。由于新鲜空气中氧气丰富，阴离子浓度高，对身体各个器官、系统，特别是神经系统有良好的刺激作用，可改善血液循环，提高新陈代谢，增强机体的抵抗能力，预防呼吸系统的各种疾病。

使裸露人体感到寒冷的临界温度为18℃，因此按空气温度可把空气浴分为三种：21℃～30℃为热空气浴；15℃～20℃为凉空气浴；4℃～14℃为冷空气浴。气温越低对身体的刺激作用越大，锻炼的作用就越明显；但应先从热空气浴开始，逐步向冷空气浴过渡。

（三）冷水浴

冷水浴是利用水的温度、机械和化学作用对人体的刺激达到锻炼效果的一种锻炼方法。冷水浴的主要形式有五种。

1. 冷水洗脸和洗足

一般在晨起或临睡前进行。先摩擦发热，再放入冷水中浸泡1~2min，擦干保暖即可。

2. 冷水擦浴

最好在晨练后进行，先从上肢开始，而后胸、腹、背及下肢。一般时间不宜超过2min，摩擦使皮肤发红后擦干即可结束。

3. 冷水淋浴

皮肤适应冷水擦浴后，可开始冷水淋浴全身，时间不宜过长，最后以干摩擦结束。

4. 冷水浸浴

在有了冷水淋浴的基础上，即可进行冷水浸浴。全身浸在冷水中，并用手做按摩，帮助皮下血管扩张和静脉血回流，加速血液循环。按摩从末梢部位到大肌群再逐渐到全身，一般时间不宜过长，在出现寒战前出水、擦干、保暖即可。

5. 冬泳

经过以上各个阶段的锻炼，身体对冷水的适应能力有了一定的基础，而后便可以进行冬泳锻炼。一般情况下，水温在10℃以下时，游1~2min即可，出水后擦干身体和穿衣的动作一定要快，而后进行整理活动，使身体逐渐暖和起来。

第二节 运动健身的医务监督

一、医务监督

（一）医务监督的意义

医务监督是指运用医学的内容和方法，指导人们科学合理地进行体育教学、训练、比赛和自我锻炼，以促进练习者的身体发育，积极预防运动创伤和运动性疾病，增进健康，提高运动技术水平。

医务监督一般分为体格检查和自我监督。定期的体格检查是练习者了解身体发育程度、健康状况和功能水平的重要手段。自我监督是体育运动参加者在体育运动过程中对自己的身体健康和功能状况经常进行观察的一种方法。它是体格检查的重要补充，是间接地评定运动量大小、预防运动性伤病及早期发现过度训练的有效措施，并为合理安排体育教学、训练和锻炼的计划、方法和内容提供重要的依据。

（二）医务监督的内容和方法

医务监督的内容主要包括主观感觉和客观检查两个方面。主观感觉包括身体感觉、运动情绪、睡眠、食欲、排汗量、排尿等内容。人的主观感觉是人体功能状况的直接反映。健康并能科学地进行体育锻炼的人，总是精力充沛、心情愉快、睡眠正常、食欲良好；反之，则应调整自己体育锻炼的内容、运动量和运动方法。客观检查包括生理指标、运动成绩和其他伤病情况。生理指标主要包括脉搏、体重、肺活量等。运动成绩包括身体素质和专项运动成绩等。另外，女性还要有月经状况监督。

医务监督的具体方法是将体育锻炼后出现的各种生理反应、测定的有关数据，在医务监督表所属栏中记录下来，然后对各项记录进行综合分析和判断，检查锻炼的内容、方法、运动负荷是否科学合理。如果发现异常，应及时查找和分析原因，及时调整练习内容和运动负荷，必要时暂停锻炼，或找医生做进一步检查。每个人在体育运动过程中和锻炼后出现的各种生理反应和自我感觉都是不同的。因此，应根据自己表现出的不同状况，在综合分析的基础上，做出正确的判断，以便更科学地进行体育锻炼。

二、身体应急性诊断与处置

身体应急性诊断指标是指在体育锻炼过程中，反映身体突然出现异样感觉的指标。运动中出现的异样身体感觉有的是正常现象，有的则属于运动性病理状态。它们往往由准备活动不充分、运动方法不正确、锻炼水平不高或运动负荷超出机体承受能力等原因所致。由于这种现象具有突发性特点，因此有必要运用医学知识，甚至采取力所能及的医疗手段进行自我诊断并及时加以处理，以避免不必要的精神紧张或防止更严重的身体损伤现象。

（一）长跑极点和第二次呼吸

1. 长跑极点

在长跑时，能量消耗大，特别是下肢回流血量减少，加剧了大脑氧债的积累，当达到一定程度时，就会出现暂时性的呼吸急促、胸闷难忍、下肢沉重、动作不协调，并有恶心现象，甚至想退场，这在运动生理学上称为"极点"。

2. 第二次呼吸

当长跑极点出现后，情绪要稳定，并适当减慢跑速，加深呼吸，坚持一段时间，上述生理现象将会逐步消失，也就会闯过难关。这是由于一方面氧供给逐步得到增加，另一方面机体的适应性使内脏器官功能重新得到调节与改善，从而使运动能力提高，动作重新变得协调有力。这标志着"极点"已经过去，生理过程出现新的平衡。这种现象在运动生理学上称为"第二次呼吸"。

极点与第二次呼吸是中长跑运动中的正常生理现象，无须疑虑和恐惧，即使是一名优秀的中长跑运动员，也都会出现"极点"现象。不过，随着训练水平的提高，上述生理反应将逐步缩短和减轻。

> **知识窗**
>
> **运动引起损伤不能马上揉捏或热敷**
>
> 很多人在发生了急性闭合性软组织损伤后马上就开始热敷，并且采取按摩推拿等方法，试图减缓症状，殊不知这会起到相反的作用。这样做加重了受伤部位的出血，盲目活动还会造成关节习惯性扭伤、关节囊、韧带松弛，继发关节病变。
>
> 发生运动损伤后首先检查有无合并伤，有无肌肉断裂、脑震荡、内脏破裂等严重情况。如果有，要先处理合并伤，确定只是急性软组织损伤后，首先要采取一些止血、减轻水肿和镇痛的措施，通常要在发生后的48h内进行冷敷、加压包扎、制动、抬高患肢。制动是指一旦发生关节损伤应立即停止运动，并在急性期（两周）内用专门护具进行固定。

（二）运动中腹痛

1. 发病机制与症状

运动中腹痛常在中长跑和剧烈运动时发生，主要是运动前准备活动不充分，或者因运动前吃得太饱，饮水过多或者腹部受凉，致使脏腑功能失调，引起腹痛；也有的因运动时间过长或过于剧烈，使下腔静脉压力上升，引起血液回流受阻；也有的因呼吸节奏紊乱，引起运动异常，或者肝脾积气瘀血，导致两肋部胀痛等。

2. 处置与预防

处置：如果没有器质性疾病，一般采用减慢运动速度、进行腹式呼吸、按压疼痛部位等方法，短时间内即可减轻疼痛，直至消失。数分钟后，如果疼痛仍不减轻，甚至加重，就应停止运动。必要时可服十滴水或普鲁苯辛，或揉按内关、大肠俞等穴位，如仍不见效，应送医院诊治。

预防：运动前避免吃食物或饮水过多，充分做好准备活动（特别是腹部按摩），坚持循序渐进，注意呼吸节奏，夏季运动要适当补充盐分。

（三）运动性昏厥

1. 发病机制与症状

由于脑部突然供血不足或者因脑血管发生痉挛而出现一时性知觉丧失的现象称为运动性昏厥。

运动性昏厥的原因主要是长时间运动或剧烈运动，大量血液聚集在下肢，回心血流量减少，因而心血输出量也减少，致使脑部缺血而引起昏厥。在日常生活中，因长时间站立，过久下蹲后骤然起立，情绪过分紧张激动，病后体弱参加剧烈运动等情况，都可能发生类似的昏厥现象。

昏厥前，患者感到全身软弱，头昏眼花，面色发白。昏倒后，其面色苍白，手足发凉，出冷汗，脉搏减弱，血压下降，呼吸缓慢。

2. 处置与预防

处置：发病后，应立即让患者平卧，松解衣领，抬高下肢，按压人中与合谷穴，并从小腿向内做推摩和揉捏。如果有昏迷现象，可嗅氨水或静脉注射25%～50%的葡萄糖40～60ml，在知觉未恢复前禁止喝饮料或吃其他药物。如有呕吐，应让患者的头偏向一侧；停止呼吸，应立即进行人工呼吸抢救。

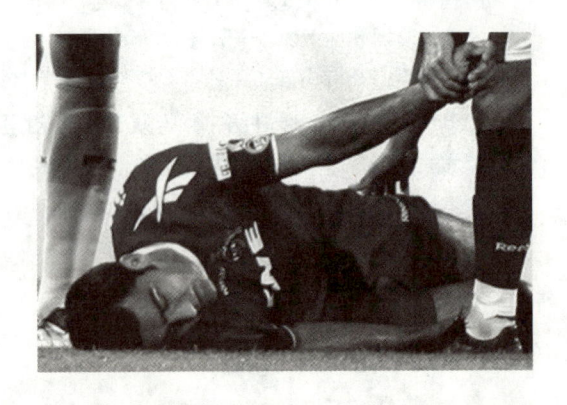

预防：坚持经常性锻炼，以增强体质。剧烈运动后不要立即停下来，而应继续慢跑缓冲，并做深呼吸，有饥饿情况不要参加剧烈运动。

（四）运动中暑

1. 发病机制与症状

"中暑"是长时间受高温或热辐射引起的一种高温疾病。在气温高、通风不良或头部缺乏保护、被烈日直接照射等情况下，体温调节功能会发生障碍，从而导致中暑。

症状：中暑早期有头晕、头痛、呕吐等症状，严重时体温升高，皮肤灼热干燥，甚至出现精神失常、抽搐、心律失常、血压下降，直到昏迷危及生命。

2. 处置与预防

处置：首先将患者安静护送至阴凉、通风处平卧休息，并采取降温措施，如解开衣领，服饮清凉饮料或人丹、十滴水等，也可补充葡萄糖水，严重患者经临时性处理后，应立即护送医院诊治。

预防：在高温炎热环境下锻炼时，应适当减少运动量和锻炼时间，尽量避免在烈日下锻炼。夏天在室内锻炼时，应保持良好的通风，并备有低糖含盐的饮料；室外锻炼时，应戴白色凉帽，穿宽松浅色运动服。

（五）肌肉痉挛

1. 发病机制与症状

在对抗性激烈或游泳等运动项目中，有时突然会发生肌肉不听指挥的现象，特别是小腿腓肠肌、脚前掌和脚趾部位，有酸痛的感觉，继而不能活动。这种肌肉的强直性收缩就是肌肉痉挛，俗称抽筋。肌肉痉挛对身体没有什么直接危害，在几秒钟或几分钟之内即可消失。但在游泳时发生肌肉痉挛，如不及时采取措施，往往就会引起意外事故。因此，懂得防治肌肉痉挛的方法是十分重要的。发生肌肉痉挛前，一般都伴有肌肉乏力，出现轻微的酸痛，并感到肌肉硬度增加，弹性减少。这一方面是因为运动时间过长，强度过大，或由于大量出汗带走许多盐分，身体失去钠、氯等矿物质，从而改变了肌肉的内环境；另一方面则可能是由于受较大的寒冷刺激，人体温度发生突然变化。有时身体非常疲劳时，支配肌肉活动的神经组织机能失调，而使肌肉发生挛缩，也有可能发生上述先兆现象。

2. 处置与预防

处置：如已经发生肌肉痉挛，可以牵拉或重按正在挛缩的肌肉，促使其放松和伸长。如小腿后部肌肉或脚底抽筋时，只要脚趾背屈，脚跟用力前蹬，并施以局部按摩，肌肉痉挛现象一般即可消除。

预防：首先，在体育锻炼中，要经常注意自己肌肉的不良反应，这将有助于防止肌肉痉挛现象的发生。其次，要充分做好准备活动，冬季锻炼加强保暖，运动不要过于疲劳，游泳注意体温变化等，也都是积极的预防措施。特别是当大量出汗，感觉肌肉有紧张感时，就应及时喝些淡盐水来适当进行补充。

三、身体医检性诊断与处置

体育锻炼时，有时靠自我感觉难以做出准确判断的运动性疾病，就需要采取医务检查的方法来处置。但为了防止延误病情，科学地自我监督既可以帮助分析疾病产生的原因，又可以达到配合医检准确判断疾病的目的。

（一）低血糖症

若平时缺乏系统锻炼，或在患病期体力不佳，身体处于空腹饥饿状况下，从事强度过大、时间持续太长的体育锻炼，往往会因血糖大量消耗而导致头晕、心悸等不良感觉。特别是参加长距离比赛，因靠个人意志强迫动员有限的肝糖原储备，还会产生神志感觉模糊、呼吸短促、面色苍白、冷汗淋漓及四肢发抖等严重症状。通常认为，这种症状的产生是由低血糖所引起的，应及时停止运动并补充含糖物质。运动中的低血糖症需要进行血糖检查才能确定，如血糖浓度低于55mg/dl时，就应该对运动量适当控制或暂停一段时间再锻炼。

（二）运动性贫血

产生运动性贫血的原因比较复杂，在医检中发现血液的红细胞及血红蛋白含量低于正常生理数值，如男性血红蛋白含量每100ml低于12g，女性每100ml低于10.5g，则可视为贫血。但是否由运动过度或运动后营养不良所引起，那还必须在锻炼中经常注意有无头晕、乏力、食欲下降或运动后恢复状况不佳等现象发生。如长期有这种不良感觉就应适当休息，补充蛋白质和铁质等物质，并配合医检确诊和治疗。

（三）运动性血尿

运动性血尿产生的原因至今尚未完全明确。如无其他原发病灶，凡在自我监督中发现肉眼可见的血尿，则应停止运动并到医院做进一步检查。通常认为，出现运动性血尿的明显程度与运动负荷大小有关，其症状一般不超过三天即可迅速消失。

第三节 运动健身与营养补充

一、营养素的作用

机体为了维持生命和健康，保证生长发育、生活和生产劳动的需要，必须从食物中获得必要的营养物质，这些营养物质称为营养素。它包括糖（碳水化合物）、蛋白质、脂肪、维生素、无机盐、膳食纤维和水等。

（一）营养素保证人的身心健康

合理地摄入营养素不仅有利于身体的健康，还有利于心理健康，因为体内各种营养素供给的均衡，使神经、内分泌等处于优良状态，可使人心情愉悦、精神振奋、情绪高涨，这对消除人们不良的心境，缓解心理上的压力，增添生活情趣、怡情养性均大有益处。

（二）营养素保证人的智力发育

现代医学研究表明，虽然人的大脑重量仅为人体重的1/50，但大脑每日所需的血液量却占人体的1/5，说明大脑对各种营养物质和氧的需求量很大，如果不能保证大脑的各种营养成分的供应，则会导致人的大脑结构及功能异常，智力下降，记忆力退化，注意力分散，甚至精神异常等症状发生。所以，通过供应各种食物来补充不同的营养成分，从而使大脑始终处于最佳状态，对于提高与改善人的智力情况十分重要。

（三）营养素使人保持青春活力

大学时期活动丰富，活动量也大。大学生大都喜欢参加各种体育锻炼、文化娱乐以及社交活动，为了保持在各种活动中身心愉悦、精力充沛，就必须有足够的营养。若营养不足，会造成疲劳、消瘦和抵抗力降低，具体表现为面色苍白、全身无力、精神萎靡，甚至疾病缠身，丧失青春活力。可见，均衡全面的营养是青年保持旺盛青春活力的基础和保障。

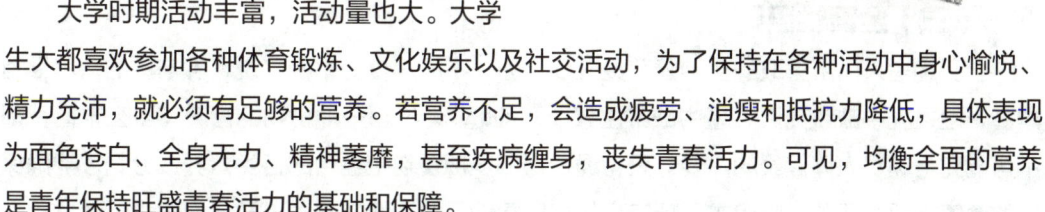

（四）营养素保证体形的健美

大学生正处于青春发育的后期，在这个阶段，身体仍要长高，肌肉要变得丰满健壮，内脏器官要进一步发育成熟，第二性征表现和性器官的成熟等都需要充足的营养支持。只有此阶段摄入营养充足，才能使皮肤、肌肉进一步生长发育，并使人体肤色鲜亮，富有光泽，毛发黑润，男性身材高大、体格强壮，女性身材匀称、曲线圆润，充分体现青春的健与美。

（五）营养素可提高运动成绩

运动的动力来源于肌肉，肌肉收缩是需要能量的，肌肉中重要的能源物质是三磷酸腺苷（ATP）、磷酸肌酸（CP）、肌糖原和脂肪。ATP是人体运动时能量的直接来源，ATP来自于大自然食物在人体内的消化吸收与氧化分解。因此，专家认为，科学全面地补充营养，不仅可以明显提高一般人的能力，还可以大大提高体育运动成绩。

二、合理补充营养素的原则

（一）平衡性原则

平衡是指人所摄取的各种营养成分应与身体的生理需要之间形成相对平衡，反之则称为营养失衡。营养失衡的一个方面是营养不良，即营养摄入量过少，不能满足身体需要。营养不良的主要表现为头晕、怕冷、易倦、体重减轻等，严重者有可能发生营养不良的疾病。营养失衡的反面是营养过剩，主要表现为营养补充过度，人的体重过量增加，并引起肥胖等疾病。因此，人体营养需求与补充之间应保持相对的平衡，营养的摄入既不要欠缺，又不要过量。

（二）适当性原则

适当是指人所摄取的各种营养成分之间的配比要合理，即在全面和均衡的基础上进行适当的饮食搭配。人体元素组成与不同状况下各种营养素的需要量是有一定比例的，只有合理的营养搭配，尤其是热量中的蛋白质、脂肪和碳水化合物三者的比例合理适当，才能有利于人体更好地吸收与利用，保证机体的各种需要，造就健康的体魄。

（三）全面性原则

全面是指人体所摄取的各种营养成分要全面，不能偏食。举例来说，乳与蛋的营养最为丰富，但是乳中缺铁元素，蛋中缺维生素C。因此，无论哪一种食物的营养有多么丰富，都不可能完全满足人体健康的需要。只有通过摄取多种食物中包含的各类营养成分，才能确保人的健康需要。那种一味追求质精量少的高级营养品的摄取方法，以及任何偏食、禁食、少食的方法都是极不可取的。

（四）针对性原则

每个人的遗传因素、身体状况、所处的年龄阶段、生活环境、营养状况等各不相同，因此，在营养摄入和补充方面应区别对待。当生活和工作环境、生理条件改变时，营养素的供给应予以适当调整。例如，由脑力劳动转变成体力劳动时，能量的摄入要有所增加；月经量过多的女性，应注意适当补充铁，而月经量过少的女性，则要适当补充钙。

此外，为了保证身体健康，应随四季变化，合理安排膳食，供应充足的营养，满足身体的需要。春季饮食应温和平淡；夏季应少吃油腻食物，多吃清淡食物；秋季要适当节制饮食量；冬季出于御寒的需要，可多吃脂肪类食品，并注意多吃蔬菜或补充维生素。

三、运动健身与各种营养的补充

（一）运动与糖

糖类是由碳、氢、氧三种元素组成的一类化合物，也称为碳水化合物。糖是人体内来源最广泛、最经济而且分解最完全的供能物质。人体摄入的糖大部分首先转化为葡萄糖，再由血液运送到肝脏。在肝脏内葡萄糖可以转化为脂肪、糖原或运输到其他组织，如肌肉等。在肌纤维中，葡萄糖分子形成链组成糖原，糖原是肌纤维收缩的直接能量来源。当人体运动时，糖原在肌肉中分解，以很高的速率释放能量。

运动与糖的储备有密切关系，人体所需要的能量60%左右由膳食中的糖供给。中枢神经的能量99%以上来自糖，低水平的血糖将首先影响中枢神经系统的功能。低血糖症发生的原因，主要是长时间剧烈运动时血糖供应不足或消耗过多，导致血糖过低，皮质调节糖代谢的机制紊乱。可见，根据不同运动的需要，有时需要适当地补糖，这对维持血糖起着重要作用。

糖的供给量依饮食习惯、生活水平和劳动性质等因素而定，目前我国成年人糖的供给量以占总热能的50%~70%为宜。糖在自然界中分布很广，在植物性食物中，粮食和根茎类植物含糖量很丰富。动物性食物中只有肝脏含有糖原、奶中含有乳糖，但数量不多。

（二）运动与蛋白质

人体内蛋白质占体重的16%~19%。生命的产生、存在与消亡都是与蛋白质有关的。蛋白质是由氮、碳、氢、氧等元素组成的高分子化合物，它不但是人体的主要组成成分之一，而且也是人体内部进行各种代谢活动的物质基础。

蛋白质首先是通过动物性食物（肉、蛋、奶）获取，这些食物中的蛋白质称为完全蛋白质，它包含几乎所有的基本氨基酸；其次是从植物性食物（蔬菜、粮食、水果）中获取，其中的蛋白质称为不完全蛋白质，它缺少部分的基本氨基酸。因此，将两类食物相互搭配食用，即可获取完全的蛋白质。

营养学研究表明，每天补充足量的蛋白质是十分必要的。青年男子约需蛋白质56g/天，青年女子约需蛋白质45g/天。如果单纯以动物性食物为供给源，成人每千克体重的蛋白质需要量为0.75g；而以动植物性食物为混合供给源，成人每千克体重的蛋白质需要量为1.05g。但是氨基酸不会在身体内储存，大部分会很快降解，这就需要每次摄入的蛋白质必须含有定量、比例合适的各种氨基酸。蛋白质对运动能力的发挥和提高有十分重要的作用，具体体现在以下几个方面：能够增加肌内蛋白质合成，增加肌肉力量；可以预防运动性贫血；对体内胰岛素的分泌有良好、稳定的刺激效果，从而保持稳定的精神和体力状态；提高中枢神经系统的兴奋性；在长时间运动时，可以作为细胞的部分能源，提供运动中5%~15%的能量。

一般来说，经常从事体育锻炼的人，蛋白质的需要量比普通人要高，正常膳食中蛋白质含量应占总量的12%~15%，为1.2~2.0g/kg体重。不同运动项目的运动员所需蛋白质量也不尽相同。经常从事耐力型项目的人所需蛋白质量以1.2~1.5g/kg体重为宜；经常从事速度型运动项目的人蛋白质摄入量以1.6~1.8g/kg体重为宜。

但是蛋白质的摄入是不是越多越好呢？相反，摄入过多的蛋白质，不仅对肌肉增长和提高肌肉的运动能力没有好处，反而会对正常代谢和健康产生不良影响，导致肥胖，肝、肾负担加重，易疲劳和运动能力降低。若从事大强度训练和比赛，激烈竞争产生压力或运动后食欲下降等，造成难以保持平衡饮食，可以通过选用营养补充品，弥补蛋白质摄入的不足。

（三）运动与脂肪

脂肪是运动时被利用的能源，脂类为运动提供能量主要来自脂肪酸的氧化。在一次长时间低强度的运动中，脂肪的氧化可提供总耗能量的50%~60%。长期进行体育运动可降低脂肪细胞平均体积，提高脂肪代谢的活性。

脂肪代谢对运动能力的重要性在于它能"节约"组织中糖原的能力。在进行长时间大强度的运动时，糖原储备可以通过脂肪氧化的方式保存或"节省"下来，这就使运动员运动到最后阶段，运动强度超过身体的有氧代谢能力时，能有更多的糖原可供利用，因此，脂肪能提高机体耐力。

运动时脂肪供能的另一好处是，长期进行有氧运动，促进脂肪的氧化，降低血胆固醇和甘油三酯，使高密度脂蛋白（HDL）增高，从而减少冠状动脉疾病的发生，降低引发心脏病的危险。

一般人的食物中脂肪占总热量的17%～25%为宜。从事大运动量的年轻人食物中的脂肪量最高不应超过35%。膳食中脂肪的主要来源是烹调油，以及各种食物中所含的脂肪。目前我们食用的一些烹调油是按1∶1∶1的比例对脂肪酸进行调配的调和油。

知识窗

减肥就是降体重这个观点正确吗？

人们往往把降体重和减肥混为一谈，这种认识是不准确的。减肥是指减去身体多余的脂肪；而降体重可能是脂肪的减少，也可能是体重的减轻（肌肉、水分等的丢失），后者不是科学的减肥方法。

（四）运动与维生素

维生素是维持人体正常生理机能和新陈代谢活动所必需的低分子化合物，虽然人体对它的需要量很微小，但它对人体生命活动所起的作用是不容忽视的。通常按溶解性将维生素分为两大类：一类是脂溶性维生素，另一类是水溶性维生素。脂溶性维生素包括维生素A（视黄醇）、维生素D（钙化醇）、维生素E（生育酚）和维生素K（凝血维生素）；水溶性维生素包括维生素B复合物和维生素C（抗坏血酸）。

多数维生素不能在人体内合成或合成的量不能满足人体需要，因此，我们每天的饮食中含有一定量的各种维生素是非常重要的。维生素是从新鲜蔬菜与水果等植物性食物中获取的，并帮助其他营养物质进行化合反应。体育运动促进了人的能量代谢，在能量消耗增加的情况下，某些维生素的需要量就会增加。运动（中等强度以上）后造成机体维生素需要量增加的原因是：运动训练使胃肠对维生素的吸收功能下降；运动引起汗液、尿液及粪便中维生素排出量增加；运动使维生素在体内的周转率加速、能量代谢增加等。可见，参加体育运动，不应忽视多种维生素的补充。运动后补充维生素的主要理由是促进恢复，延缓疲劳发生，增进体力和体能，保证身体健康。对运动影响较大的维生素有下述几种：维生素C、维生素E、维生素B_1、维生素B_2、维生素B_6等。

维生素C是一种强有力的抗氧化剂，大运动量训练会使人体维生素C的代谢加强。运动后补充维生素C有利于减轻疲劳，缓解肌肉的酸痛，增强体能及保护细胞免于自由基损伤，但不宜过量补充。维生素C的主要来源是蔬菜和水果。

维生素E是一种重要的抗氧化营养素，有消除自由基、减少脂质氧化的作用。有研究表明，增强维生素E可防止细胞膜的磷脂被氧化，从而有助于运动期间保护红细胞的完整性。在特殊条件下，运动后补充维生素E有提高最大吸氧量、减少氧债和血乳酸的作用。维生素E最丰富的来源是植物油、麦胚、坚果类及其他谷类食物。

维生素B_1在能量代谢和糖代谢生成ATP的过程中起着重要作用。维生素B_1缺乏时，其代谢物丙酮转化成乳酸，乳酸堆积会导致疲劳，损害有氧运动能力，影响正常的神经活动和传导，并使消化功能和食欲受影响。研究表明：维生素B_1对运动员的肌肉耐力有直接影响，可以通过增加能量摄入和平衡膳食来满足，通常每摄取1000kcal能量，需要摄取维生素B_1为1mg，即每天3～6mg。维生素B_1的主要食物来源为粗糙的粮食（米、面、花生、核桃、芝麻和豆类）。

维生素B_2与人体细胞呼吸有关，因此在有氧耐力运动中起重要作用。维生素B_2还可能是糖酵解酶的有效功能物质，所以对无氧运动也有作用。世界卫生组织推荐的维生素B2的摄取量是每摄取1000kcal能量，应摄取维生素$B_2$0.5mg。维生素B_2主要集中在少数食物中，其中以肝、肾含量最丰富，牛奶、黄豆和绿叶菜中也较多。

维生素B_6作用于蛋白质和氨基酸代谢，促进糖原、血红蛋白、肌红蛋白和细胞色素的合成，并且是糖原合成和分解过程中糖原磷酸化酶的一种成分。体育运动加强了维生素B_6的代谢途径，因此经常锻炼的人对其需要量增加。维生素B_6的供给量为男性2mg／天，女性1.6mg／天。坚果类、豆类、蔬菜、水果均含有维生素B_6，米糠、麦芽中维生素B_6含量最为丰富。

（五）运动与无机盐

无机盐是人体所需微量矿物质元素的总称。人体内所含无机盐种类很多，有60多种，总量占体重的5%～6%。其中含量较多的是钙、磷、钠、钾、氯、硫、镁七种，被称为常量元素；含量较少的是铁、碘、氟、硒、锌、铜等，被称为微量元素。无机盐对人体十分重要，各种元素都有其独特的功能，其对人体的功用可概括为构成机体组织、调节生理机能，维持正常代谢。

人体在物质代谢中每天都有一定量的无机盐排出体外，因此必须从食物中补充无机盐，以保持体内的动态平衡。若不能补充，体内的代谢和生理机能就会受影响，甚至发生疾病。但摄入过多也会对人体有害，因此必须适量。人体所需的无机盐多数在正常膳食下都能获得，但有的容易缺乏，有的微量元素受地质化学状况的影响会发生地区性的缺乏。

（六）运动与膳食纤维

膳食纤维是一种多糖，它既不能被胃肠道消化吸收，也不能产生能量，因此曾一度被认为是一种"无营养物质"而长期得不到足够的重视。然而，随着营养学和相关科学的深入发展，人们逐渐发现了膳食纤维具有相当重要的生理作用。

根据是否溶解于水，可将膳食纤维分为两大类。

1. 可溶性膳食纤维

可溶性膳食纤维来源于果胶、藻胶、魔芋等。其在胃肠道内和淀粉等碳水化合物交织在一起，并延缓后者的吸收，故可以起到降低餐后血糖的作用。

2. 不可溶性膳食纤维

不可溶性膳食纤维最佳来源是全谷类粮食，其中包括麦麸、麦片、全麦粉及糙米、燕麦全谷类食物、豆类、蔬菜和水果等。不可溶性纤维对人体的作用首先在于促进胃肠道蠕动，加快食物通过胃肠道，减少吸收，另外不可溶性纤维在大肠中吸收水分软化大便，可以起到防治便秘的作用。

（七）运动与水

生命源于水，水是人必不可少的生命元素。水占人体体重的50%~60%，人体每天需摄入2~3L水，其需水量随着年龄、体重、气温、劳动、运动强度和持续时间的变化而变化。

参加体育运动时，肌肉运动产生大量热量，使皮肤血流量增加，汗腺分泌大量汗液。运动员出汗的特点是出汗率高、出汗量大、失水量多。如在天热的环境里踢足球，运动员1h汗液的丢失量高达2~7L。运动中若不注意科学合理地补充水分，会造成机体内的水失衡。

脱水会严重影响人的运动能力。脱水对运动员的影响不仅在于体温升高和心血管负担加重，还可导致肾脏损害。因此，运动中合理补充水分是十分重要的。在进行运动前10~15min，可适量饮水，以增加体内的临时储备，对维护运动时的正常生理机能有良好作用。运动中每15~20min饮水150~200ml，这样既可及时保持体内水的平衡，又不增加心脏和胃的负担。体育锻炼后的补水可以在运动后每20~30min补水一次，每次饮水量在250ml左右。夏季运动补水的水温应在10℃

左右为宜，其他季节最好补充温水。

水的来源包括直接饮入的水、食物中含有的水，以及蛋白质、脂肪和碳水化合物在体内代谢产生的水分。在摄取水时，除考虑水量须满足机体需要外，还应注意水的卫生状况，必须饮用清洁卫生的水，以保证身体健康，减少毒素和致癌物质的产生。

第四节　运动处方与锻炼计划

一、运动处方概述

运动处方类似医生给病人开的医药处方，是由指导医师或教练员给参加运动锻炼的人，按其年龄、性别、心肺或运动器官的功能、运动经历和健康状况等特点，用处方的形式，规定适当的运动内容和运动负荷，称为运动处方。

随着运动处方应用范围的日益扩大，其种类也逐渐增加。一般根据运动锻炼的目的不同，因人而异。有针对运动员训练的竞技性运动处方和一般人的健身运动处方；有针对某些慢性疾病和创伤病人康复期治疗的运动处方和健康人的预防性运动处方等。

制订运动处方时，首先要掌握病史，了解身体健康状况，是否患有疾病和有无运动禁忌症，因而必须进行系统的体格检查，并要进行心肺功能或运动器官功能的检查。若有条件时，应利用自行车功率计或跑台做心电图检查。运动基础尚好者也可根据12分钟跑测试。对有运动器官伤病的患者，应对肢体运动功能进行检查。根据各项检查结果，按照不同的性别、年龄及运动经历等制订出运动处方，并进行具体指导。运动者根据处方进行锻炼一个时期后，必须重复接受上述项目的复查，以评定运动效果及为制订下阶段的运动处方提供依据。

二、运动处方的主要内容

（一）运动项目

运动项目主要根据运动者所要达到的目的而设定。一般健身或改善心血管及代谢功能、预防冠心病、肥胖症等，可以练习耐力性（有氧训练）项目，如步行、慢跑、自行车、游泳、爬山及原地跑、跳绳、上下楼梯等；改善心情、消除身体疲劳或防治高血压和神经衰弱等，可选择运动负荷较小的放松练习，如太极拳、散步、放松功或保健按摩等；针对某些疾病进行专门性的治疗，必须选择有关疾病的医疗体操。例如，慢性支气管炎、肺气肿患者就应做专门的呼吸体操，内脏下垂者应做腹肌锻炼，脊柱畸形、扁平足者应做矫正体操等。

（二）运动强度

运动强度对运动效果与安全有直接的影响，适宜的运动强度是执行运动处方的主要措施之一，这是保证达到锻炼效果，预防发生意外事故所必需的。运动强度可分为三级：较大运动强度、较小运动强度、小运动强度。反映运动强度的生理指标通常采用测定心率，在运动处方中应规定运动中应达到和不应超过的心率指标，其标准应根据锻炼者的实际情况而有所不同（表2-1）。

表2-1 不同年龄段运动强度心率指数表

心率 \ 年龄	20～29岁	30～39岁	40～49岁	50～59岁	60岁以上
较大运动强度心率（次/min）	150～160	145～160	140～150	135～145	125～135
较小运动强度心率（次/min）	125～135	120～135	115～130	110～125	110～120
小运动强度心率（次/min）	110	110	105	100	100

运动时常用计脉搏跳动的次数来掌握运动强度（即测10s脉搏次数，再乘以6，为1min脉搏次数）。

（三）每次运动的持续时间

耐力性运动（有氧练习）可进行15min～1h的练习，其中达到适宜心率的时间应该在5～10min以上；医疗体操持续的时间视具体情况而定。运动中应常有短暂的休息；计算运动负荷时要注意运动的密度，并扣除休息的时间。运动强度和运动持续时间决定其运动负荷，运动负荷确定后，运动强度大时练习持续时间相应缩短。采用同样的运动负荷时，年轻和体质好的人宜选择强度大、持续时间短的练习，中老年及体弱者应选择强度小而持续时间较长的练习。

（四）运动次数

最好每天都安排锻炼，这样可调剂每天的生活节奏。也可以安排每周3～4次练习，即隔日锻炼1次。不论采用哪种方式，都应该注意的是，负荷量较大时，休息间隔要长一些，反之则可以短一些。总之，以上次锻炼的疲劳消除后，再进行下一次锻炼为宜。

三、常用运动处方和锻炼计划

运动处方中的锻炼方式大体分为有氧代谢为主的一般耐力性运动和力量性运动。有氧运动对增强呼吸系统摄氧的能力，心血管系统荷载、输送氧的能力，以及组织的有氧代谢、利用氧的能力都有显著作用，从而增强全身的耐力水平和体力。此外有氧运动可将血液中、细胞内蓄积的脂质作为能量消耗掉，从而可以减肥，改善高血脂，并且可以很好地利用糖原，改善糖尿病。

力量性运动锻炼则主要用于骨骼系统和神经系统等有肌肉力量减弱、神经麻痹或关节功能障碍的人群，以及通过力量锻炼达到肌肉发达健美的人群。前者主要以恢复肌肉力量和肢体活动功能为主，后者主要为发展自己的肌肉力量、增粗肌肉纤维而达到健美的锻炼目的。

如果为了达到放松精神、消除疲劳、防治高血压和神经衰弱等目的，则可采用慢跑、太极拳和保健按摩等运动锻炼方式。

（一）步行运动处方

步行是一种简便易行而且十分有效的有氧锻炼方法和延年益寿的最佳途径。步行的优点在于任何人在任何时间和地点都可以进行，而且动作柔和不易受伤。因此，其特别适合身体肥胖、体弱、患慢性病的人和中老年人。

步行的唯一不足是比较花费时间，一般要花上慢跑的两倍时间，才能获得与慢跑同样的健身效果。

步行锻炼的基本要求如下。

（1）进行步行锻炼一般安排在清晨、睡觉前、饭后半小时或自己方便的时候。地点宜选在小路、河边、海岸、公园、林荫道等环境清幽、空气新鲜的地方。

（2）为提高步行的健身效果，要注意基本姿态和动作要领：身体放松，抬头，眼看前方，挺胸稍收腹，两臂前后自然摆动，身体重心落在脚掌前部，配合脚步节奏自然呼吸。

（3）步行的形式不同，对增进健康的效果也不一样。例如，在步行中穿插上、下坡，必然增加运动的强度，而上、下坡步行不仅对呼吸循环系统有益，同时可增强腰部和腿部力量。在松软的沙地、沙滩和草地步行也有同样的作用，年轻人为了增加锻炼效果，也可肩负25kg的背包，这样锻炼效果会更好一些。

（4）步行的速度与步行的时间，决定了运动强度和运动量的大小。步行的形式可慢可快，也可快慢交替，不管如何组合，要达到健身效果，每次锻炼至少需要20min以上的持续运动，这样才能对身体各器官产生刺激，获得运动效果。

（二）健身跑运动处方

健身跑又称慢跑，自从1947年德国学者阿肯提出"长、慢、远"的现代健康跑步方法以来，慢跑活动被列为有益健康、抗病延年的有效手段，被视为"有氧代谢运动之王"，而风行全球。美国心脏学家乔治·希汉博士是这样评价健身跑的："跑步从运动生理学角度说，是一项全面的运动……也是十分安全的，是可最大限度增强心肺功能所需要的运动。"

慢跑有别于一般中长跑，运动强度大于步行，是一种中等强度的运动，适用于各种健康人群和有一定运动基础的慢性病患者。

健身跑锻炼的基本要求如下。

（1）刚开始参加健身跑时可走跑交替锻炼，即先走后跑。一般是走3min，跑3min，交替进行，每隔1~2周逐渐增加运动量。

（2）慢跑虽然说是比较安全的运动项目，但个别人跑步动作不合理，使下肢关节受力较大，容易引起膝关节疼痛，发生某些运动损伤。

（3）为了避免发生运动损伤，掌握跑步的技术要领是很重要的。正确的跑步姿势是，上体正直或稍前倾，颈部肌肉放松，两眼平视。两臂摆动时，肩部放松下沉，肘关节处自然弯曲成90°，两手半握拳，轻松自然地前后摆动。下肢动作要求蹬地腿的蹬地与摆动腿的摆动协调一致。摆动腿的脚落地，尽可能做到全脚掌着地，同时注意脚掌落地后的缓冲。跑的过程中要求动作轻松自然、重心平稳、节奏性强、肌肉用力和放松的交替能力好。

（4）进行健身跑时掌握好呼吸节奏是十分重要的。所谓呼吸节奏就是有规律地与步频配合好。一般采用"两步一吸，两步一呼"或"三步一吸，两步一呼"的呼吸方法。掌握好呼吸的节奏，跑起来就会感觉轻松自如多了。

（三）游泳运动处方

游泳是一项全身运动。不论何种游泳姿势，人的肢体都要不停地进行运动，使得身体各部分关节和肌肉得到良好的锻炼。尤其是胸大肌、背阔肌和腰腹肌，经过不断的运动后，会逐步发达起来。因此，经常参加游泳锻炼不仅能使身材匀称，富于曲线美，而且对提高内脏器官特别是血液循环系统和呼吸系统的功能，有积极的促进作用。

此外，水的导热性比空气快28倍，使游泳时人体热量散发很快，所以必须尽快调动体内能量来补充身体所失去的热量，以抵抗冷水的刺激。因此，在同样的时间、强度下运动，水中要比陆地上消耗能量大。若肥胖者每天游泳30min，而不增加饮食，就会收到很好的减肥效果。

（四）有氧运动项目综合运动处方

有氧运动的项目有很多，如步行、慢跑、游泳、跳绳、划船、健美操、自行车以及各种球类运动等。面对众多的体育项目，如果我们采用单一的形式进行锻炼，对青年人来说难免容易产生枯燥乏味的感觉，而且有时还会因气候的关系，使锻炼计划无法落实。所以，采用综合运动处方来锻炼身体相对单一的运动项目而言，优势就大得多。所谓综合运动处方，就是不局限于一个运动项目，把自己喜欢的、能够参加的体育项目组合起来，因地、适时地进行锻炼，这样既可以提高锻炼者的兴趣，又可达到锻炼的效果。例如，夏季气温较高，健身跑出汗太多，可以采用游泳项目，冬天不能游泳但可以健身跑和骑自行车。再如，遇上天气不好不能在户外活动时，可以爬楼梯和跳健身操等。总之，有氧运动项目的综合运动处方有利于锻炼者更广泛地选择，而且不受外界环境的影响，可以达到持之以恒的健身目的。

采用综合运动项目锻炼，一般比较适合青年人和大学生。一是时间有保证，二是可以比较全面地发展人的力量、速度、耐力、灵敏度以及柔韧性等综合素质。而这些素质的发展和提高又为人体健康打下了良好的基础。

综合运动项目锻炼的基本要求如下。

（1）采用多种运动项目进行锻炼，首先要根据自身状况以及体育基础，选择一些适合自己的并有兴趣的运动项目，同时要掌握这些项目的基本要领和方法，以便运动时比较轻松自如，并且又能收到实效。

（2）由于球类运动项目游戏性和趣味性较高，同时又具有一定的竞争性，特别是与同伴一起运动时，不易控制运动负荷和运动强度。因此，主观感觉很重要，当自己感觉疲劳时要及时进行调整，避免造成运动损伤。

（3）如果前一次球类活动运动负荷较大，这次的健身跑，可以进行一下负荷调整，将跑的速度和距离适当降低，时间缩短，这样有利于身体的积极恢复。

（4）每次运动或锻炼前一定要做好充分的准备活动。锻炼结束后要做一些整理活动，使身体尽快恢复到安静时的状态。

（5）锻炼一定要保证经常性，中断锻炼后起点要适当降低。健康在于锻炼，锻炼贵在坚持，不是特殊情况，一般不要停止锻炼。

作业与思考题

1. 运用所学知识，结合个人实际情况制订你新一年的锻炼计划。
2. 举例说明如何控制运动健身的负荷强度。
3. 运用所学知识，为自己制订一份与运动生活方式相适应的膳食摄入计划。
4. 运动处方的主要内容有哪些？

网站链接

1. 39健身频道 http：//sports.39.net/
2. 51健身网 http：//www.51fit.com/
3. 天天营养网 http：//www.51ttyy.com/

CHAPTER 03

体育竞赛组织与欣赏

参与比取胜更重要。

顾拜旦

学海导航

竞赛既是体育运动的基本属性，又是其突出特点之一。体育竞赛是各种体育运动项目比赛的总称。现代体育运动比赛为体育竞赛赋予了更为丰富和广泛的内涵：它要求运动员在更加充分和完善的准备与训练的基础上进行比赛；要求竞赛条件必须更加符合科学理念和专项规则；要求参与双方必须更加合乎道德规范准则和公平的原则，并要求实现其交流、宣传、激励、教化和团结人民、推动进步的多重功效。本章向大家介绍体育竞赛的组织与编排以及体育竞赛的观赏知识。

知识目标

1. 了解体育竞赛的分类。
2. 知晓体育竞赛的美学特点。

能力目标

1. 掌握组织体育竞赛的基本方法。
2. 理性、积极地欣赏体育比赛，善于发现体育竞赛之美。

第一节 体育竞赛的组织与编排

现代社会生活中，我们每天都可以获得体育竞赛的消息，了解或参与体育竞赛已成为人们日常生活中不可缺少的一部分。在校园的休闲时光里，体育竞赛常常是大学生的一个重要话题。许多人被体育竞赛激烈的竞争性、高超的技艺性、诱人的观赏性吸引。因此，认识体育竞赛是丰富大学生体育文化素养的一个方面。

一、体育运动竞赛的分类

学校运动竞赛是指以运动项目、游戏活动或身体练习活动为内容，利用课外时间组织学生进行各种体育竞赛活动的组织形式。体育竞赛是体育课外活动的重要组成部分，也是学校体育的重要形式之一。体育竞赛有力地推动着学校群众性体育活动广泛开展，促进学校体育的普及与提高，是实现学校体育目标、贯彻"健康第一"思想的基本途径之一。

（一）按比赛规模分类

按照举行比赛的规模，体育运动竞赛可分为基层单位比赛、地区性比赛、省级比赛、全国性比赛、洲际比赛、国际级比赛等。

（二）按比赛的性质、任务和形式分类

1. 综合性竞赛

综合性竞赛一般称运动会或综合性运动会。它包括若干个运动项目的比赛，其任务和目的是全面检查各项运动的普及与提高情况，广泛总结交流经验，推动体育事业的发展，如奥林匹克运动会、亚洲运动会、全国运动会、全国大学生运动会、农民运动会、城市运动会等。这种竞赛比赛项目多、规模大，组织工作复杂，通常每四年举行一届。

2. 单项比赛

单项比赛是以单独进行某一项目为内容的比赛。一般可分为锦标赛、联赛、对抗赛、杯赛、邀请赛和友谊赛、选拔赛、及格赛、表演赛、测试赛、通信赛等。

对高校来说，除了可以组织上述比较正规的比赛外，还可以开展一些大学生喜闻乐见、技术难度不大、规则简单、形式灵活、对场地要求不高、容易组织和便于经常举行的各种非正规的娱乐、趣味性比赛，以吸引更多的人参加体育锻炼。如跳绳比赛、踢毽子比赛、拔河比赛、男女异程接力赛以及冬季长跑等小型多样的比赛。

二、体育运动竞赛的组织

为了顺利完成竞赛的任务，不论是综合性运动会还是单项比赛，都应看成一项系统工程。这项工程大致可分为以下三个阶段进行：赛前的策划组织、赛中的有力监控、赛后的认真总结收尾。组织规模较大的竞赛活动，应成立相应的大会组织委员会或筹备委员会。

在各类学校组织校运会或单项比赛，应建立领导小组，在主管院（校）长的领导下，由有关部室如院（校）办公室、体育部（室）、教务处、学生处、团委、学生会、工会、总务处、医务处、保卫处等各方面领导或代表组成。领导小组根据工作需要分成若干小组，如宣传组、竞赛组、裁判组、场地器材组、后勤保障组等，各组的大致工作内容或任务如下。

（一）宣传组

搞好运动竞赛的宣传、教育工作。鼓励运动员赛出水平、赛出风格。宣传教育观众，争当"文明啦啦队"。

（二）竞赛组

制订大会法规性文件——竞赛规程。

为保障竞赛工作严密有序地进行，还应做好以下工作。

（1）审查报名表。

（2）做好抽签和编排工作，编印和下发秩序册。

（3）安排好裁判员，保证裁判员的数量和质量。

（4）及时研究、确定分工，解决竞赛中出现的有关问题。

（5）如确实需要，下发补充通知，解决规程中未尽事宜。

（6）比赛前应认真全面检查场地器材，需要进行整改的应及早安排，要保证安全。

（7）比赛期间要及时印发、公布成绩公报。

（8）比赛结束后，认真负责地核对好比赛成绩，编印成绩册，技术资料分类、归类，及时发送给有关部门单位。

（三）裁判组

裁判员应本着"认真、公正、准确、及时"的原则认真履行职责。作为裁判员，应表现出高尚的职业道德和高超的业务水平。

裁判员在工作中应遵守以下要求，履行以下职责。

（1）认真学好规程、规则，统一认识，统一裁判方法。对比赛中可能出现的问题加以研究并落实处理方案。组织必要的实习或考核。

（2）裁判长要合理安排好裁判员，对抗性强或决定胜负的关键场次应重点关注。

（3）裁判员在履行职责时应精神集中，既要严格执行规则，又要讲文明礼貌。

（4）执法中不能弄虚作假。如发现反判、漏判、误判等，应立即纠正。

（5）比赛结束后，广泛认真地听取各方意见，总结经验，改进工作。

在学校中举行的各种竞赛，应大胆积极地在学生中挑选和培养裁判人才，给他们创造在实践中学习和锻炼的机会。凡符合条件者，向有关部门推荐，发给相应级别的裁判证书，充实裁判队伍，推动体育运动的发展。

（四）场地器材组

根据规则和规程的要求，认真合理地布置竞赛场地和器材设备，认真负责地做好场地的修整、清理等工作。

（五）后勤保障组

后勤工作应向运动员、教练员、裁判员及工作人员提供一个良好的比赛、工作条件。

三、体育运动竞赛的方法

采用怎样的比赛方法，须根据比赛任务、项目特点、参赛人（队）数、时间安排、场地设备等因素来统筹考虑和选择，下面介绍几种常用的比赛方法。

（一）淘汰法

淘汰法是在比赛进行过程中逐步淘汰成绩差的，最后决出优胜者。

淘汰法有两种：一种情况是按一定顺序让参赛者一人（组）进行比赛，表现出参与者的最佳成绩，通过及格赛、预赛、复赛、决赛等几个赛次，淘汰劣者，比出优胜名次，如田径、游泳项目比赛多采用这种方法。另一种情况往往为球类和其他对抗性比赛项目所采用，即按预先排定的淘汰表一对一进行比赛，胜者进入下一轮，直到最后一对比赛者决出优胜者。

为了使比赛尽可能公正，淘汰编排时应注意以下几点。

（1）根据实际水平设立若干种子队。种子队分开排列，以避免强者过早相遇，尽可能使他们在决赛时相遇。

（2）排定种子队后，为使参赛者机遇、机会均等，其余位置均应抽签排定。

（3）如参赛队数（人数）不是2的几次方时，则在第一轮应排出"轮空"，"轮空"位置要分散排列。

图3-1所示为8队（人）参赛的淘汰制比赛轮次表。

（二）轮换法

将参赛者分为若干小组，在规定的同一时间内，分别进行各个项目的比赛。赛完一项后，各组按预先排定的比赛顺序依次轮换再进行下一轮比赛。体操团体比赛的男子6个项目、女子4个项目均采用这种方法进行。

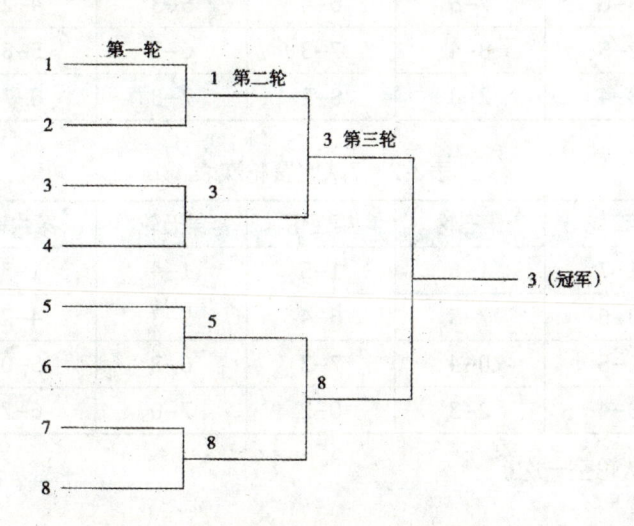

图3-1

（三）循环法

循环法又称循环制，共包括单循环、双循环、分组循环三种方法。

1. 单循环

所有参赛的人（队）在比赛中均能相遇一次，最后按参赛者在全部比赛的胜负场数、得分多少的高低来排定名次。这种方法一般适用于在参赛人（队）不多，竞赛时间又较长的情况下采用。

2. 双循环

所有参赛的人（队）在比赛中均相遇两次，按最后比赛中的胜负场次、得分多少排列名次。这种方法适用于在参赛的人（队）较少，而竞赛期限又较长的情况下采用。

3. 分组循环

把参赛的人（对）分成若干组，分别进行单循环。这种比赛方法适用于在参赛人（队）数多而竞赛期又短的情况下使用。

循环赛的优点是不论参赛者的水平高低、技术优劣、实力强弱、胜负情况，都有机会与其他参赛者进行比赛，因此锻炼机会增多，有利于互相学习、共同提高，能比较准确地反映出参赛者的技术水平，产生的名次比较客观。

循环制的编排方法较多，比较复杂。表3-1和表3-2为8队和7队采用的单循环比赛的轮次表。

表3-1 8队比赛轮次表

第一轮	第二轮	第三轮	第四轮	第五轮	第六轮	第七轮
1-8	1-7	1-6	1-5	1-4	1-3	1-2
2-7	8-6	7-5	6-4	5-3	4-2	3-8
3-6	2-5	8-4	7-3	6-2	5-8	4-7
4-5	3-4	2-3	8-2	7-8	6-7	5-6

表3-2 7队比赛轮次表

第一轮	第二轮	第三轮	第四轮	第五轮	第六轮	第七轮
1-0	1-7	1-6	1-5	1-4	1-3	1-2
2-7	0-6	7-5	6-4	5-3	4-2	3-0
3-6	2-5	0-4	7-3	6-2	5-0	4-7
4-5	3-4	2-3	0-2	7-0	6-7	5-6

注：碰到0号队轮空一次。

四、体育运动竞赛的编排

体育运动竞赛的编排工作是实施竞赛计划、竞赛规程的重要环节，主要有两方面的工作：一是编排比赛秩序册，二是编排单项比赛。

（一）编排比赛秩序册

比赛秩序册是竞赛工作中的指导性文件，其内容包括竞赛规程、仲裁委员会条例、裁判员守则、运动员守则、体育道德风尚奖评比条件、组委会名单、仲裁委员会名单、办事机构与人员名单、运动队及运动员名单、各代表队人数统计表、竞赛日程表、大会活动日程表、作息时间表、开闭幕式程序、比赛场地示意图等。有些比赛还有一些特殊的内容或要求，都要编入秩序册中。例如，田径比赛在竞赛日程后要有"竞赛项目分组表"；球类比赛应印有"比赛成绩记录表"；有的比赛在秩序册中还附有"等级运动员标准""最高成绩纪录表"等内容。

（二）编排单项比赛

以下以田径比赛编排为例进行介绍。

田径比赛的特点是竞赛项目多，运动员人数多，比赛赛次多，信息量大。田径比赛的编排工作内容主要是编排竞赛日程、竞赛分组、总秩序册以及临场后继赛次等。

1. 编排的基本原则

田径比赛秩序册编排的合理与否，直接关系到整个竞赛能否顺利进行和运动员技术水平能否正常发挥。因此，编排各项比赛秩序时应遵循下列基本原则：（1）尽可能考虑给参加下一赛次的运动员留有适当的休息时间。（2）径赛的长、短距离跑，田赛的跳、投项目，以及男女项目和不同组别要交叉编排。（3）照顾兼项，对某些竞赛项目应分开编排，以减少兼项运动员在参加比赛时间上的冲突。一般规律参考：100m和200m，200m和400m，400m和800m；800m和1500m，1500m和3000m，5000m和10000m；100m和跳远，400m和400m栏；100m和4×100m接力，400m和4×400m接力；跳高、跳远和三级跳远；标枪、铁饼和铅球。（4）跨栏项目一般可安排在单元赛的第一项或最后一项，也可以排在长距离跑的后面，以减少摆放栏的时间。（5）比赛项目和精彩项目相融排列，使赛场保持活跃的气氛。（6）不同组别同一项目的径赛尽量衔接起来，以便于起点和终点裁判的工作。（7）短距离跑的项目，采用预、决两个赛次时，最好安排上午预赛，下午决赛。（8）径赛项目编排时，要根据参赛人数和跑道数确定组数，每组比赛人数力求平均。

2. 竞赛期间的编排记录工作

（1）记录组的工作。在比赛期间，负责收集和保管各项竞赛记录表。

收到径赛项目的预、复赛成绩结果后，尽快排出下一赛次的分组、分道表，并分别交给公告、检录、终点和起点裁判员。

（2）记录公告组的工作。及时公布参加复、决赛运动员的号码、姓名、单位；及时公布各项决赛成绩（一式三份，一份交成绩宣告，一份张贴，一份存档）；及时收集各项决赛成绩，并填入总记录表和团体总分表；登记成绩，计算团体总分，核对全能运动员的成绩和得分；整理核实破纪录的人数、项数和次数，填写破纪录单。

第二节　体育竞赛的欣赏

一、欣赏体育竞赛的意义

随着现代社会物质文明与精神文明的不断发展，参加体育活动，观看和欣赏体育比赛已成为人们余暇生活中不可缺少的内容。体育欣赏在娱乐体育中属于心理娱乐的内容，对于调节人的精神生活，提高人的整体生活质量、工作与学习效率起着积极作用。

（一）使人获得美的享受

体育竞赛是在激烈紧张、生动活泼、拼搏进取的氛围中，通过速度、力量的变化来展现人体美的各种形式，同时给欣赏者带来美的享受和身心的愉悦，进而达到净化心灵、陶冶情操的效果，进一步激励欣赏者热爱和追求美好生活的愿望。

（二）促进人的心理健康

体育运动能够调节情绪，增进心理健康。体育运动还可以通过扩展生活空间的方式调节人的心理，每一个人都有一种在宽敞生活空间舒展肢体的生理需求，更有一种向往博大生活空间的心理追求。生活空间的合理扩大有利于人们的身体健康和心理安宁。经常从事体育运动的人对现代生活节奏的改变有较强的适应性，他们可以表现出较强的自制力、快乐、超我、坚韧、敏锐、自信、合群和从容不迫的心理调节能力。体育运动给人们提供的空间体验和美的感受更可以提高人们的心理健康水平。

（三）增强人的体育意识

体育意识是人们对于体育这一社会现象及其功能、作用的认识和反映。欣赏体育运动竞赛能增强人们对健康、拼搏、法制（遵守竞赛规程和比赛规则）和竞争等的认识。培养人们的自我锻炼能力，养成与掌握进行终身体育锻炼的意识、习惯和能力；同时，还可以培养人们的认识能力，使人们懂得体育锻炼的意义、作用，促进人们增强体育锻炼的积极性、自觉性。

（四）发展人的智力和非智力因素

体育竞赛欣赏有助于提高欣赏者的观察力、记忆力、想象力、创造力及综合分析能力，同时也为欣赏者的动机、兴趣、情感、意志和性格等非智力因素的开发和培养提供了有效的途径。

（五）满足人在情感上的需要

体育竞赛欣赏，首先是通过人们的视觉系统和听觉系统，逐渐过渡到整个感官系统，而后引起大脑的思维活动，最终使欣赏者全身心地投入体育运动中，使其心情愉悦，获得心理上的满足。

二、体育竞赛的美学特点

（一）体育的环境美

体育的环境美是体育竞赛欣赏的重要部分。环境优美的比赛场地、设计独特的大赛标识、独具匠心的雕塑作品、令人激动的运动旋律、气势恢宏的赛场氛围，都体现着美的理念。

1. 体育建筑美

体育建筑作为体育活动的物质条件，除实用外，更多体现的是其欣赏价值。体育建筑在结构、造型、色彩等外观上构成了一个丰富复杂如乐曲的组合形式，给人以韵律和节奏的美感，因而被认为是"凝固了的音乐"。

2. 体育工艺美

体育工艺品是指体育建筑之外的在外部形态上经过审美艺术处理的体育用品，如大型运动会的吉祥物、火炬、会徽以及运动员的服装、鞋帽等。体育工艺品主要是为了满足人们的精神需要和生活需要而生产创造的，比较直接地体现了"美的规律"，因而其欣赏价值日益突出。

3. 体育雕塑美

体育雕塑的主要对象是运动员，它通过对人体动作、姿态的塑造，集中表现了人的内在的本质力量，显示出人体的美。它完美地融合了理想性和寓意性，成为表现体育题材最有力的艺术种类之一。

体育雕塑的美学特征在于突出表现高度概括的性格、品质和气概。例如公元前5世纪米隆创作的《掷铁饼者》，这一作品主要赞美了人体的美和运动所饱含的生命力（图3-2）。体育雕塑不仅能表现人的美，而且对环境也能起到点缀的作用。又如洛杉矶体育场门口，屹立于奥运会圣火之下的两尊男女运动员的裸体无头塑像，给人们留下了深刻的印象。体育雕塑通过表达重大主题思想，长久地感染人、影响人，成为一座建筑、一座城市，甚至一个国家的象征。

4 ■ 体育音乐美

音乐是以时间上流动的音响为物质手段来表现人的心理感受的艺术。自古以来，音乐与体育就有难以分割的关系。在古代奥运会上，传令比赛和吹笛手比赛被列为正式项目，跳远比赛也有长笛伴奏。音乐与体育的交融，不但给人以视觉的冲击，而且从听觉上给人以美的享受。

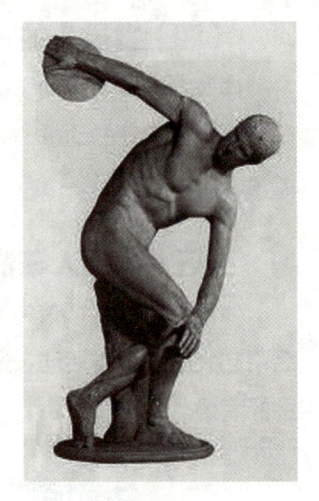

图3-2

5 ■ 体育氛围美

良好的比赛氛围是进行体育比赛和欣赏体育比赛的重要条件。在良好的比赛氛围中，运动员可以释放激情，全身心地投入比赛而不懈怠；观众可以把自己融入比赛，体味胜利的喜悦和失败的伤感。

在比赛中，体育氛围是由观众与运动员共同营造的。例如，在足球比赛中，球迷的呐喊声、欢呼声、掌声可以给球队以动力，激发他们的斗志；同样，球队的激情表演也可以感染球迷，让他们情不自禁地欢呼。因此，在足球比赛中，球迷被称为除11名球员以外的"第12人"。这些场上、场下的互动也构成了体育的氛围美。

（二）体育的身体美

身体美是指人的身体通过体育运动所获得的一种健康美，如匀称和谐的体态、全面发展的身体素质等。身体美不同于一般意义上的人体美，它不仅仅是指身体的外形，还包含体格、生命力及精神面貌等。

1 ■ 健康美

健康美是对人的健康的美学描述，是体育运动所追求的理想目标。根据健康的定义，评价健康美应该从身体的外部特征、体质和精神状态三个方面进行。

在外部特征方面，健康美表现为身体各组成部分协调一致，肌肉、骨骼等形体结构理想组合，其中肌肉发达且富有弹性，肤色红润而有光泽。

在体质方面，健康美表现为肌肉运动的能力、对外界环境的适应能力和抵抗疾病的能力强，具有较高的人体质量。

在精神状态方面，健康美表现为乐观向上、积极进取、对生活和事业充满信心等。

2. 体态美

体态美是指体育运动使骨骼、肌肉等人体组织得到正常发育后所具有的形体和姿势上的美。人的身体形态受遗传因素的影响最大，但经过后天的体育锻炼，也可以对人的身体形态加以控制和改进，并使之逐步完善。评价体态美的形式要素主要是比例、匀称、和谐与线条。

3. 风度美

风度美是指人的风采、气度的美。虽然风度与人的思想文化修养有密切的关系，但它毕竟是通过人体的活动表现出来的。因此，在这里把风度美列为身体美的一个部分。体育运动不仅能塑造健美的体格，也能培养健康的人格。在长期的体育实践中，这种健康的人格可以使运动员形成一种风度美。风度美一般具有两个基本特征：一是符合社会道德规范；二是表现出鲜明的个性特点。例如在雅典奥运会上，28岁的俄罗斯著名体操运动员涅莫夫完成了一套高质量的动作却得了低分，在场观众嘘声四起，导致比赛无法继续，最后，涅莫夫本人起身请求大家安静，才平息了风波。虽然涅莫夫最后没能获得金牌，但他良好的比赛风度赢得了全世界观众的尊敬。

（三）体育的运动美

运动美是指人在体育实践中，通过身体运动所呈现的一种动态的美。运动美是体育美的重要内容，同时也是体育美的基本表现形式。运动美具体包括以下几方面。

1. 技术美

技术美是指人在完成各种体育动作时从方法和技巧上表现出的美感。技术美在体育运动中最为常见，如马拉多纳脚下巧妙的过人技术、乔丹精妙绝伦的空中投篮、霍尔金娜优美流畅的高低杠动作等。运动技术作为体育欣赏对象之所以能给人以美感，是因为它是人类在体育实践中的一项伟大创造。这种创造的过程表现在运动者能够准确、协调地完成各种体育动作，以此向自然显示人的本质力量。动作的准确性、协调性、连贯性和节奏感构成了技术美的主要特征。

2. 战术美

战术美是指在体育比赛中运动员个人技术的合理运用及运动员之间协调配合时所表现出来的美。它是运动员根据比赛双方的情况采取合理行动，以发挥己方特长，限制对方优势，夺取比赛胜利的一种艺术。在每项体育比赛中都有对抗和竞争，这不仅是运动员的体力、技术和意志的角逐，也是战术水平的较量。无论是一对一的单打独斗，还是全队参加的集体抗衡，在双方实力相当的情况下，谁的战术组织得好、运用得妙，谁就会赢得比赛的胜利。战术美就具体表现在对战术的成功运用上。

3. 意志美

意志美是指在体育运动中自觉地确定目的，并在目的的支配下调节自己的行动，从而实现预期目的时所呈现的美。意志美通常是运动员良好意志品质的具体表现。现代体育运动最显著的特点是运动员之间的运动水平越接近，竞争和对抗就越激烈。要夺取比赛的胜利，运动员必须克服各种困难，与对手进行顽强的竞争。在这个过程中，运动员所表现出来的主动、自制、勇敢、顽强等，都属于意志美的范畴。

4. 智慧美

智慧美是指运动员、教练员和裁判员根据比赛场上变幻莫测的情况迅速做出判断，并能采取相应对策所呈现的美。

现代的体育运动，不仅是人的体能、技术、战术和意志的全面较量，而且还包括智慧之争。因此，体育运动过程中处处表现出智慧美。例如，在比赛中，运动员根据对手情况采取随机应变的合理行动，教练员胸有成竹地调兵遣将、变换战术打法，裁判员根据场上情况及时做出准确判罚等，都是智慧美的具体表现形式。在通常情况下，体育运动中的智慧美同运动员的文化知识、技术水平、比赛经验，以及教练员的指挥才能、裁判员的反应能力等都有密切的联系。

良好的体育欣赏能力是体育欣赏的基础。体育欣赏能力不是先天的，是后天在体育欣赏过程中不断积累和提高的。通俗地讲，体育欣赏能力有两个方面：一是有没有欣赏的兴趣，即"爱不爱看"；二是有没有欣赏的水平，即"懂不懂"。

三、体育竞赛欣赏的内容

体育欣赏的内容十分丰富，有的欣赏竞技运动比赛的激烈场面，有的欣赏竞技运动比赛中裁判的执法水平，也有的欣赏体育运动场馆的建筑艺术风格，还有的欣赏体育运动的器材、服装和其他用品。

（一）对运动技术、战术的欣赏

无论什么比赛项目，技术和战术都是核心，也是体育欣赏的主体。因此，在欣赏某个项目比赛时，首先应对该项目的技术与战术有所了解。观看比赛时，还要着重看运动员能否在激烈的对抗中合理地运用技术和战术。另外，在欣赏过程中，还应该善于分析运动员的技术和战术水平与该项目发展趋势间的差距，善于评价运动员的技术与战术特点。

（二）对运动员身体素质的欣赏

身体素质包括速度、力量、耐力、柔韧、灵敏等方面，是运动员表现技术、战术的物质基础。欣赏某一运动项目，其运动员会偏重具备某方面的特殊身体素质，通过观看比赛可以推测运动员平时训练的水平和艰苦磨炼的经历。运动员的良好身体素质可以使欣赏者赏心悦目、精神振奋。

（三）对运动员心理素质的欣赏

在体育比赛中，运动员心理素质的好坏对于比赛胜负的影响显得越来越大，比赛的水平、层次越高，对抗越激烈，对运动员心理素质的要求也越高，运动员在比赛中心理素质的良好表现，往往给观赏者以启示和教育。例如，运动员高度的时空感、观察力、判断力、注意力、抗干扰能力、镇静、沉着、稳定的情绪，坚韧不拔、果断、勇敢协作和顽强拼搏的精神，往往引导比赛进入高潮，扣人心弦，并把欣赏者也带入忘我的境地。

（四）对运动员比赛作风和道德品质的欣赏

运动员训练有素不仅是身体素质、不凡的技战术和心理素质的体现，而且也是他们与教练员的道德品质、比赛作风和精神风貌的全面展示。越是训练有素的运动员运动水平越高，其道德品质、比赛作风和精神风貌等方面的表现也越出色，也就越能教育和激励人们。例如，球王贝利在比赛中常被人撞倒、踢伤，但却仍然若无其事，继续认真踢球，并且具有胜不骄、败不馁的拼搏精神，给人们留下了深刻的印象；我国滑冰运动员叶乔波强忍着伤痛，拼搏在赛场，并且为祖国多次争得荣誉的感人事迹，深深感动着人们，催人泪下。

（五）对裁判员的水平与作风的欣赏

在一场激烈的足球或篮球比赛中，裁判员的一举一动，往往拨动着亿万观众的心。从比赛本身来讲，裁判员可以保证运动员的技术、战术、身体素质、心理素质和道德品质的正常表现和发挥；从欣赏比赛来说，在一场激烈紧张的比赛中，裁判员公正准确、严肃认真的作风和举止大方、潇洒、风度翩翩的精神风貌，可以把比赛推向新的高潮，还能激发观众的正义感、责任感以及严守道德准则、追求真理的欲望。

（六）对运动员健美体态、气质和运动服装的欣赏

无可非议，运动员健美的身材和活泼、饱满、潇洒、大方、有素养的气质，配上协调、得体、和谐、美观的运动服，再加上准确、优美、有力的动作，会给人以无限美的享受，同时可以激发体育欣赏者的爱美之心，并鼓励和暗示自己决心通过体育锻炼来塑造健康美、心灵美、服装美、行为举止美的形象。

（七）对体育建筑艺术的欣赏

体育建筑是一个时代文化与艺术的反映，是一门独特的建筑艺术，并且是时代政治、经济、文化、教育和民族素质的集中表现。因此，许多大型的体育场馆的建筑和设施，都有着不凡的气派、特殊的风格和奇异的结构特征，其外形千姿百态，给人以丰富的艺术享受。当人们欣赏体育建筑时，其实用、经济、安全、舒适、美观及气势宏伟等特色，不仅把人们带入艺术的天堂，而且使人们备受鼓舞。

作业与思考题

1. 组织体育竞赛有哪些方法？
2. 你喜欢什么体育项目？你欣赏的时候侧重于哪些方面？
3. 你知道哪些国际性体育赛事？
4. 你知道中国有哪些优势项目？课余时间和同学们一起欣赏交流。

网站链接

1. 央视体育频道 http://sports.cntv.cn/
2. 腾讯体育 http://sports.qq.com/
3. 搜狐体育 http://sports.sohu.com/
4. 网易体育 http://sports.163.com/

CHAPTER 04

田径运动

体育运动作为预防疾病的手段，对现代社会的人来说越来越成为生活中必不可少的组成部分。这是其他任何东西都无法代替的。

普罗科普

> **学海导航**
>
> 田径是世界上最为普及的体育运动之一，也是历史最悠久的运动项目。它是古代奥运会的主要竞赛项目，第一届古代奥运会就有短跑比赛，以后又逐渐增加了跳跃、投掷等比赛项目。第一届现代奥运会同样把田径列为主要比赛项目，田径与游泳、射击被视为奥运金牌三大项目，田径也是奥运会设金牌最多的项目，"得田径者得天下"也由此而来。田径运动项目众多，对场地器材要求简单，便于群众参与。本章向大家介绍田径运动中的一些基础性单项。

知识目标

1. 知晓田径运动的分类方法。
2. 了解接力跑的交接棒方法。
3. 了解跳远的技术原理，体会体育运动的科学性。

能力目标

1. 掌握蹲踞式起跑技术。
2. 掌握弯道跑技术。
3. 掌握蹲踞式跳远技术。
4. 掌握背向滑步推铅球技术。

第一节 田径运动概述

一、田径运动的起源与发展

　　田径运动是随着人类社会的发展逐步产生和发展起来的。在远古时代，人们为了生存和获得生活资料，在与大自然的斗争中，逐步形成了走、跑、跳跃、投掷等各种生活技能，并代代相传，产生了模仿跑得快、跳得高、跳得远、投得准、投得远的动作。

　　我国最早的田径比赛是1890年在上海教会学校约翰书院举行的以田径为主要项目的运动会。1913年我国第一次参加了远东运动会田径比赛。

　　新中国成立后，党和国家非常重视体育运动。随着国民经济的发展，我国田径运动得以蓬勃发展，在长跑、马拉松、竞走、投掷等项目上都取得了较好的成绩。在《国家体育锻炼标准》中，田径项目被列为主要内容。

　　田径运动包括竞走、跑、跳跃、投掷以及由跑、跳跃、投掷的部分项目组成的全能运动。田径运动分为径赛和田赛两大类，人们把以时间计算成绩的竞走和跑的项目叫"径赛"，把以远度和高度计量成绩的跳跃和投掷项目叫"田赛"。

二、田径运动的价值

田径运动是增强学生体质、对广大青少年进行社会主义精神文明教育的手段之一，在各学校体育教学中占有很大比重。田径运动项目较多，锻炼方法也很多，场地设备却要求比较简单，练习时一般不受人数、时间、季节、气候等限制，便于在各级学校广泛开展。

经常系统、科学地从事田径运动，能促进人体的新陈代谢，改善神经系统的调节功能，提高心血管系统、呼吸系统及其他内脏器官的机能；能全面发展力量、速度、耐力、灵敏、协调性和提高运动素质，促进人的正常发育，增进健康水平；还能提高人的走、跑、跳、投的技能成绩，从而保持和提高人体在生活和工作中的适应能力，并可延缓人体衰老过程。通过田径运动的教学训练，学生可以不断提高运动技术水平，培养勇敢、顽强、坚韧、果断等意志品质。因此，田径运动是高校体育教学和课外体育锻炼的主要内容，其他各项运动也把田径运动作为促进身体全面发展的有效训练手段。

> **名人堂**
>
> 刘翔（1983—　），奥运会冠军，中国男子田径队110m跨栏运动员。刘翔是中国田径史上的里程碑式人物，在2004年雅典奥运会上以12.91秒的成绩平了保持11年的世界纪录；在瑞士洛桑田径超级大奖赛中，以12秒88打破了保持13年的世界纪录。刘翔曾多次在国际田径赛事中夺冠，是男子110m栏最优秀的运动员之一。此外，刘翔积极参与慈善事业，为中国体育事业、公益事业发展做出了很多贡献。2012年8月7日，在伦敦奥运会男子110m栏预赛中，刘翔打栏摔倒在地，最终单腿跳过终点无缘晋级。2015年4月7日，刘翔在个人微博上发布了退役决定。

第二节　径赛项目基本技术

一、短跑

短跑也称为短距离跑，是指60～400m（包括接力）段落的跑。短跑是发展人体速度素质最有效的手段，是田径运动的基础项目。它是人体运动器官和内脏器官在大量缺氧条件下完成的最大强度工作，属于无氧运动。经常练习短跑，可以发展速度和速度耐力，增强大脑皮层的灵活性和无氧代谢能力，培养勇敢、顽强、坚韧不拔的意志等。

短跑技术是一个统一的整体，从起跑开始到终点，将分为起跑、起跑后的加速跑、途中跑及终点跑四个部分。全程跑的成绩，取决于起跑的反应速度、起跑后的加速跑能力、保持最高跑速的距离以及各部分技术完成的好坏。

（一）起跑

起跑是指从起跑前预备姿势起到起动动作为止。起跑的任务是使身体迅速摆脱静止状态，获得向前的最大冲力，为起跑后的加速跑创造条件。在短跑比赛中，规则规定必须采用蹲踞式起跑，并使用起跑器。安装起跑器的方法如图4-1所示。

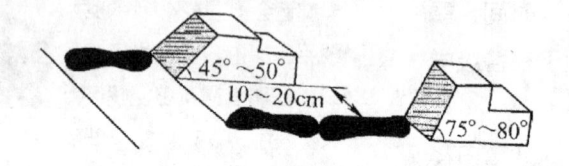

图4-1

起跑器的安装一般有普通式、接近式和拉长式三种。起跑器的三种安装方法各有优点，安装时要因人而异，无论采用哪种方法，都必须符合下面的几个要求。

（1）在预备时，身体感到舒适。

（2）在起跑时，有利于肌肉发挥最大收缩力量。

（3）起跑后，身体能保持较大的前倾。

起跑过程包括"各就位""预备"和鸣枪。

听到"各就位"口令，可做几次深呼吸，跑或走到起跑器前，两手撑地，依次将有力的一只脚放在前起跑器上，另一只脚放在后起跑器上，两脚掌要贴在起跑器的踏板上，后膝跪地，两手虎口朝前，拇指相对置于起跑线后，两臂伸直与肩同宽（或稍宽于肩），颈部自然放松，两眼注视前下方40～50cm处，注意听信号。

听到"预备"口令，平稳地抬起臀部，使之稍高于肩，身体重心适当前移，这时身体重心落在两臂和两腿上。

听到鸣枪声，两手迅速离地，两臂屈肘做有力地前后摆动，同时两腿迅速蹬离起跑器，使身体向前上方运动，如图4-2所示。

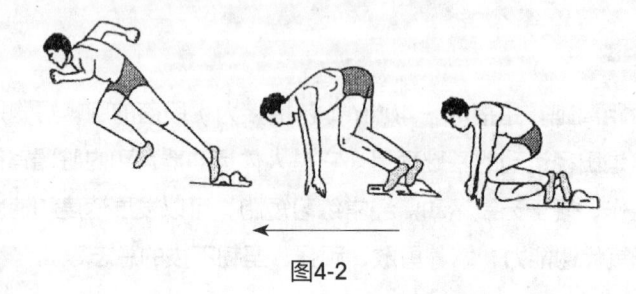

图4-2

（二）起跑后的加速跑

从后腿蹬离起跑器到最高速度的一个跑段称为起跑后的加速跑。其任务是充分利用向前的冲力，在较短距离内尽快地获得高速度。

当后腿迅速蹬离起跑器并结束前摆后，便积极下压着地，第一步的着地点应尽量靠近身体重心投影点。前腿蹬离起跑器后，也迅速屈膝向前摆动。起跑后，第一步的步长不宜过大，以后可逐渐增大到途中跑的最大步长。在加速跑的最初阶段，躯干前倾较大，随着步长和跑速的增加，躯干逐渐抬起并直至接近途中跑的姿势，同时两臂的摆动要与两腿协调配合，如图4-3所示。加速跑的距离一般为20~30m，男子用13~15步跑完，女子用15~17步跑完。

图4-3

（三）途中跑

途中跑是短跑中的主要段落，百米的途中跑距离为65~70m，约占全程跑的70%。其任务是继续发挥和保持较高的跑动速度。

当蹬地腿蹬离地面，大腿积极向前上方摆出，小腿放松，随惯性向前运动，成自然折叠动作，其作用在于缩小摆幅，增加向前摆动的速度。此时，同侧髋关节应随之前送，当大腿摆到最高点时，小腿与后蹬腿几乎平行，大腿积极下压，膝关节放松，小腿随惯性向前摆动，脚掌保持自然放松姿势，用前脚掌做"扒地"动作。脚着地后由于身体随惯性前移和重力作用，膝、踝关节随之弯曲，从而缓冲了着地时支撑的反作用力所造成的阻力（缓冲时，身体重心不应有明显的下降），同时也拉长了支撑腿的伸肌，为后蹬做准备。在身体重心垂直线移过支撑点后，髋、膝关节依次伸展，此时踝关节随着身体前移继续压紧，在身体重心远离支撑点的一刹那，踝关节做迅速有力的蹬伸，完成后蹬动作。每一条腿的后蹬、折叠与前摆、着地与缓冲等动作都是相互依赖、相互影响的。正确的着地缓冲为后蹬创造良好的条件，正确的前摆动作又为着地做好了技术准备，如图4-4所示。

图4-4

途中跑时头部正直，上体适当前倾，两臂做快而有力的前后摆动。前摆时，稍向内，手的高度超过下腭，并伴随同侧肩前送和异侧肩后引的动作；臂后摆时，肘关节稍朝外。臂前摆时大小臂角度小于90°，臂后摆时大小臂角度大于90°。正确的摆臂动作不仅能保持身体的平衡，而且有助于加快两腿的动作频率，增大步长。

总之，短距离途中跑时，要步幅大，频率快，动作轻松自然。身体重心移动力求平稳，避免身体重心上下跳动和左右摇晃。

（四）终点跑

终点跑是全程中最后15～20m的一段距离。它的任务是尽力保持途中跑的高速度，并跑过终点。这段技术与途中跑基本相同，但因后程出现疲劳，容易造成技术变形，因此，此时要特别强调上体的前倾角度，并加快两臂的摆动速度，加大摆动力量。在跑到离终点线15m左右时，上体急速前倾用胸部或肩部撞线，并跑过终点，然后逐步减慢速度，如图4-5所示。

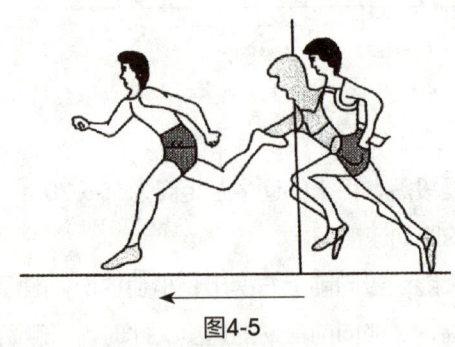

图4-5

（五）200m跑和400m跑的弯道技术

对于200m跑和400m跑，其一半以上的距离是在弯道上进行的。因此，为了适应弯道跑，在跑的技术上要有相应的变化，须改变跑的身体姿势、后蹬及摆动方向。

1. 弯道起跑和起跑后的加速跑

200m跑和400m跑的起点在弯道上，应将起跑器安装在弯道跑道右侧，起跑器对着弯道的切点方向。起跑时，左手撑在距离起跑线后沿5～10cm处，使身体正对着弯道的切点，如图4-6所示。弯道起跑后，为了尽快进入弯道，加速跑的距离要缩短，较大前倾的身体要早些抬起。

2. 弯道跑的技术

为了克服弯道跑时所产生的离心力，在进入弯道时身体应向内倾斜，右肩高于左肩，如图4-7所示，右臂的摆幅和力量都大于左臂，右臂前摆时稍偏向左前方，后摆时，稍偏向右后方，着地时右膝和右脚尖稍向内转，用脚掌内侧着地。左膝和左脚尖稍向外转，用脚掌外侧着地。从弯道跑进直道，应在弯道的最后几米，身体逐渐减小内倾程度，顺惯性跑2~3步。

200m跑和400m跑要采用"匀速跑"，注意身体放松，步幅放开，调整好呼吸。

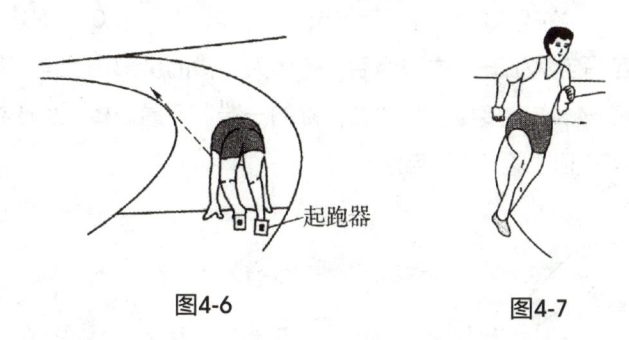

图4-6　　　　　图4-7

二、接力跑

接力跑是田径运动中相互配合的集体径赛项目，它可以培养运动员的集体主义精神、动作协调能力，发展快速奔跑能力。接力跑的成绩不仅取决于每个运动员跑的速度，而且在很大程度上取决于运动员之间的相互配合和交接棒技术的好坏。接力跑比赛项目有4×100m接力、4×400m接力和4×800m接力。在群众性的体育活动中，接力跑有迎面接力、火炬接力、越野接力等。

接力跑技术与短跑技术基本相同，其特点是在快速跑过程中进行传接棒。

接力跑的传接棒方法主要有上挑式、下压式和混合式三种。

> **名人堂**
>
> 尤塞恩·博尔特（1986— ），牙买加短跑名将，当今男子短跑界无可争议的霸主，保持了男子短跑界的多项世界纪录。他在2008年北京奥运会上一鸣惊人，以惊人的优势夺得男子100m、200m短跑冠军。2009年世锦赛，他连续打破男子100m、200m世界纪录，2011年带领牙买加男子田径队在4×100m接力比赛中打破世界纪录夺冠。2012年伦敦奥运会，在五大高手的挑战下，博尔特再次夺得男子百米飞人大战冠军，并卫冕男子100m、200m短跑冠军，成为奥运史上第一个卫冕男子100m短跑冠军的运动员，保持了奥运赛场"不败金身"。

（一）上挑式接棒法

如图4-8中①所示，接棒人的手臂自然向后伸出，手臂与躯干呈40°~50°，虎口展开向下，掌心向下，拇指与其他四指自然张开，传棒人由下向上送到接棒人手中。这种方法的优点是接棒人向后伸手的动作比较自然，容易掌握。缺点是接棒后，手已握在接力棒的中部，待传给下一棒队员时，只能握住棒的前部，容易造成掉棒和影响持棒快跑。

（二）下压式接棒法

如图4-8中②所示，接棒人的手臂向后伸出，手臂与躯干成50°~60°，手腕内旋、掌心向上，拇指与其他四指自然张开，虎口朝后，传棒人将棒的全部由上向下传到接棒人手中。这种方法的优点是每一棒次的接棒，都能握住棒的一端，不易掉棒，便于持棒人快跑。缺点是接棒人的手臂后伸时相对紧张和不自然。

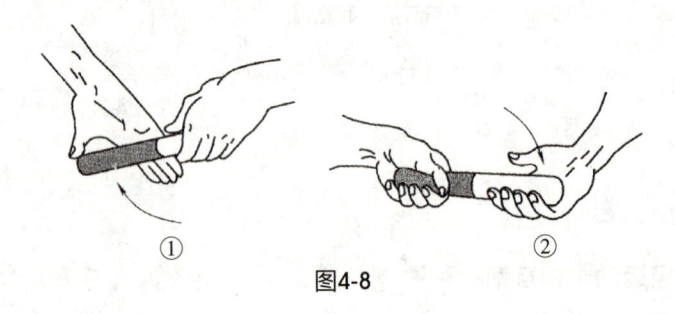

图4-8

（三）混合式接棒法

混合式接棒法综合了上述两种传接棒的优点。第一棒队员用右手持棒起跑，沿跑道内侧跑进，用"上挑式"将棒传到第二棒队员左手中，第二棒队员沿跑道外侧用"下压式"将棒传到第三棒队员的右手中，第三棒队员沿跑道内侧用"上挑式"将棒传到第四棒队员左手中。

三、中长跑

中长跑是中距离跑和长距离跑的合称。中长跑的特点是跑步距离长、时间长，肌肉处于连续运动状态，要求人体具有一定的速度和持久的耐力。经常参与中长跑运动能增强呼吸系统、血液循环系统、运动肌肉骨骼系统以及内脏器官的功能，能够发展耐力素质，培养坚强意志和吃苦耐劳精神。

中长跑技术包括起跑、起跑后的加速跑、途中跑和终点冲刺等技术环节。中长跑技术不论是距离长短，还是速度快慢，跑的动作在结构上均与短跑技术基本相同，只是速度快慢和技术细节上有些变化。中长跑技术特别强调经济性和实效性，也就是说，跑时肌肉用力有紧张（工作）、有放松，跑得越轻松、越自然，越能持久。

（一）起跑和起跑后的加速跑

中长跑规则规定中长跑要采用"站立式"起跑，如图4-9所示。起跑是由"各就位"和鸣枪两个阶段完成。

"各就位"时，运动员迅速从集合线站到起跑线处，两脚前后自然开立，将有力的腿放在前，前脚跟与后脚之间的距离约为一脚长，后脚用前脚掌着地，两腿弯曲，上体前倾，身体重心落在前腿上，与前脚异侧的臂自然弯曲在体前，与前脚同侧的臂在体侧，身体保持稳定姿势，集中注意力听"鸣枪"。

图4-9

听到鸣枪后，两腿用力蹬地，后腿迅速前摆，前腿充分蹬直，两臂配合两腿动作用力前后摆动，使身体迅速向前跑出，此时完成起跑任务。起跑后进入加速跑，起跑后的加速跑过程中，上体前倾稍大，摆臂、摆腿和后蹬的动作都应迅速积极。加速跑的距离根据项目、个人特点及比赛情况而定。

（二）途中跑

中长跑的途中跑在全程中距离最长，技术好坏对成绩影响很大，所以途中跑是中长跑技术的主要部分。

1.上体姿势

途中跑时上体姿势应自然伸直，适度前倾，这样可为肌肉和内脏器官的活动创造有利的条件。在速度加快时，上体稍前倾。头部自然与上体成一条直线，两眼平视，面部、颈部及躯体的肌肉要自然放松，如图4-10所示。

图4-10

2. 两臂动作

正确的摆臂可以帮助维持身体平衡和加快腿部动作的速度。中长跑时，两臂稍微离开躯干，肘关节自然弯曲，以肩为轴前后自然摆动，摆幅要适当。肘关节的角度在摆臂过程中有变化，进行直道跑时，当臂摆到躯干的垂直部位时，其角度要比向前摆动的角度大一些，而向后摆动的角度要比垂直部位时又要大些。进行弯道跑时，右臂摆幅向前大一些，向后摆幅小一些，左臂靠近身体前后摆动，摆幅向前小些，而向后要大些。这样做能使肌肉得到短时间放松。同时，摆臂也应根据跑速有一些变化。

3. 腿部动作

当身体重心移过支撑点后，摆动腿由大腿带动小腿继续向前摆，在腿部的摆动配合下，髋部向前送出，蹬地腿迅速有力地伸髋、伸直膝、伸踝关节。在摆动腿前摆的过程中，膝关节和小腿自然放松。其特点是身体重心移动平稳、步幅适中、节奏快、频率高。掌握好途中跑的技术，跑起来可以轻松省力、效果好。

中长跑的途中跑一半以上是在弯道跑上进行，弯道跑的技术与短跑技术相同，只是动作的幅度与用力程度较小。

（三）终点冲刺

终点冲刺是临近终点的一段加速跑，当进入最后直道时，要竭尽全力进行终点冲刺。终点冲刺的距离应根据自己的体力、训练水平和战术来决定。撞线技术与短跑相同。

第三节 田赛项目基本技术

一、跳高

跳高项目是历史悠久的田径运动项目之一，也是克服垂直障碍的跳跃项目。目前，在田径运动竞赛中，背越式跳高技术占有明显的优势，是世界上公认的最适合跳高的技术；其次是俯卧式跳高技术。原有的剪式跳高技术、跨越式和滚式跳高技术已基本上被淘汰。在我国学校体育教学中还保留着动作简单的跨越式跳高技术。本教材介绍背越式跳高技术。

跳高技术由助跑、起跳、过杆和落地几部分组成，这些动作是紧密相连、互相配合的整体。经常练习跳高，可以增强腿部力量，提高弹跳力，发展灵活性、柔韧性和协调性，培养勇敢、机智、果断等素质。

人体通过助跑和起跳，以背对横杆的姿势越过横杆的跳高方法称为背越式跳高。它的技术特点是弧线助跑、起跳、起跳后背越横杆，如图4-11所示。

图4-11

（一）助跑

背越式跳高的助跑是为了使人体产生向前的速度，以增加起跳时的支撑反作用力，加快起跳动作的速率，从而提高蹬地效果，并为顺利过杆创造条件。助跑一般包括助跑路线、起动方式、助跑距离、助跑技术、助跑节奏等几个方面。

背越式跳高的助跑一般跑8～12步，前段跑直线，后段跑4～6步并呈弧线。助跑从摆动腿一侧开始，起跑点与起跳点的连线与横杆垂直面的夹角约70°。弧线一般呈不等半径的抛物线形，起跳点的切线与横杆垂直面的夹角为20°～35°。

背越式跳高助跑路线的丈量方法很多，本书介绍走步丈量法。如图4-12所示，从起跳点A向助跑一侧沿横杆平行方向走5步，然后向右转90°，垂直横杆方向往起跑点方向走6步，作一个标记点B（直线与弧线的交点），再继续向起跑点走7步作一个标记点C，即为助跑的起点。这种方法制订的助跑路线是一条比较合理的助跑路线，丈量方法简便易行。

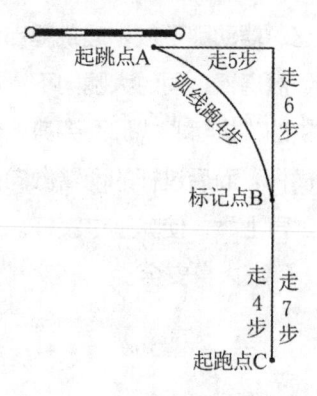

图4-12

（二）起跳

背越式跳高的起跳是人体在助跑基础上，迅速转变运动方向并充分向上腾起，为过杆做好准备。起跳是跳高技术最关键的一环，要求助跑的最后几步与起跳的衔接自然和紧凑。起跳点靠近助跑一侧，并距离横杆投影面60~100cm，起跳脚踏上起跳点时，基本上与弧线的切线一致，与横杆有一定夹角。

助跑的最后一步摆动腿着地时，身体保持内倾姿势，随着摆动腿的有力后蹬，推动骨盆迅速前移，同时，起跳腿向前迈出，大腿积极下压，以脚跟外侧着地后，很快向前滚动，完成"迈步"动作。这时，随助跑的惯性身体由倾斜转为竖直，摆动腿折叠前摆，起跳腿伸肌进行退让性工作，使其屈膝向上，向内迅速摆起，同时蹬伸起跳腿，配合腿的蹬伸动作摆臂、提肩、拔腰，从而完成整个起跳动作。

> **名人堂**
>
> 郑凤荣（1937— ），女子跳高运动员，山东省济南市人，我国第一个跳高运动健将，1953年被选入国家田径集训队，1957年在柏林国际田径比赛中以1.72m的成绩获女子跳高第一名。同年11月17日的北京田径比赛中，她成功地跳过了1.77m，打破了由美国运动员麦克丹尼尔保持的1.76m的世界纪录，成为我国第一位打破世界纪录的女运动员。同时，郑凤荣也是我国第一位打破田径世界纪录的运动员，以及1936年以来亚洲第一位打破田径世界纪录的运动员，曾获国家体育运动荣誉奖章。

（三）过杆和落地

过杆和落地的任务是充分利用人体重心腾起的高度顺利地越过横杆，并安全落地。

起跳时由于骨盆已经转动，身体离地后向高处"旋起"，身体沿人体重心弧线的切线向上跃起，并逐渐转向背对横杆，这时摆动腿下放，起跳腿自然下垂，头肩（或臂）继续飞向横杆并领先过杆。过杆后要仰头、潜肩臂，同时大腿向下，小腿后弯，骨盆向上翻转，使髋部充分伸展并抬高，形成杆上背拱的"拱桥"式仰卧姿势，这时人体继续围绕横杆旋转，髋部的伸展动作要延续到臀部越过横杆，而后过杆的两臂做向前的动作，同时借助背拱时的反弹作用力，把未过杆的两腿迅速踢直上举，使其越过横杆。过杆后采用肩背着地，落在海绵垫上，也可顺势后翻，进行缓冲，保证人身安全。

二、跳远

跳远技术是一个完整的统一体，它包括助跑、起跳、腾空和落地四部分。

（一）助跑

助跑是为了获得较高的水平速度，并为准确地踏板和起跳做好准备。助跑在跳远技术中占有重要位置。

助跑的开始方法有两种：一种是从静止开始"半蹲踞式"或"站立式"起动；另一种是从行进间开始，先走或慢跑几步再进行助跑。前者助跑方式较稳定、准确，后者较轻松、自然。

助跑的加速方法也有两种：一种是积极加速，这种跑法步频较高，发挥速度较快；另一种是逐渐加速，其步频开始较低，发挥速度较慢。以上两种方法都要求在起跳前达到助跑的高速度，并有利于准确地踏板和正确地起跳。

助跑开始几步身体前倾较大，着地点离身体重心投影点较近，两臂配合摆动，腿积极摆动。到助跑中段时躯干略前倾近似垂直，摆动动作的幅度加大，着地后身体要迅速前移，支撑腿迅速做充分的后蹬，使蹬腿与摆臂协调配合，跑得轻松自然。最后几步助跑是跳跃技术中的重要环节。

（二）起跳

起跳技术包括起跳脚的着地（或着板）、退让、蹬伸和摆动动作。

1. 起跳脚的着地（或着板）

着地动作要求尽量减少冲撞力，并为身体重心前移创造条件。起跳腿着地前，大腿抬得比短跑时要低些，大腿积极向下压，小腿迅速前伸，脚掌运动方向应向下，应积极用前脚掌快速"扒地"，着地时用起跳脚的脚跟先着地，并迅速滚动转为全脚掌支撑，着地时快速和积极，但动作要柔和轻巧而有弹性。着地腿的向后"扒地"动作与摆动腿的积极摆动要紧密配合，如图4-13所示。

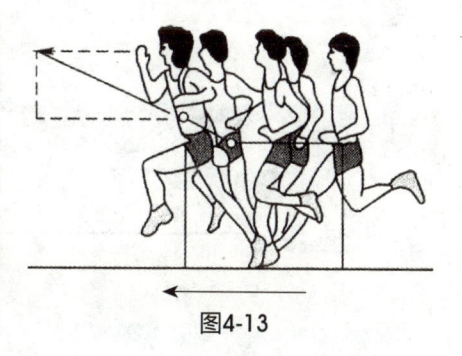

图4-13

2. 退让

着地后由于水平速度的惯性力和重力作用，起跳腿要及时屈膝、屈踝进行"退让"缓冲，同时迅速使身体前移，这是减少速度损耗和完成快速起跳的重要条件。同时，还应用力伸背提髋，上体保持较直姿势，使身体重心处于较高位置。

3. 蹬伸

当身体重心接近起跳腿的支撑点时，小腿迅速有力地蹬伸，使髋、膝、踝三个关节充分伸展，同时摆动腿以膝关节领先，积极向前上方摆起，两臂配合腿部动作，用力上摆。蹬伸动作与腾起初速度关系密切。蹬伸动作越快,腾起初速度越大,跳远成绩也越好。蹬伸需要整个身体协调配合,同时提肩拔腰,摆腿摆臂,起跳腿的蹬地角约为75°。

4. 摆动动作

起跳时摆动动作包括摆腿和摆臂。摆腿采用屈腿,迅速向前上方摆起,大腿摆到与地面平行,小腿自然下垂,两臂前后交叉摆起,腿和臂摆到一定高度要"突停",使摆动腿的动量施加在支撑腿上,以加大蹬伸力量,提高起跳效果。

(三)腾空

根据腾空后人体在空中的姿势,可将跳远分为蹲踞式跳远、挺身式跳远和走步式跳远三种。这里着重介绍蹲踞式和挺身式两种。

1. 蹲踞式跳远

"腾空步"后,上体与头部正直,两臂向前上举,随之起跳腿逐渐向摆动腿靠拢,屈膝向胸部靠近,在空中形成"蹲踞"姿势,接着大腿上举,小腿前伸,相应地上体前倾,两臂配合腿部动作向前、向下和向后摆动,两腿伸直向前落下,如图4-14所示。蹲踞式跳远的动作简单易学,适合初学者采用。

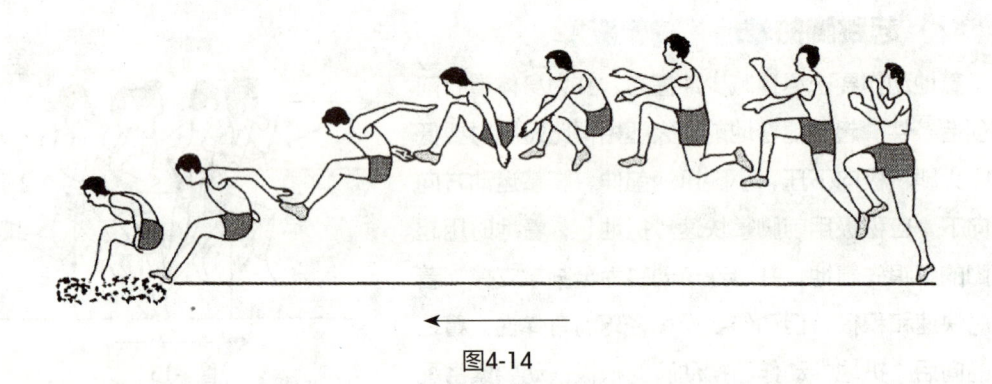

图4-14

2. 挺身式跳远

"腾空步"后,摆动腿的膝关节放松伸展,小腿自然地向前、向下、向后呈弧形摆动,两臂在体侧向外伸展(略向上),起跳腿向摆动腿靠拢,挺胸展髋,形成空中挺身展体姿势。挺身式空中动作能充分拉长身体躯干前群肌肉,然后快速收腹举腿并前伸小腿,上体前倾,同时两臂经由体侧从后上方,向前、向下、向后方摆动,身体顺势落地,如图4-15所示。

图4-15

（四）落地

正确的落地动作有利于跳远成绩的提高并能防止伤害事故发生。完成腾空动作后，落地前两腿尽可能向前高抬和伸直，上体适当前倾。即将落地时，膝关节迅速弯曲，脚尖自然勾起，小腿前伸，两臂屈肘积极向前摆动，脚跟触及沙面后，两腿迅速屈膝缓冲，髋部积极前移，身体向前或向侧倾倒，移过支撑点，安全完成落地。

三、推铅球

推铅球技术一般分为侧向滑步推铅球、背向滑步推铅球和旋转推铅球三种，一般主要介绍侧向滑步推铅球和背向滑步推铅球。推铅球是一个完整连贯的技术动作，从技术上可分为握法与持球、预备姿势、滑步、最后用力及维持身体平衡五个部分。现以右手推铅球为例进行分析。

（一）握法与持球

握球手的五指自然分开，手腕向背侧弯曲。将球托在食指、中指和无名指的指根上，拇指和小指自然地扶在球的两侧，以防止球的滑动。手指、手腕力量较强的人可将球适当地向手指上移一点，这样可以更好地发挥推铅球的杠杆作用。不能把球放在手掌心内，以防影响手指、手腕在推铅球时的拨球动作。铅球握好后，应把铅球放在锁骨窝处，要贴靠在颈部，使球稳定以减轻负重，如图4-16所示。

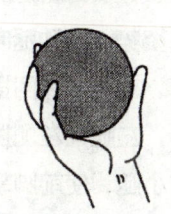

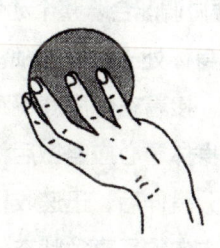

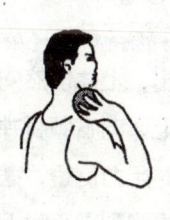

图4-16

（二）预备姿势

1. 侧向滑步推铅球

身体左侧正对投掷方向，脚左右开立约与肩同宽，右脚外侧靠近投掷圈后沿，左脚用前脚掌内侧着地。右臂抬起与肩平，手腕微向外展，手掌心向前，左臂自然微屈上举。

2. 背向滑步推铅球

背向滑步推铅球的预备姿势有高姿势和低姿势两种。

高姿势是指持球后背对投掷方向，站在投掷圈内靠近后沿处。两脚前后开立，右脚在前，脚尖贴近投掷圈内沿，脚跟面向投掷方向，左脚在后并以前脚掌或脚尖着地，膝部自然弯曲，持球臂略低于肩，左臂自然上举，上体正直放松，重心落在右脚上，两眼看前下方，如图4-17所示。

低姿势是指持球后背对投掷方向，站在投掷圈内靠近后沿处。两脚前后开立，右脚在前，脚尖贴近投掷圈内沿，左脚在后，前脚掌和脚尖着地，与右脚相距两脚掌长度，上体前屈，左臂自然下垂并稍向内，重心落在右脚上，两眼看前下方，如图4-18所示。

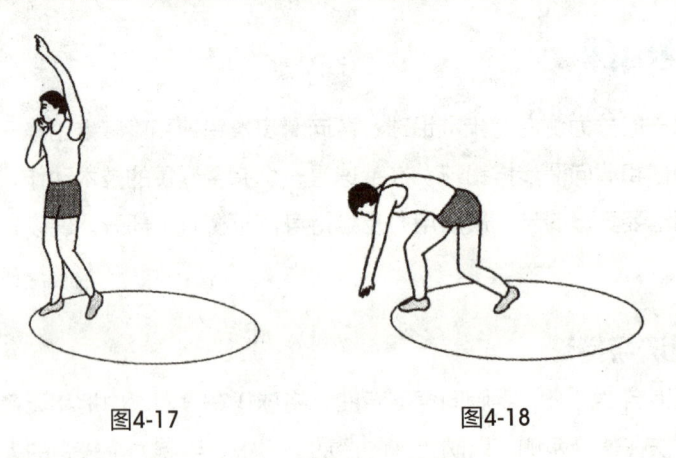

图4-17   图4-18

（三）滑步

滑步是推铅球过程中的助跑阶段，它的目的是使铅球先获得一定的速度，为最后用力创造良好的条件。实践证明，同一个人原地推铅球比滑步推铅球的成绩低1.5～2.5m。进行滑步时，要求身体保持良好的平衡，身体各部分的动作要协调配合，整个动作要连贯并稳定加速。

开始滑步前，一般先做1～2次预摆，目的是使身体处于良好的预备姿势。摆动腿向投掷方向摆出，上体自然向右倾，左臂半屈伸出于胸前。接着右腿屈膝下蹲，左腿屈膝回摆靠近右腿，上体向右倾斜并接近水平，收腹含胸，此时身体重心应略微后移，左腿向左侧摆出，右腿同时用力侧蹬，摆动与蹬伸同时进行。右腿充分蹬伸后，迅速收拉小腿，使前脚掌沿地面滑至投掷圈圆心附近，脚尖稍内扣，使脚与投掷方向约呈直角状态，左脚同时积极下压，以前脚掌内侧先着地，着地于投掷圈正中线的左侧约10cm处，形成最后用力的良好姿势。

两脚落地的间隔要短，但并不是两脚同时落地，如图4-19所示。

图4-19

（四）最后用力

最后用力是推铅球技术的主要环节，它直接影响推铅球的出手速度、出手角度和出手高度。

滑步后，当左脚一落地就开始最后用力，右脚迅速用力蹬地，脚跟提起，膝盖向内转，同时髋部前移并向左转，上体在转动中逐渐抬起面向投掷方向。同时，左臂旋转，经体前带领左肩边移、边抬、边转至投掷方向。紧接着，右腿开始转蹬，两腿进行爆发式蹬伸，右肩充分向前，抬肘、伸右臂、手腕用力、用手指积极拨球，右腿迅速伸直，身体转向投掷方向，挺胸抬头，左腿支撑，右肩前送，右臂迅速用力向前上方推球，将铅球从肩上方推出。当铅球离手时，要求两腿充分伸直，右肩高于左肩。铅球出手后立即做两腿换步动作，并降低身体重心以保持身体平衡。右臂推球的同时，左臂由前摆向体侧制动，如图4-20所示。

图4-20

（五）维持身体平衡

当铅球被推出后，由于身体仍有向前的惯性冲力，容易破坏身体平衡。为了防止人体冲到投掷圈外造成犯规，投掷者应立即将右腿换到前面并屈膝，将左腿后伸，降低身体重心，改变重心移动方向，以便维持身体平衡。

作业与思考题

1. 众多田径项目是如何分类的？和同学讨论一下自己喜欢的田径项目属于田赛还是径赛。
2. 简述途中跑的动作方法。
3. 怎样简单地确定背越式跳高助跑路线？
4. 简述推铅球最后用力技术环节的动作方法。

网站链接

1. 中国大学生田径协会 http://www.dxsch.tsinghua.edu.cn/
2. 中国田径协会 http://www.athletics.org.cn/
3. 中国大学生体育协会 http://www.sports.edu.cn/

CHAPTER 05
篮球运动

篮球，也许你认为这只是一场运动，但我把它当成空气，我每天的呼吸都要靠它，这就是篮球的意义。篮球是生命。

加内特

> **学海导航**
>
> 现代篮球运动已汇集现代科技学、教育学、政治学、心理学、医学、哲学、军事学、健身学、娱乐学、管理学和经济学等于一体，成为一门多学科交叉的新型边缘性运动与科学学科。它具有文化价值、教育价值、社会价值、经济价值和娱乐价值等。篮球运动已成为世界共有的一种体育文化现象，同时也是现代社会文明与进步的体现。据调查，我国每四个人中就有一人参与或对篮球运动感兴趣。本章主要介绍篮球运动的基本知识、基本技战术和规则。

知识目标

1. 熟记篮球运动主要技术的动作要领。
2. 了解篮球的基本规则。
3. 学会欣赏篮球比赛。

能力目标

1. 掌握篮球双手传球、单手肩上投篮、运球等主要技术的基本动作方法，并能熟练运用。
2. 将所学篮球的基本战术在课余篮球运动实践中熟练运用。

第一节 篮球运动概述

一、篮球运动的起源与发展

篮球运动起源于美国，是由美国马萨诸塞州斯普林菲尔德基督教青年会训练学校体育教师詹姆斯·奈史密斯博士于1891年发明的（图5-1）。1891年的冬天，詹姆斯·奈史密斯为了使学生不受寒冷天气的限制，能够在室内开展有益的运动，便琢磨出将竹篮子钉在墙上，向篮子里投球的方法进行游戏，从而发起了篮球运动。

由于篮球运动竞争性强，锻炼价值高，所以发展很快。1896年，在首届现代奥运会上篮球即被列为表演项目。1932年，阿根廷、希腊、意大利等八国篮球协会的代表在瑞士日内瓦召开了第一次国际篮球会议，成立了国际业余篮球联合会。1936年，国际奥委会决定将男子篮球正式列为奥运会比赛项目。1976年，女子篮球被列为奥运会比赛项目。1948年，国际业余篮球联合会决定每四年举办一届世界男篮锦标赛（1950年开始）。1952年，又决定每四年举办一届世界女篮锦标赛（1953年开始）。各大洲也先后成立了业余篮球联合会，开展各种性质的比赛活动。

近代篮球运动是在1896年前后传入我国的，先在天津、北京、上海、广州等地的基督教青年会学校传开，后来逐渐扩大到教会学校和一般学校。

1910年在南京举行的首届中国运动会上，男子篮球被列为表演项目，参加表演的有天津、北京和上海队。1913年，华北体育联合会把篮球列为正式比赛项目。在1930年第4届全国运动会上，女子篮球被列为正式比赛项目。

图5-1

二、篮球运动的价值

篮球运动是在固定场地内，双方以投篮为中心的竞赛项目，并以投中得分获得乐趣。可见，篮球运动始终具有浓厚的游戏性。篮球运动不受年龄、性别和技术的限制，因而开展十分广泛，成为丰富人们业余文化生活的重要内容。

篮球比赛是在攻防不断的变化中进行的，运动员应具有良好的身体素质。在场上既要不断地快速奔跑，又能急起急停。所以，经常参加篮球运动，通过跑、跳、投的锻炼，对促进人体的协调性、灵活性和应变能力都会起到良好的作用。

篮球运动要求运动员对场上各种变化情况具有精细的感受能力。运动员在场上完成许多复杂的动作时，动作要十分准确，而这在很大程度上要靠人体运动分析器对肌肉感觉做精确分析才能实现。例如，篮球运动员能够在没有视觉参加的情况下完成运球动作，就是靠运动及触觉两种分析器的精确判断来实现的。

经常参加篮球运动者，不仅肌肉会变得更加结实有力，而且内脏器官的机能也会得到明显提高。以心脏机能为例，正常成人安静时每分钟心跳72次左右，并且每次心跳只能输出50~60ml血

名人堂

姚明，1980年出生，美国职业篮球联赛（NBA）著名球员。他是中国篮球史上里程碑式的人物，曾效力于中国国家篮球队、NBA休斯顿火箭队，2011年7月20日退役。姚明7次入选NBA"全明星"阵容，被美国《时代周刊》列入"世界最具影响力100人"，被中国国家体育总局授予"体育运动荣誉奖章""中国篮球杰出贡献奖"。姚明以高超的球技、顽强进取的精神、谦逊幽默的气质与人格魅力，赢得了世界声誉，让世界对中国有了新的了解与认识。姚明成为东西方文化的桥梁，具有史无前例的个人影响力。

液。而篮球运动员安静时，心脏每分钟跳50~60次，每次心跳输出血液可达80~100mL。安静时心跳次数减少，说明篮球运动员的心脏肌肉强壮有力，收缩一次输出的血液大大超过一般人，是机能良好的一种现象，确实有助于改善人体的心肺机能。

第二节 篮球运动基本技术

　　篮球运动基本技术就是在篮球比赛中所运用的各种专门动作方法的总称。它是篮球比赛的基础，分为进攻与防守两大部分，每一部分均由若干技术构成。各类技术动作有许多具体不同的方法。例如，投篮类有单手肩上投篮、双手胸前投篮等。各种方法又可以在不同条件下完成，如原地、行进间或跳起等。正规的篮球运动的技术是比较复杂的。但是，健身娱乐性的篮球活动，在初步了解篮球技术的基础上就可进行。随着技术水平的逐步提高，篮球运动者能体会到更多的乐趣。参加较高水平的篮球竞赛，则必须掌握更全面的攻守技术。

一、投篮

　　投篮是在篮球比赛中，持球队员将球从篮圈上面投进球篮所采用的专门技术动作方法的总称。篮球比赛的胜负是由得分多少决定的，而投篮是唯一的得分手段。篮球比赛双方一切技战术的目的都是投篮和防守投篮，所以投篮是篮球运动的核心技术（图5-2）。

图5-2

　　投篮技术较多，按照投篮手法分为单手投篮和双手投篮两大类，可以在原地、行进间和跳起在空中完成。

二、运球

持球队员在原地或移动中，用手连续按拍使球借助地面反弹起来的动作称为运球。运球是篮球比赛中个人进攻的重要技术，是控制球、支配球、组织战术配合及突破防守的重要手段（图5-3）。

图5-3

运球包括原地运球和行进间运球两类。原地运球包括高运球、低运球。行进间运球包括高运球、低运球、运球急停急起、体前变向换手运球、体前变向不换手运球等。

三、传接球

传接球是篮球比赛中进攻队员有目的地转移球的方法，是进攻队员之间相互联系和组织进攻的纽带，是实现战术配合的桥梁。传接球技术质量的好坏，决定着战术配合的效果和进攻的质量（图5-4）。

传球技术分双手传球和单手传球两类。双手传球包括胸前传球、头上传球、低手传球和反弹传球。单手传球包括肩上传球、胸前传球、体侧传球、低手传球、勾手传球、反弹传球等。接球技术也分为单手接球和双手接球两类。

图5-4

四、个人防守

个人防守技术是防守队员为阻挠和破坏对手的进攻，合理运用脚步移动、手臂动作和身体姿势，积极抢占有利位置以达到控球目的而采用的各种专门动作。个人防守技术包括防守无球队员和防守有球队员两类。防守无球队员包括防原地摆脱、防横切、防纵切和防溜底线。防守有球队员包括防投篮、防突破、防运球和防传球。

  防守技术主要由脚步动作和手臂动作等因素构成。脚步动作是个人防守技术的基础，一般情况下，多采用滑步配合其他脚步移动步法。脚步动作可阻止或延缓对手的进攻，而手臂动作的合理运用，可最大限度地破坏对手的进攻。手臂动作主要表现为抢、打、断、封盖、拦截等动作。快速的脚步移动和合理的手臂动作是运用防守技术的有机组合（图5-5）。

图5-5

五、其他技术

（一）持球突破

  持球突破是持球队员合理运用脚步动作和运球技术快速超越防守的一项攻击性技术。根据动作结构，持球突破又分为交叉步突破和顺步突破两种。其技术环节包括蹬跨、转体探肩、放球和加速运球四个（图5-6）。

图5-6

（二）移动

  移动是各种攻防技术的基础，包括走、跑、跳、急停、转身、跨步和滑步等各种脚步动作。各种脚步动作又根据移动的方式和方向分为多种技术。

（三）抢篮板球

抢篮板球是指攻守双方争抢投篮未中的球。它分为抢进攻篮板球和抢防守篮板球两种。其技术环节包括观察判断、抢占位置、起跳和空中抢球（图5-7）。

图5-7

> **知识窗**
>
> **美国职业篮球联赛年度最佳防守球员奖**
>
> 美国职业篮球联赛年度最佳防守球员奖（National Basketball Association's Defensive Player of the Year Award）是一个自1982—1983赛季以来每年对美国职业篮球联赛（NBA）常规赛中表现最佳的防守球员所颁发的一个奖项。该奖项是由美国及加拿大的体育记者和电视评论员进行投票选出的。每一位评委分别投票选出第一名、第二名与第三名的球员。球员获得每一张第一名的选票将获得5分，第二名的选票将获得3分，第三名的选票将获得1分。最终得分最高的球员获得该奖项（无论该球员是否获得最多的第一名选票）。

第三节 篮球运动基本战术

篮球运动基本战术是比赛中队员个人技术的合理运用和队员之间相互协调配合的组织形式。任何战术的目的都是使本队扬长避短，制约对方，掌握比赛的主动权，争取比赛的胜利。篮球战术组成的基本要素是技术、配合方法和形式。

篮球战术分为进攻和防守两大部分，从战术的局部和整体来讲可分为战术基础配合和全队战术配合。

一、战术基础配合

战术基础配合是两三人之间有目的、有组织、协调行动的方法。它是组成全队战术的基础。

（一）进攻战术基础配合

进攻战术基础配合主要有传切配合、突分配合、掩护配合和策应配合。下面着重介绍一下传切配合和掩护配合。

1. 传切配合

传切配合是进攻队员之间利用传球和切入组成的简单配合，有一传一切和空切两种方法，如图5-8所示。图中实线为跑位方向，虚线为传球方向。

要求：①队员的位置要拉开，跑动路线要合理。②切入队员要掌握好切入时机，合理运用假动作。③传球队员要牵制对手，及时、准确、隐蔽地传球到位。

2. 掩护配合

掩护配合是进攻队员采取合理的行动，用身体挡住同伴的防守者的移动路线，使同伴借以摆脱防守的一种配合方法，有前掩护、侧掩护、后掩护三种形式，如图5-9所示。

要求：①掩护动作要正确、合理；②掩护时要隐蔽自己的行动意图；③相互间要默契，掌握好配合时机。

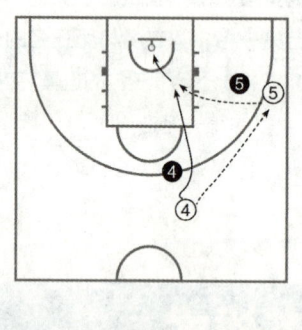

图5-8 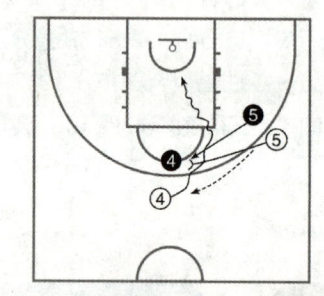　　　　　　图5-9

（二）防守战术基础配合

防守战术基础配合主要有关门配合、挤过配合、穿过配合、交换配合、夹击配合等。下面着重介绍一下关门配合和挤过配合。

1. 关门配合

关门配合是指临近的两个防守队员协同防守对方突破的一种配合方法，如图5-10所示。

要求：①防突破队员应及时移动，堵住对方的突破路线；②协防队员要快速靠拢进行"关门"；③"关门"后视情况采取夹击或回防。

2. 挤过配合

挤过配合是破坏掩护配合的积极有效的方法之一，指防守者从自己的对手和掩护者之间强行"挤过"，从而继续防守自己对手的方法，如图5-11所示。

要求：①有掩护时，防守的同伴要及时提醒，以便于防守队友选好防守位置，密切注意进攻者的行动，以利于协防和补防；②挤过队员应贴近进攻者，抢步动作要及时、突然、有力。

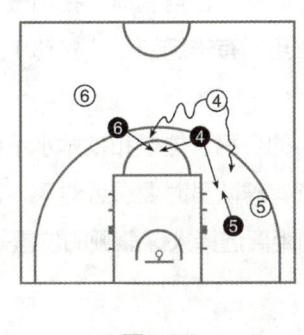

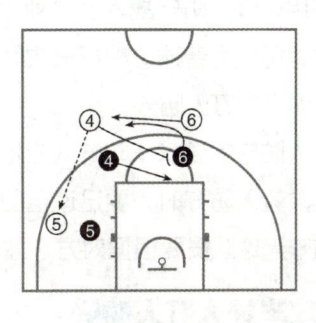

图5-10　　　　　　　　图5-11

二、全队战术配合

（一）快攻与防守快攻

1. 快攻

快攻是由防守转入进攻时进攻队以最快的速度将球推进至前场，争取造成人数和位置上的优势与主动，果断合理进行攻击的一种进攻战术。

（1）长传快攻：指队员在后场获球后，立即把球长传给迅速摆脱对手的篮下队员，造成对方防守措手不及，难以防守。

（2）短传快攻：指防守队获球后，立即以快速的短距离传球的方式，直逼对方篮下进攻的一种快攻形式。这种快攻容易造成以多打少的局面。它也经常与运球突破结合运用。

快攻的要求：培养全队强烈快攻意识是组织的关键。具体表现为"四快""两准"，即观察判断反应快、起动加速摆脱快、传球推进超越快、运球突破分球快、快速奔跑中的传球准和投篮准。捕捉快攻的时机为抢获后场篮板球时，抢、断球和打球获球时，跳球时，对方投中篮后掷端线界外球时。

2. 防守快攻

防守快攻是防守中的重要环节，当对方在防守中获球后，应首先封堵第一传，使其第一传受阻，接应困难，借机及时组织全队防守。

防守快攻的要求：在进攻中减少运球和传球失误，以免被对方抢断球。封堵快攻第一传是防守快攻的关键环节，有效地封堵第一传，可以改变其传球和进攻路线，并延误其快攻时机，给防守队的退守和组织全队防守争取时间。

（二）半场人盯人防守与进攻半场人盯人防守

1. 半场人盯人防守

半场人盯人防守是指由攻转守时，全队用最快的速度退回后场，每人的防守都有明确的被防对象，采用人盯人防守战术。这种防守方法分工明确，任务具体，在防守中有一定的攻击力，比赛中运用较为普遍。根据进攻队的特点，常用的有半场缩小（松动）人盯人防守和半场扩大（紧逼）人盯人防守。

半场人盯人防守的要求：防守队应根据双方队员的身高、位置和技术水平合理地进行防守分工。由进攻转入防守时，要迅速退回后场，防守有球队员时要逼近对手，迫使对方处于被动局面。防守无球队员要根据对方、球和离球篮的距离选择人球兼顾的位置。

2. 进攻半场人盯人防守

当采用半场人盯人防守的队由攻转守时，全队立即快速撤回后场。因此，进攻队可在无人防守的情况下，将球顺利推进到前场，按预定战术配合进行攻击。

进攻半场人盯人防守的要求：由守转攻进入前场后，要迅速落位。在进攻中要内外结合，主攻与助攻要明确，既要有所侧重，又要相互结合，扩大攻击面。进攻时多进行穿过、掩护、空切等配合，做到人、球不断转移。注意配合的位置、距离、路线和时机，配合时机是至关重要的。

（三）区域联防与进攻区域联防

1. 区域联防

区域联防是进攻转为防守时，队员迅速退回后场，按区分工，每个队员防守一个区域，并把每个区域有机地联系起来的一种集体防守方法。一般运用较多的有"2-1-2"（图5-12）、"2-3"（图5-13）、"3-2"（图5-14）等形式。

区域联防的要求：防守队形应根据对方的情况选用。在比赛中随球的转移合理选位，防守队形及时变化。以防球为重点，随球的转移经常调整位置，做到人球兼顾，彼此呼应，及时换位、护送、协同、防守。

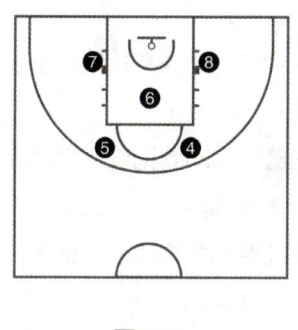

图5-12 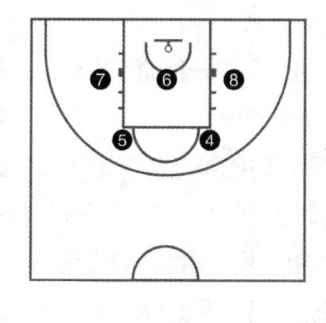　　　　　　　　　图5-13 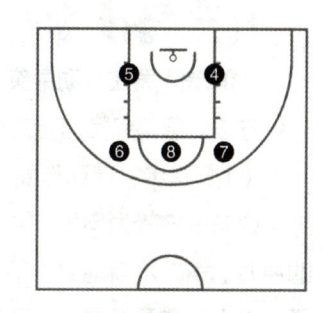　　　　　　　　　图5-14

2 ▪ 进攻区域联防

进攻区域联防是针对区域联防的特点、阵势和变化所采用的进攻方法，是篮球进攻战术系统中的重要组成部分。

进攻区域联防的要求：首先要以快制胜，不论在何处获得球权，都应抓住时机，发动快攻，力争在对方未落位前进行攻击。在进攻中加强横切、纵切、溜底线及背向插入，打乱对方防守队形，创造进攻机会。布置突破口和远投手，外投内抢，并针对区域联防重于内线防守的特点，先取外线攻击以扩大其防守区域，形成真空地带，乘机展开移动穿插，投突攻击，内外结合，使其在跟防、协防、补防的情况下顾此失彼，从中寻找更多的攻击机会。

第四节　篮球技术训练

篮球技术是篮球运动的基础，它是篮球教学的重点。在这里主要对移动、传接球、投篮、运球、个人防守等各项基本技术的动作要领进行训练。

一、移动

移动是篮球比赛中为了改变位置、方向、速度和争取高度采用的各种脚步动作的统称。

（一）变向跑

变向跑是队员在跑动中突然改变方向的一种脚步动作。

动作要领：以右向左变向跑为例，队员跑动中最后一步用右脚下前脚掌制动。同时脚下内侧蹬地、屈膝、脚尖稍向内扣、腰部随之左转、重心左移，上体稍前倾，同时左脚向左前方跨出一小步，右脚再迅速向左腿的侧前方跨出一大步。

（二）急停

急停是队员在跑动中突然制动速度的一种动作方法，是衔接其他技术动作和摆脱对手的有效方法。急停包括跨步急停和跳步急停。

（1）跨步急停动作要领：急停时的第一步跨出稍大，脚跟先着地滚动到前脚掌撑地，脚尖由向前方转为向侧前方，同时重心下降，并先落在后脚上，身体稍向后坐，以减缓向前的冲力。第二步着地时，前脚掌内侧用力蹬地，脚尖稍向内转，两膝弯曲并内收，上体稍前倾，重心落在两脚之间。两臂屈肘张开，帮助控制身体平衡。

（2）跳步急停动作要领：队员在跑动时用单脚起跳，两脚同时落地（略比肩宽），前脚掌用力蹬地，两膝迅速弯曲，重心下降。两臂屈肘张开，保持身体平衡。

二、传、接球技术

（一）双手胸前传球

动作要领：两手五指自然张开，两大拇指成"八"字形，用指根以上部位持球，掌心空出。两肘自然弯曲于体侧，置球于胸腹部位，身体成基本姿势站立，脚分前后。传球时，目视传球方向，两臂前伸，手腕由下向上转动，再由内外翻，急促抖腕，同时拇指用力下压，食、中指用力弹拨，将球传出。出球后手心和拇指向下，其余四指向前。远距离传球时，则须双脚和腰腹协调用力。

（二）单手肩上传球

动作要领：（以右手为例）双手胸前握球，两脚前后站立，左脚在前，左肩对传球方向，将球引至右肩，右手执球，肘关节外展，右手腕后仰，指根以上托球，掌心空出，重心落在右脚上。传球时，右脚蹬地，转体，前臂迅速向前挥摆，手腕前屈，通过拇指、食指、中指拨球，将球传出。球出手后身体重心亦随之移到左脚上（图5-15）。

（三）单手胸前传球

动作要领：持球手法与单手肩上传球相同（以右手传球为例），将球由胸前引到体前右侧，传球时振动前臂、手腕急速前扣，并向内翻，同时食指、中指、无名指用力拨球，将球传出。

图5-15

（四）接球

接球分双手接球和单手接球两种。不论哪一种接球，眼睛都要注视球，肩臂放松，手臂要半屈迎向球，手指自然分开、放松。当手指触球时手臂立即随球后引，缓冲来球力量，将球握于胸前,保持身体平衡,并做好投篮、传球、突破的准备。

三、投篮

(一)双手胸前投篮

双手握球在胸部以上(高度在肩部附近),握球手法与双手胸前传球相同,肘关节自然下垂,上体稍前倾,两脚前后或左右站立,两膝微屈,重心落在两脚之间,目视投篮目标。投篮时,两脚前脚掌蹬地,腰腹伸展,同时两臂向前上方伸出,即将伸直时两手腕同时外翻,拇指向前压送,指端拨球,以拇指、食指、中指的力量将球投出,最后腿、腰、臂自然伸直。

(二)单手肩上投篮

(以右手为例)右手五指自然分开(手心空出),指根以上部位触球,向后屈腕、屈肘持球于肩上耳部左右,肘内收,前臂与地面接近垂直,左手扶球的左侧,右脚稍前,左脚稍后,重心放在两脚之间,两膝微屈,目视投篮目标。投篮时,两脚前脚掌用力蹬地,伸展腰腹,抬肘,手臂上伸,即将伸直时,手腕用力前屈,手指拨球,球最后以中指和食指的指端投出。球出手后,腿、腰、臂自然伸直。

(三)行进间篮下低手投篮

(以右手投篮为例)右脚跨出一大步,在落地前按球,左脚紧接跨出,步幅稍小,不要减速,用力蹬地向前上方起跳,同时双手持球移至身体右侧耳上举,左手离球,右手掌心向上托球,向球篮方向伸出,接着向上屈腕,食指、中指、无名指向上拨球投出(图5-16)。

图5-16

四、运球

运球是指持球队员在原地或行进间用单手连续按、拍借助地面反弹起来的球。

（一）低运球技术

如果运球接近防守队员或防守队员来抢球时，运球队员应改用低运球方法突破对手，用身体保护球，并善于运用假动作摆脱防守。

动作要领：两脚前后开立，两膝弯曲，上体稍前倾，抬头看前方，重心落在前脚掌上，手腕放松，手掌与地面平行，五指自然分开。用手指和指根按、拍球。手心空出，以肘关节为轴，前臂做上下伸压动作，结合手指、手腕缓冲球向上反弹力量，以控制球的高度和落点，一般运球落点应为运球手同侧脚的外侧稍前。运球高度在膝关节以下，为了保护球，运球者应该使球、自己和防守者三者保持一条线，不运球的手臂要抬起。行进间低运球，向前时要拍球的后半部，向左变向时拍球的右半部，向右侧则反之。

（二）高运球技术

多用于快速运球，提高运球高度，加大反弹距离，与快速奔跑相结合。

动作要领：膝微屈，上体稍前倾，目视前方，手按球的后半部，球落点在人的侧耳前方（根据速度快慢，决定运球距离远近），球的反弹高度在腰胸之间，手脚要协调配合，这种运球身体重心较高，便于观察场上情况。

（三）体前变向换手运球

队员在行进间快速运球，不与对手接近或对手迎上堵截，可选用改变运球方向来突破对手。

动作要领：（以从对手右侧突破为例）当快速直线运球即将接近对手时，先向对方左侧运球，使对手误认为向其左手突破，当对手堵截左方或重心稍有移位时，运球队员立即向左侧变向，右手按球的右后上方，将球由自己的右侧运至左侧前方，同时右脚迅速向左前方跨出，脚下落点在对手右脚侧面，脚尖向前，右脚跨步的同时上体向左转，用肩背挡住对手，然后换左手按球后上方，同时左脚用力蹬地、加速，超越对手。

五、个人防守

（一）防守步法

1. 防守基本姿势

两脚下平等站立或斜侧向开立，比肩稍宽、屈膝，身体重心支撑点在两脚的前脚掌上，含胸、收腹，上体稍前倾，两臂屈肘侧举，上臂与身体夹角为60°，手掌向前，目视前方。

2. 侧滑步、前滑步、后滑步

（1）侧滑步动作要领：（以左侧滑步为例）右脚前脚掌内侧用力向左蹬地，同时左脚向左滑出半步，左脚落地同时，右脚迅速向左滑出半步，仍保持一定距离，不能相碰，两脚滑动离地不能太高，应当做到平贴着地面滑动，移动中身体不能起伏，头部要保持在一个水平面上，重心稳定。向右滑步动作要领与向左相同，只是向反方向蹬地。

（2）前、后滑步动作要领：身体姿势与侧滑步相同，只是两脚稍分前后开立。向前滑步时，后脚前脚掌内侧用力向前蹬地，同时前脚向前迈一小步，后脚迅速跟上半步，仍保持两脚原来距离。向后滑步时则用前脚掌用力向后蹬地，同时后脚向侧后方迈出半步，接着前脚迅速跟上半步，仍保持两脚原来距离与角度。前、后滑步时，前脚的脚尖应朝前。

（二）断球

1. 横断球

动作要领：要准确判断对方传球意图和球的飞行路线，要与对手保持一定距离，使其同伴感到可以传球。准备断球时要降低重心，要与传球人、接球人保持一定角度，位置要靠近传球一侧。注意观察持球队员的动作，当持球者传球出手时，迅速向来球方向起跳，充分伸展腰腹和手臂。当截获来球时，立即收腹，双脚落地保持平衡，及时与运球、传球相接。

2. 纵断球

动作要领：（以从对手右侧断球为例）纵断球时，右脚应向右前方（从对手侧后绕出断球时）或右侧前方（从对手身后绕出断球时）跨出，左腿从侧面绕过对手，同时右脚用力蹬地（或两脚蹬地）侧身向来球方向迅速跃出，两臂伸直将球断获。其他动作要领同横断球。

第五节　篮球比赛场地与裁判方法

一、比赛场地

篮球比赛是在一块平坦、坚实且无障碍物的长28m、宽15m（从界线的内沿丈量）的长方形场地上进行的，如图5-17所示。

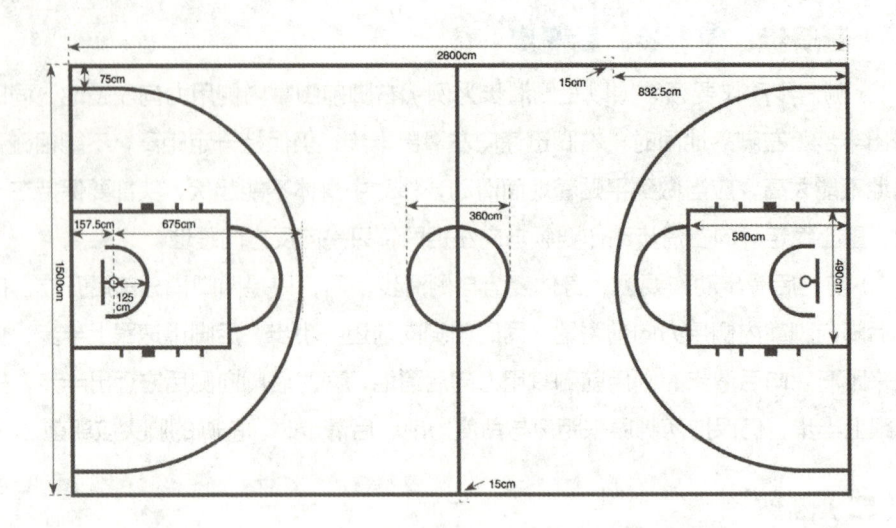

图5-17

二、"两人制"裁判方法

（一）裁判员的手势与宣判程序

（1）必须使用正确的手势，手势应明快简洁。

（2）使用洪亮短促的哨音，只吹一次并吹得很干脆。

（3）停表手势是最重要的，必须十分清楚并明确给出。

（4）宣判犯规时的程序：

①鸣哨，同时伸直手臂握拳向上举，停止比赛计时，另一只手向前伸直，掌心向下，指向犯规者腰腹部。

②告知场上队员球权或罚球次数。

③跑到距记录台6～8m、记录员能清楚地看到的地方站住。

④用手势表明犯规队员的号码、犯规性质、罚则。

⑤两裁判员交换位置。

（5）宣判违例时的程序：

①鸣哨一声，同时举起一只手臂，五指并拢，以停止比赛计时。

②用手势交代清楚违例性质。

③清楚地指出比赛方向。

（二）临场裁判员半场分工与移动

当球向前场推进时，一名裁判员应在球的左后方，称为追踪裁判，另一名裁判应一直保持在比赛的前方，称为前导裁判。

裁判员占据的位置要使10名队员处于他们两人之间。当比赛改变方向时前导裁判变为追踪裁判，追踪裁判变为前导裁判。每一次犯规和跳球后，裁判员应交换位置。

（1）半场区域划分如图5-18所示。

（2）当球在①、②、③区时，追踪裁判主要负责观察球周围的比赛，尤其要观察队员运球、投篮或传球以及防守队员或防守他的队员们。此时，前导裁判主要观察无球队员及远离球区域的情况，特别要注意任何可能发生的非法掩护。

（3）当球在④区时，追踪裁判的主要任务是注视离开球的情况，当传球、运球或投篮的球推向球篮或端线时，追踪裁判必须插进到罚球线延长线（大约）。此时，前导裁判应正对持球队员，并负责球周围的比赛。

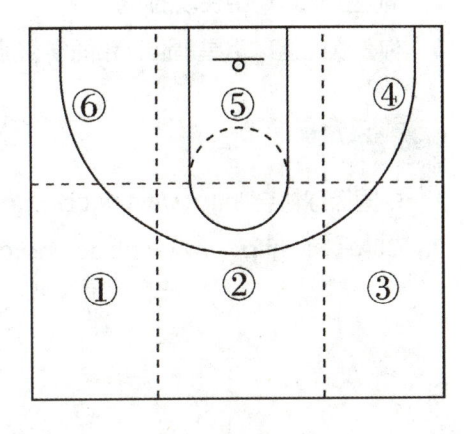

图5-18

（4）当球在⑤区时，两位裁判员都要看球的周围情况，追踪裁判还要负责球的飞行，查看球是否中篮；前导裁判的主要责任是观察球周围的情况，次要责任是注视有球一侧的低策应区的队员们。

（5）当球在⑥区的2分投篮区时，追踪裁判主要负责球，前导裁判将负责球周围的情况；球在⑥区的3分投篮区时，追踪裁判应注视球周围的情况，前导裁判主要观察无球区域。

（6）罚球时，新的追踪裁判管理多次罚球中的第一次，他将球递交给罚球队员后应后退并移至罚球队员后面一步偏左的位置，同时他要注意罚球过程中是否有违例或犯规发生。前导裁判管理除第一次罚球外的其他罚球，他应以反弹球的形式递交球给罚球队员，然后向右迈一步，以便更好地观察抢篮板球的动作。

> **知识窗**
>
> ## 全队犯规与个人犯规
>
> 按照美国职业篮球联赛（NBA）规则，个人无论进攻还是防守犯规，只要犯规满6次，就必须立即离开比赛场地。全队犯规的累计是指整个队伍（在场上比赛或下场的所有成员）在一节比赛中进攻或者防守犯规的总次数到达4次以后，接下来不论哪位球员犯规，就记为全队犯规的第5次。这时，不论对方球员是否准备投篮（全队不满4次的时候对对方球员的犯规，只要对方球员不是做投篮动作，均不罚球）都进行罚球。

作业与思考题

1. 简述行进间单手肩上投篮的动作方法。
2. 简述篮球运动中快攻的要点。
3. 你喜欢的篮球明星是谁？和同学交流一下。

网站链接

1. 中国篮球协会 http：//www.cba.gov.cn/
2. CBA官网 http：//www.cbachina.com/

CHAPTER 06

排球运动

吃常人所不能吃的苦，忍常人所不能忍的气，做常人所不能做的事。不畏强敌、顽强拼搏、永不言败。

中国女排

> **学海导航**
>
> 一块沙滩、一片草地、一个排球，就可以在大自然中享受阳光，体会运动的乐趣；软式排球、气排球和小排球更以其轻便、柔软的特性吸引着男女老幼，趣味无穷的大众排球参与者在与同伴共同战胜困难、战胜自我的过程中获得极大的心理满足。它可以使人增强自信、自尊，满足人们交往合作的需要，使过剩的精力得到宣泄，使高强度工作带来的紧张和压抑得到消除，使人的心理情绪得到调解，陶冶情操，提高生活质量。可以说，排球运动是一种积极健康的娱乐方式。本章向大家介绍排球运动的基本知识和基本规则。

知识目标

1. 了解我国排球运动的发展历程及其文化内涵。
2. 熟记排球运动主要技术的动作要领。
3. 了解排球的基本规则，学会欣赏排球比赛。

能力目标

1. 掌握排球正面传球、双手垫球、正面上手发球等主要技术的基本动作方法，并能熟练运用。
2. 掌握排球运动的常用战术，并能在实战中运用。

第一节 排球运动概述

一、排球运动的起源与发展

排球运动起源于1895年，是由美国马萨诸塞州一位体育工作人员发明的。据说，人们最初用篮球胆当球，挂起球网，在网上将球拍来拍去，不让球落地，以便为上年纪的人寻找一种既不紧张又有一定竞争性和娱乐性的游戏。后来由威廉·摩根将这种游戏加以总结，吸取了篮球和网球的某些特点，利用篮球在适当升高的网球网的两边往返拍击，称为"volleyball"，意即推击球不使球落地。1896年，最早的排球比赛在美国马萨诸塞州的霍利约克市举行，这个运动量适宜、形式新颖的球类游戏被迅速推广，受到人们的普遍喜爱。至今已有一百多年历史的排球运动逐渐演变为需要强壮体能和高超技战术的体育项目，以其独特的魅力吸引了越来越多的参与者与欣赏者。

排球运动于1900年传入亚洲，1905年传入我国广州和香港，随后进入上海、浙江、汉口等地。1913年被列为首届远东运动会正式比赛项目，1914年第2届全国运动会把排球列为比赛项目，1921年女子排球在广东运动会上出现。排球运动自传入我国以来，经历16人制、12人制和9人制的演变过程。1917年排球传入欧洲，按6人制被列入正式比赛项目，由于欧洲和亚洲排球项目参赛人数不同，规则也不尽相同，排球始终被限制在不同地域范围发展。

> **名人堂**
>
> 郎平，1960年出生，奥运冠军，原中国排球队著名运动员、教练员，凭借强劲而精确的扣杀而赢得"铁榔头"绰号。退役后担任教练，曾率中国女排夺得1996年亚特兰大奥运会女排亚军。2015年8月，郎平带领困境中的中国队以10胜1负积30分的战绩，时隔12年第四次夺得世界杯冠军。2016年8月，她又带领中国女排夺得里约奥运会冠军。

1947年4月，世界排球联合会在巴黎成立，统一了排球比赛规则，举行了世界性排球比赛（每四年举行一次）。1949年和1952年开始举办世界男、女排球锦标赛。在1964年第18届奥运会上，排球被正式列入比赛项目。1965年和1973年举办了首届世界杯男、女排球赛。

我国女子排球队从1981年的世界杯到1986年的世锦赛，连续获得了"五连冠"。中国女排在世界性比赛中所表现出来的一往无前的气概，被誉为"女排精神"，激励着中国各行各业的工作人员克服困难，为国争光。进入21世纪后，我国女排又先后取得2003年世界杯、2004年雅典奥运会和2016年里约奥运会冠军，为祖国争得了荣誉。

二、排球运动的价值

排球运动是广大群众和青少年所喜爱的运动项目之一。其运动场地小，设备简单，运动量可大可小，既可比赛，也可在空地上进行传垫球练习，不分年龄、性别，融竞技、娱乐于一体。不同技术水平的人都能从中获得愉快的情感体验，不仅有无穷乐趣，而且健身效果显著。排球运动是集体项目，没有时间限制，在激烈的对抗、快速运动、突然变化、复杂的竞争中进行，使人的身体素质、心理素质得到锻炼，有利于培养机智灵活、勇敢顽强、积极果断的优良品质和团结协作的集体主义精神。

第二节　排球运动基本技术

排球运动基本技术是指运动员在排球比赛规则允许的范围内采用的各种合理的击球动作。它是参加排球运动的基础。只有熟练掌握正确的技术，才能保证各种攻防战术的运用和发展。

一、准备姿势和移动

为了便于移动和完成技术动作而采取的合理身体姿势，叫准备姿势。利用脚步动作改变队员在场上的位置，去完成技术动作和战术配合的行动，为移动。

（一）准备姿势

半蹲准备姿势：两脚左右开立稍比肩宽，一脚在前，两脚尖稍内收，两膝弯曲半蹲。脚跟稍提起，身体中心稍前倾，两臂放松，自然弯曲，双手置于腹前。身体适当放松，两眼注视来球，两脚始终保持微动。

稍蹲准备姿势：稍蹲准备姿势比半蹲准备姿势身体重心稍向前移，两膝弯曲程度大于半蹲。

（二）移动

移动前判断要准确、及时，并迅速抬腿弯腰移重心，用灵活的方法使身体对准来球方向，做好击球准备。

二、传球技术

传球是在额前上方用双手（或单手）借助伸臂、蹬腿的协调动作，通过手指和腕的弹力来完成的击球动作。

双手传球的技巧动作通常分为正面传球、背向传球、侧向传球三类，以上三种传球都可传出高球、低球、快球和拉开球。

（一）正面传球

看清来球，迅速移动到球的落点，对正来球，左脚稍前，右脚脚跟稍提起，两膝微屈。眼睛注视来球方向。双手手腕稍后仰，两手自然张开，手指微屈呈半球状，置于头前上方。

图6-1

当手触球时，用拇指内侧，食指全部，中指的二、三指节触球的后下部，无名指和小指触球两端。用手指的弹力、手臂和身体协调的力量将球传出，如图6-1所示。

（二）背向传球

传球前身体背对传球目标，上体保持正直或稍后仰，击球点比正面传球要高，迎球时微微仰头挺胸，在下肢蹬地的同时，身体向后上方伸展。击球时，手腕适当后仰，使掌心朝向后上方，手指击球的底部，利用抬臂送肘的动作和手指主动向后上方用力、两拇指主动上挑的力量将球向后上方传出。

（三）侧向传球

迎球动作及手形与正面传球相同，但击球点应稍偏向传出方向一侧，双臂和上体要向传出一侧伸展，异侧手臂的动作幅度稍大。

三、垫球技术

垫球是通过手臂的迎击动作，利用来球的反弹力将球击出的技术动作。垫球适应各种来球，但准备性相对较差。垫球主要用于接发球、接扣球、接拦回球以及防守和处理各种困难球，当一传来球低远时，也可用垫球组织进攻，起着弥补传球的不足、辅助组织进攻的作用。

垫球包括正面双手垫球、侧面双手垫球、背面双手垫球等。

（一）正面双手垫球

当球接近腹前时，两手重叠，掌根靠拢，合掌互握，两拇指平行朝前，手臂伸直，手腕下压，用前臂外旋形成的平面靠近手腕的部分击球的后下方。击球点在腹前一臂左右距离，以便于控制用力大小并可根据垫球的方向，调整手臂的角度，如图6-2所示。

垫轻球时，两臂靠拢前伸插入球下，靠手臂上抬力量增加球的反弹力，同时配合蹬地跟腰动作，使身体重心向前上方移动。击球时，两臂要形成一个平面，身体和两臂要有自然的随球伴送动作，以便控制球的方向和落点。

图6-2

垫中等力量球时，由于来球有一定的速度，垫球时的抬臂动作要小，速度要慢，主要靠来球本身的反弹力将球垫起。

垫重球时，应采用收腹含胸的动作，手随来球屈肘、后撤，缓冲来球力量，控制垫球的距离。球距离身体较远、击球点较低时，手臂在缓冲用力过程中，要采用屈肘翘腕的动作把球垫在手腕部位的虎口处。

（二）侧面双手垫球

当球向左侧飞来时，右脚蹬地，左脚向左跨出一步，重心移至左脚，同时两臂夹紧向左伸出，降右肩使左臂高于右臂，用两臂组成的击球面对准来球。向右转腰并借助左脚蹬地的力量，将球垫起。

（三）背面双手垫球

当球飞出较远而又无法进行正面调整传球时，或第三次被动击球过网时，采用背面双手垫球。背面双手垫球时，判断好球的飞行方向，先要迅速移动到球的落点处，背对出球方向，两臂夹紧伸直，插在球下。击球时，蹬地抬头挺胸，展腹后仰，直臂向后上方摆动抬臂。在背垫低球时，也可以有屈肘、翘腕动作，用虎口处将球向后上方垫起。

四、发球技术

发球是队员在发球区内自己抛球，用一只手将球从网上空两标志杆内击入对方场区的击球方法。

发球包括正面上手大力发球、飘球、侧旋球；正面下手高吊球、轻球；侧面下手发球、高吊球。

（一）正面上手发球

发球者面对球网站立，两脚自然开立，左脚在前，左手持球于体前。发球时左手将球平稳地垂直抛于右肩的前上方，利用迅速收腹带动右手臂向前上方挥动，伸直手臂，用全掌击球的后中部。击球时手腕要迅速向前做推压动作，使击出的球呈上旋飞行，如图6-3所示。

（二）正面下手发球

发球前，面对球网，两脚前后开立，左脚在前，两膝微屈。上体前倾，重心偏后脚，左手持球于腹前，右臂自然下垂。左手将球平稳地抛在体前右侧，离手约一球多的高度。在抛球的同时，右臂伸直，以肩关节为轴向后摆动。击球时，右

图6-3

腿蹬地，身体重心随着手的向前摆动前移，在腹前用掌根击球的后下部。

（三）侧面下手发球

发球者左肩对网站立，两脚左右开立，两膝微屈，上体前倾，左手持球置于小腹前。发球时将球在身体的正前方抛起，离手高度约30cm，离身体约一臂之远。在抛球的同时，右臂摆至右侧后下方，利用右脚蹬地向左转体的力量，右臂同时向前摆动，用虎口或全掌，在腹前击球的后下方，如图6-4所示。

图6-4

五、扣球技术

扣球是跳起在空中，利用身体的爆发力和一只手臂做快速弧形挥动，最后用全掌将球从两标志杆内的球网上空击入对方场区的技术动作。扣球包括扣近网球、扣远网球、扣调整球、扣各种快球，即近体快、短平快、背快、背平快、平拉快。

正面扣一般高球的动作方法如图6-5所示。

图6-5

助跑节奏由慢到快，一步定向二步迈，后脚并上猛蹬踏，两臂协调向上摆，腰腹发力要领先，协调挥臂如挥鞭，击球保持最高点，满掌击球要上旋。

六、拦网技术

拦网是队员在网前以腰部以上身体任何部位（主要是手臂手掌）在球网上阻挡对方击球过网（无论该队员是否跳起）的技术动作。拦网包括原地拦网和助跑起跳拦网，以上两种拦网都可以分为单人拦网和集体拦网。

（一）单人拦网

队员面对球网，两脚左右开立约与肩宽，距网30～40cm，两膝微屈，两臂在胸前自然屈肘。拦网时两手从额前平行球网向网上沿前上方伸出，两臂平行，两肩尽量上提，两臂尽力过网伸向对方上空，两手接近球，自然张开，手触球时两手要突然紧张，用力屈腕，主动盖帽捂住球，如图6-6。

（二）集体拦网

双人拦网时，一人主拦，一人协同配合，四只手在空中形成屏障，堵住对方主要进攻路线，二人中间的手为拦截中心。三人拦网时，以三人中间的人为主，两边队员协同配合。

图6-6

第三节 排球运动基本战术

排球战术是指在比赛中根据排球规则和排球运动的规律以及双方的具体情况和临场的发展变化，合理地运用技术所采取的有组织、有目的和有预见性的配合行动。排球战术包括个人战术和集体战术两大类。

一、阵容配备

阵容配备是合理地使用本队队员的一种组织形式，其目的在于把全队的力量有效地组织起来，扬长避短，最大限度地发挥每一个队员的作用和特长。

（一）"三三"配备

由三名进攻队员和三名二传队员组成。站位时，一名进攻队员间隔一名二传队员。一般适用于初学者和水平较低的球队，如图6-7所示。

（二）"四二"配备

由四名进攻队员（两名主攻队员和两名副攻队员）和两名二传队员组成，他们分别站在对角的位置上。这样两个轮次前后排都能保持有一名二传队员，两个进攻队员，便于组织和发挥本队的攻击力量。目前在水平一般的球队中，采用这种配备形式的较多，如图6-8所示。

（三）"五一"配备

由五名进攻队员和一名二传队员组成。队员位置的站立与"四二"配备基本相同。只是一名二传队员作为接应二传主要承担进攻任务，这样可以加强拦网的进攻力量，接应二传也可弥补主要二传队员有时来不及传球所出现的被动局面。在水平较高的球队中普遍采用这种配备形式，如图6-9所示。

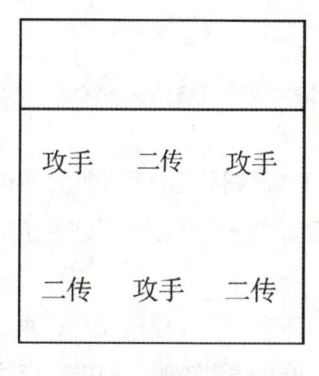

攻手　二传　攻手	
二传　攻手　二传	

图6-7

二传
攻手　　攻手 （主攻）　（副攻）
二传
攻手　　攻手 （副攻）　（主攻）

图6-8

二传
攻手　攻手　攻手 （主攻）（副攻）（主攻）
攻手　　　攻手 （接应二传）（副攻）

图6-9

二、防守战术

（一）接发球防守战术

1. 五人接发球站位阵形

这种站位方法，接发球的人数多，队员分布平衡，移动距离相对较短，控制落点范围大，容易保护，便于组织进攻，这种站位中场前区空当较大，后排队员接发球范围较大，加大了接发球的难度。

2. 四人接发球站位阵形

这种站位便于后排二传插上及前排队员的快球掩护和进攻，同时还可隐蔽一传较差的队员，减少接发球的失误，但这种站位中场前区空当较大，后排队员接发球范围较大，加大了接发球的难度。

（二）接扣球防守阵形

接扣球防守是前排拦网与后排防守的整体配合阵形，是组织反攻战术的基础。防守的质量直接影响"反攻"战术的组织和进攻的威力，在比赛中有很重要的地位。

1. 无人拦网的防守阵形

站位方法同五人接发球站位阵形。前排进攻队员撤到进攻线后，既准备防守，又便于进攻。

2. 单人拦网的防守阵形

在对方进攻威力不大、扣球路线变化少、吊球较多时，一般多采用单人拦网的防守阵形。单人拦网防守阵形，有人盯人（即与对方扣球队员相对位置的队员）拦网防守形式和固定3号位专人拦网防守形式两种，它都要求不拦网的前排队员一人跟进保护以防备对方吊球，另一人后撤参加后排防守与后排队员形成弧形防守阵形。

3. 双人拦网的防守阵形

当对方的进攻威力较大、扣球线路变化多时，应采用双人拦网防守阵形。双人拦网可分为"心跟进""边跟进"两种阵形。

（1）"心跟进"防守阵形，如图6-10所示。"心跟进"防守阵形是由6号位队员跟进保护防守吊球，所以又称"6号位跟进防守阵形"。这种阵形后排防守空当较大，适合于本方拦网能力强、对方常常打吊结合时采用。

（2）"边跟进"防守阵形，如图6-11所示。"边跟进"防守阵形亦称1、5号位跟进防守阵形。多在对方进攻较强、轻扣球较少时采用，当对方4号位队员进攻时，前排2、3号位队员拦网，其他队员组成"马蹄形"防守阵形，当对方吊前区时，1、5号位队员应及时跟进防守。这种阵形可加强拦网，对防守重扣球较为有利，不足的是中场空隙较大。1、5号位队员既要防直线，又要跟进防前区，防守有一定难度。

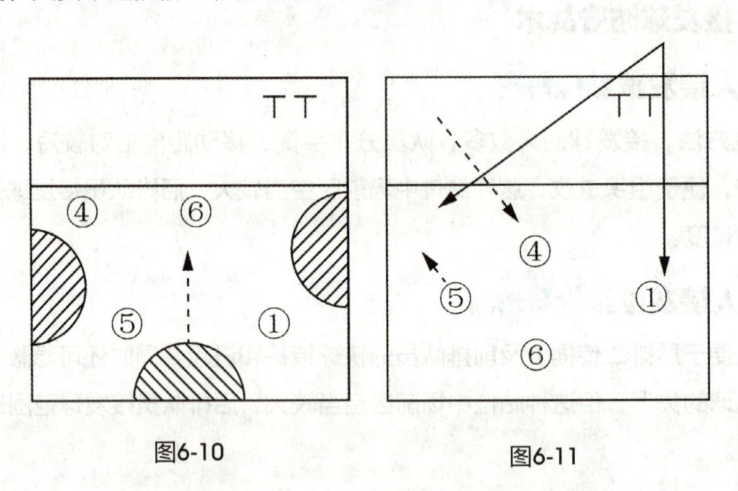

图6-10

图6-11

（三）接拦回球保护阵形

排球比赛中，每组织一次进攻，就应有一次接拦回球的防守准备和行动。因此，接拦回球保护阵形，是根据保护扣球的人数来决定的，如4号位队员进攻，其他五人保护，站位应采用5号位和6号位队员向前移动，3号位队员向左后方移动，形成第一道防线，2号位队员内撤，1号位队员保护后场，其他位置进攻时，保护的阵形也可采用同样的方式布局。

（四）接传球、垫球防守阵形

在排球比赛中，进攻一方无法组织有力进攻，被迫用传、垫方式将球击入本方时，本方的防守阵形一般与不拦网的防守阵形相似，前排除二传队员外，其他队员都应迅速后退，抓住机会组织反攻。

三、进攻战术

（一）进攻战术形式

进攻战术主要有"中一二""边一二""插上"三种形式。

1. "中一二"进攻战术

"中一二"进攻战术是最基本的战术形式，它是由前排中间的3号位队员做二传把球传给其他两个前排队员的进攻形式。

2. "边一二"进攻战术

"边一二"进攻战术是由前排边2号位队员做二传，把球传给3、4号位队员进攻。该战术由于两名进攻队员位置相邻便于互相掩护配合，可以创造更多的机会进行进攻配合，因此它的突然性和攻击性要比"中一二"进攻战术强。

3. "插上"进攻战术

"插上"进攻战术是现代排球先进战术的主要形式，是在"中一二"进攻战术基础上发展起来的，由后排一名队员在对方发球过网后，从后排插到前排做二传，把球传给前排三个进攻队员中任何一名队员进攻。这种进攻阵形的最大优点是能保持前排三点进攻，战术配合更加复杂多变，更具突然性和攻击性。

（二）进攻打法

进攻战术是由一传、二传和扣球三者组成的，由二传队员组织扣球队员的配合，称为战术打法，在每一个进攻阵形中都可以灵活地采用多种战术打法，以达到避开拦网、突破防线、争取主动的战术目的。通常，进攻打法有三大类，即强攻、快攻、"两次"攻打法。

1. 强攻

强攻是指在没有同伴掩护的情况下，凭借个人高举高打，强行突破进攻，一般指二传传高球进攻。根据二传位置及扣球地点，可以分为集中进攻、拉开进攻、围绕进攻、调整进攻等，后排队员的高球进攻也属于强攻的打法。

2. 快攻

快攻是指各种快球、平球以及用这些打法为掩护，由同伴或个人所进行的各种战术配合，可以分为平快球进攻、自我掩护进攻、快球掩护进攻三大类。

3. "两次"攻打法

"两次"攻打法是指当一传来球较高，又在网前适当位置，前排队员在第二次击球时就进行扣球的打法。

第四节 排球比赛场地与裁判方法

一、比赛场地和设施

排球比赛场地包括比赛场区和无障碍区。比赛场区为18m×9m的长方形。国际排联组织的世界性大型比赛场地边线外的无障碍区至少宽5m，端线外至少宽8m，比赛场区上空的无障碍空间从地面量起至少高12.5m。比赛场地的地面是浅色的，材质为木质或合成物质。比赛场区和无障碍区为两种不同的颜色，场区上所有的界线为白色，宽为0.05m，如图6-12所示。

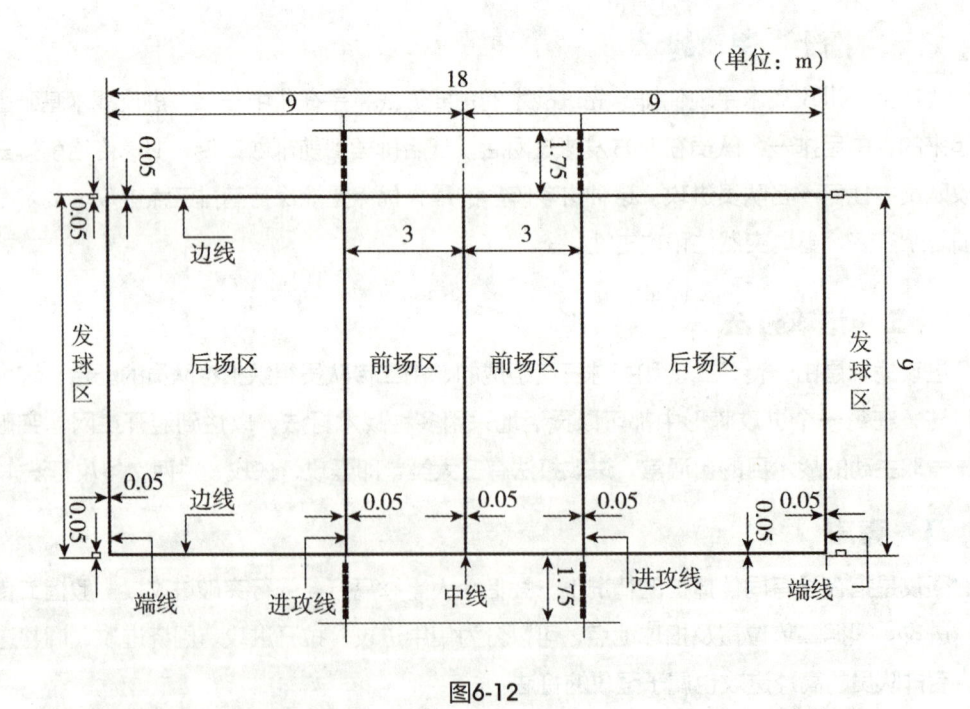

图6-12

球网架设在中线上空，高度为男子2.43m，女子2.24m。球网为黑色，宽1m，长9.5~10m，网眼直径10cm。球网上有两条宽5cm、长1m的白色带子为标志带，分别系在球网的两端，垂直于边线。标志杆是有韧性的两根杆子，长1.8m，直径为10mm，由玻璃纤维或类似质料制成。两根标志杆分别设置在标志带外沿球网的两侧。

二、裁判规则与裁判员手势介绍

（一）发球

裁判员手势：平举与发球队同侧的手臂，如图6-13所示。

规则要点：第一裁判员鸣哨终止比赛时，他应指出应发球的队、犯规的性质、犯规的队员（必要时）。第二裁判员跟随并重复其手势。

（二）允许发球

裁判员手势：指出发球方向，如图6-14所示。

规则要点：第一裁判员检查发球队员已经握球在手，而且双方队员已做好比赛准备时，鸣哨允许发球。

（三）发球时球未抛起犯规

裁判员手势：一臂慢慢举起掌心向上，如图6-15所示。

犯规判断要点：球被抛起或持球手撤离后，必须在球落地前，用一只手或手臂的任何部分将球击出。

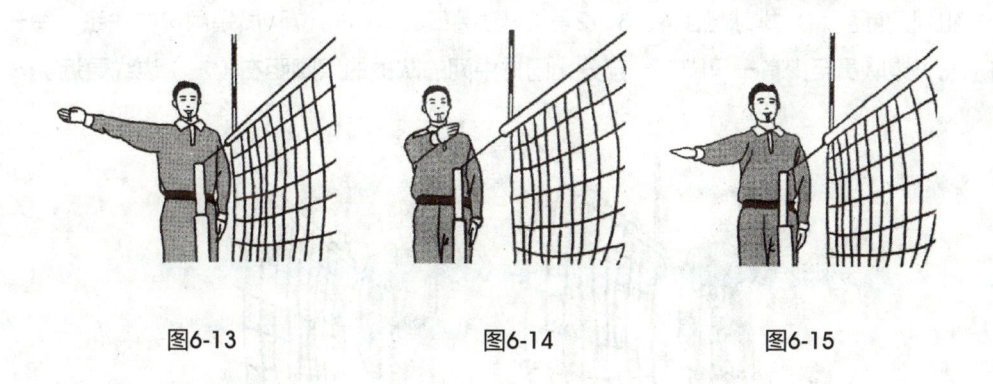

图6-13　　　　　图6-14　　　　　图6-15

（四）发球延误犯规

裁判员手势：举起八个手指并分开，掌心向前，如图6-16所示。

犯规判断要点：发球队员必须在第一裁判员鸣哨允许发球后8s内将球发出。

（五）发球掩护犯规

裁判员手势：两臂上举，掌心向前，如图6-17所示。

犯规判断要点：发球队员个人或集体不得利用掩护阻挡对方观察发球队员和球的飞行路线。

图6-16　　　　　　图6-17　　　　　　图6-18

（六）发球队员踩线犯规

裁判员手势：指端线。司线员一手举旗晃动，一手指端线，如图6-18所示。

犯规判断要点：发球队员在击球时或击球起跳时，不得踏及场区（包括端线）和发球区以外地面。

（七）发球没有过网

裁判员手势：一手触犯规队一侧的球网，如图6-19所示。

犯规判断要点：球触及发球队员但球的整体没有从过网区通过球网的垂直平面。

（八）位置或轮转错误

裁判员手势：一手食指在体前水平绕环，如图6-20所示。

犯规判断要点：排球场上4、3、2号位队员和5、6、1号位队员是同排的关系。每一名右（左）边队员至少有一只脚的一部分比同排中间的队员的双脚距右（左）边线更近。

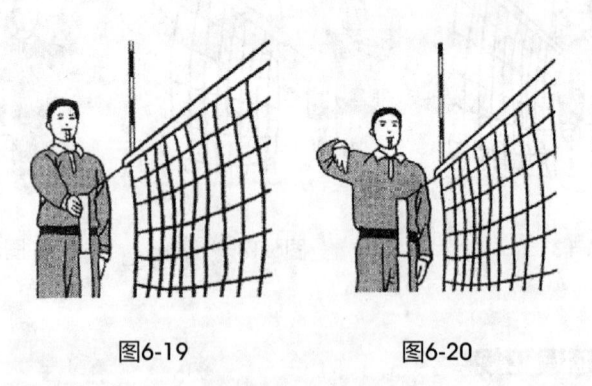

图6-19　　　　　　图6-20

（九）界内球

裁判员手势：手臂和手指向地面。司线员向下旗示，如图6-21所示。

规则要点：球触及比赛场区的地面（包括界线）为界内球。

（十）界外球

裁判员手势：两臂屈肘上举，掌心向身体。司线员向上旗示，如图6-22所示。

规则要点：球接触地面的部分完全在界线以外。球触及场外物体、天花板或非场上比赛队员；球触及标志杆、网绳、网柱或球网标志带以外部分；球的整体或部分从过网区以外过网；球的整体从网下空间穿过。

① ②　　　　　　　① ② ③球触标志杆

图6-21　　　　　　　图6-22

（十一）持球犯规

裁判员手势：屈肘慢举前臂，掌心向上，如图6-23所示。

犯规判断要点：球被接住和抛出，而不是被弹出。有携带、捞、捧等动作。

（十二）连击犯规

裁判员手势：举起两个手指并分开，掌心向前，如图6-24所示。

犯规判断要点：一名队员连续击球两次，或球连续触及其身体的不同部位。

（十三）四次击球犯规

裁判员手势：举起4个手指并分开，掌心向前，如图6-25所示。

犯规判断要点：一个队连续击球四次。

图6-23　　　　图6-24　　　　图6-25

（十四）队员触网

裁判员手势：一手触犯规队一侧的球网，如图6-26所示。

犯规判断要点：队员击球时或在影响比赛的情况下触及球网或标志杆。

（十五）过网击球犯规

裁判员手势：手置于球网上空，掌心向下，如图6-27所示。

犯规判断要点：对方进行进攻性击球前或击球时，在对方空间触及球或对方队员。

（十六）进攻性击球犯规

裁判员手势：一臂上举，前臂向下摆动，如图6-28所示。

犯规判断要点：后排队员在前场区完成进攻性击球，击球时身体高于球网上沿，或在前场区对高于球网上沿的对方发球完成进攻性击球。后排自由防守队员对高于球网上沿的球完成进攻性击球。队员在高于球网处，对同队自由防守队员在前场区用上手传的球完成进攻性击球。

图6-26   图6-27   图6-28

（十七）进入对方场区犯规或球从网下通过

裁判员手势：指向中线，如图6-29所示。

犯规判断要点：球的整体从网下空间穿过。在不妨碍对方比赛的情况下，允许队员在网下穿越进入对方空间。允许队员的一只脚或双脚越过中线触及对方场区，但脚的一部分必须还接触中线或置于中线上空。除脚以外，不允许队员身体的任何其他部分接触对方的场区。

（十八）拦网犯规

裁判员手势：两臂上举，掌心向前，如图6-30所示。

犯规判断要点：在对方进攻性击球前或击球的同时，在对方空间完成拦网。后排队员或后排自由防守队员完成拦网，拦对方的发球。从标志杆以外伸入对方空间拦网。后排自由防守队员试图进行个人或参加集体拦网。

图6-29　　　　　　图6-30

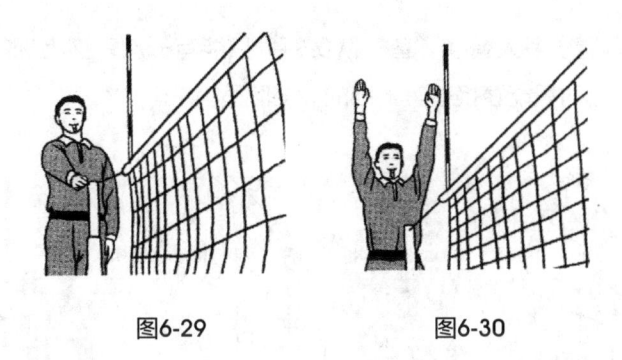

（十九）触手出界

裁判员手势：用一手掌摩擦另一屈肘上举的指尖，如图6-31所示。司线员一手举旗，另一手置于旗顶。

犯规判断要点：球触及接球队员的身体后出界。

图6-31

（二十）双方犯规

裁判员手势：两臂屈肘，竖起拇指，如图6-32所示。

犯规判断要点：如果两名不同队的队员在网上同时触球并造成"持球"，则判为双方犯规，该球重新比赛。

（二十一）暂停

裁判员手势：一臂屈肘抬起，手指向上，另一手掌平放在该手上，如图6-33所示。裁判员要同时指明提出请求的队。

规则要点：只有教练和场上队长可以请求暂停。请求暂停必须在比赛成死球后、裁判员鸣哨允许发球前，并使用暂停手势。每局比赛每队允许请求两次暂停。

（二十二）换人

裁判员手势：两臂屈肘在胸前绕环，如图6-34所示。

规则要点：只有教练员和场上队长可以请求换人。请求换人必须在比赛成死球后、裁判员鸣哨允许发球前。在裁判员的允许下，一名队员离开比赛场地，由另一名队员经过记录员登记后站在离场球员所在位置（后排自由防守队员的进出除外）。每局比赛每队允许请求替换六人次，一次可以请求多人替换。替补队员每局只能有一次替换上场的机会。一局比赛中，主力队员再次上场时只能替换替其下场的替补队员。

图6-32　　　　　　　　图6-33　　　　　　　　图6-34

（二十三）一局（场）比赛结束

裁判员手势：两臂在胸前交叉，手指伸开，掌心向内，如图6-35所示。

规则要点：每局（第5局决胜局除外）先得25分且同时超过对方2分的队胜一局。当比分为24∶24时，比赛继续进行到某队领先两分（26∶24，27∶25等）为止。胜3局的队胜1场。决胜局先得15分并超出对方2分的队获胜，当14∶14时，继续比赛至一方领先2分为止。

（二十四）交换场区

裁判员手势：两臂屈肘，在身体前后绕旋，如图6-36所示。

规则要点：每局比赛结束后两队交换场区，决胜局除外。决胜局中某队获得8分时两队交换场区，不休息，队员在原来的位置继续比赛。

（二十五）延误警告和延误判罚

裁判员手势：两臂屈肘举起，用一手掌遮盖另一手腕，掌心向身体（警告）或持黄牌指向手腕（判罚），如图6-37、图6-38所示。

犯规判断要点：在一场比赛中，对一个队的第一次延误比赛给予"延误警告"。在一场比赛中，同一队任何一名队员或其他成员造成任何类型的第二次以及其后的延误犯规，则给予"延误判罚"。

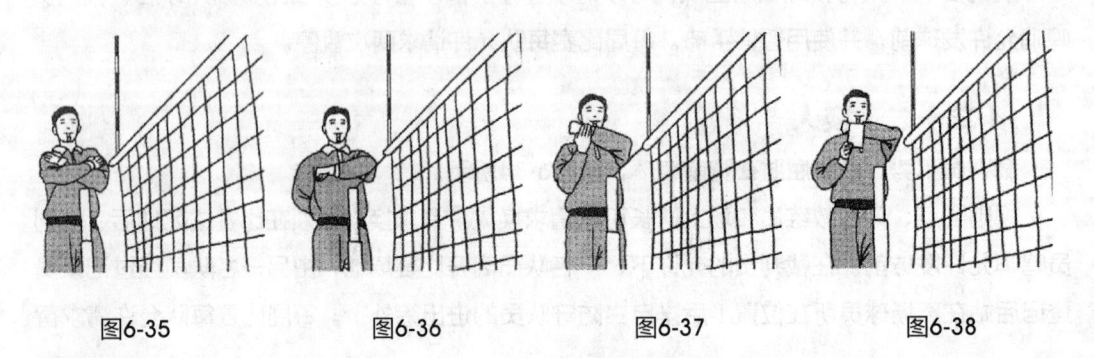

图6-35　　　　图6-36　　　　图6-37　　　　图6-38

（二十六）不良行为的判罚

裁判员手势：一手持黄牌举起，如图6-39所示。

犯规判断要点：用于全场比赛中任一成员的粗鲁行为，判该队失一球。

（二十七）判罚出场

裁判员手势：一手持红牌举起，如图6-40所示。

犯规判断要点：任何成员有不良行为被判罚出场，都必须坐在判罚区域内，不得继续参加该局的比赛。教练员被判罚出场，坐在判罚区域内，失去该局的指挥权。

图6-39

图6-40

知识与思考题

1. 简述正面双手传球的动作方法。
2. 你了解哪些排球战术？和大家分享一下。
3. 上网查找我国排球运动取得的辉煌成就，并分析其积极作用。

网站链接

1. 中国排球协会 http://www.volleyball.org.cn/
2. 中国排球网 http://www.cva.com.cn/
3. 中国大学生体育协会 http://www.sports.edu.cn/

CHAPTER 07
足球运动

能否成为贝利或者更伟大的人，对我来说并不重要。重要的是，我要踢球、训练，不放弃一分一秒。

马拉多纳

> **学海导航**
>
> 足球运动有世界第一运动之称，也被称为勇敢者的运动。经常参加足球活动和比赛，能提高人的自信心，改善人的心理素质，还可以培养勇敢顽强、不断进取、坚韧不拔、胜不骄败不馁等意志品质，以及热爱集体、团结合作、遵守纪律、敢于竞争、光明磊落、文明礼貌等优良道德品质。现代人具有追求成功、尝试冒险、依靠努力和奋斗赢得胜利、超越现状的心理倾向。由于足球运动的特点迎合了人们的这种心理倾向，因此世界上很多人都对足球抱有浓厚的兴趣，关心和参与这项活动，并在足球运动中远离工作的烦恼和焦虑，建立起了积极的人生观和世界观。本章将向大家介绍参与足球运动的一些基本知识和主要规则。

知识目标

1. 熟记足球运动主要技术的动作要领。
2. 了解足球的基本规则，学会欣赏比赛。

能力目标

1. 掌握脚内侧踢球、脚背内侧（正面）踢球、脚内侧停球和运球等主要技术的基本动作方法，并能熟练运用。
2. 掌握足球运动的常用战术，并能在实战中运用。

第一节 足球运动概述

一、足球运动的起源与发展

足球运动是一项古老的体育运动，它的起源可以追溯到人类社会的史前时代。世界上不少民族都有过用脚玩球进行身体活动的历史，这些都属于足球游戏的范畴。通过对各国有关史料的比较，我国古代开展足球运动要早于其他国家，在2500多年前的战国时期就有了名叫"蹋鞠"（蹴鞠）的足球活动。希腊人和罗马人在中世纪以前从事一种叫"哈巴斯托姆"的足球游戏。中世纪的欧洲，在骑士体育中流行着一种叫"苏里"的足球游戏。在欧洲文艺复兴时期，各种游戏项目中，足球的发展最为突出，并最后在英国站稳了脚跟。国际足联前主席阿维兰热在1985年7月来中国时曾表示：足球起源于中国得到世界公认。

现代足球运动起源于英国。1848年足球运动第一个文字形式的规则《剑桥规则》诞生；1857年英国成立了世界第一个足球俱乐部；1863年10月26日，成立了世界第一个足球协会——英格兰足球协会，制定和通过了世界第一部较为统一的足球竞赛规则，规定了一个球队比赛阵容的人数为11人，以及足球场的形状和面积，将足球运动（以脚踢球来进行比赛）和橄榄球运动（允许用手拿球的比赛）分开，并以文字形式记载下来。因此，人们公认现代足球运动起源于英国。1863年10月26日是现代足球运动的诞生日。

在英国的影响和带动下，到19世纪末，荷兰、丹麦、新西兰、阿根廷、智利、比利时和意大利等国先后成立了足球协会。奥地利、西班牙、意大利、匈牙利、捷克和斯洛伐克等国先后成立了职业足球俱乐部，这些都极大地促进了足球运动的发展。1904年5月21日，国际足球协会联合会（简称国际足联，法文缩写为FIFA）在法国巴黎正式成立。创始国为法国、比利时、丹麦、荷兰、西班牙、瑞典、瑞士共7个国家。1905年4月14日，英格兰足协宣布承认并要求加入国际足联，苏格兰、威尔士和北爱尔兰也相继效仿。从此以后，国际足联不断发展壮大，目前已成为世界上最大的国际单项体育联合会之一。

二、足球运动的价值

（一）有利于增强体质、促进健康

足球运动是全面锻炼和健全体魄的良好手段，是全民健身活动中一项行之有效的体育运动。经常从事足球运动可以提高人们的力量、速度、灵敏度、耐力、柔韧性等身体素质，并能使人的高级神经活动得到改善，尤其能增强人体的心血管系统、呼吸系统等内脏器官的功能，从而促进人体的健康。据测定，一名优秀的足球运动员的肺活量比正常人要多2000ml～3500ml，安静时的心率要比正常人低15～22次/min。

（二）有利于良好的心理品质及思想品德的形成

经常从事足球运动，不仅能对自身良好性格的形成产生巨大的影响，而且还可以培养人的意志力、自制力、责任感，以及勇敢顽强、机智果断、坚韧不拔、攻艰

名人堂

贝利，1940年出生于巴西的一个贫寒家庭，是20世纪最伟大的足球明星之一，被喜爱他的人尊为"球王"。他在足球生涯中共攻进1281个球，四次代表国家队出战世界杯，三次捧得世界杯（第6届、第7届与第9届）。1980年贝利被欧美20多家报社记者评为20世纪最杰出的运动员之首，1987年6月他被授予国际足联金质勋章，1999年被国际奥运委员会（IOC）选举为"世纪运动员"。

克难、团结协作、密切配合等优秀品格。

（三）有利于精神文明的建设

　　足球运动是一种特殊的教育，是精神文明建设不可缺少的组成部分。在改革开放的今天，足球已成为我国许多城市中人们生活的一部分。人们从踢足球中得到情绪体验，从看足球中得到艺术享受，从谈论足球中得到思想交流。足球吸引着千千万万的人，它反映了城市的精神面貌，它已成为一些城市的政治、经济、文化生活的重要组成部分。

（四）有利于振奋民族精神

　　一个国家要保持国家强盛、民族振兴，必然要以民族精神的弘扬和爱国主义精神的深入宣传为前提，而足球运动则成为弘扬民族精神、掀起爱国主义热潮的强大动力。国家队在重大国际比赛中的成绩，也像巨石击水，在国民心中产生巨大的冲击波，使千万人乃至整个国家沸腾起来，民族精神得到升华，爱国激情得到弘扬，民众之心连成一体，为国家的腾飞、民族的昌盛提供难以比拟的精神力量。

第二节　足球运动基本技术

　　足球运动基本技术是运动员在比赛中运用身体所完成的合理行动和动作的总称，它是在比赛实践过程中逐步形成、发展和完善起来的。

一、运球

　　运球是指运动员在跑动中为控制球而用脚部进行的推拨球动作，采用运球方法超越防守队员时称为运球过人。运球及运球过人是运动员控制球与进攻能力的重要表现形式，熟练掌握与合理运用运球及突破技术，对调控比赛节奏、丰富战术变化、突破密集防守、创造射门机会都具有实际的意义。

（一）脚背外侧运球

　　脚背外侧运球动作的特点是灵活多变，可做直线、弧线和向外侧的变向运球，易于控制前进的方向和发挥运球的速度，便于运球过程中对球的保护，如图7-1所示。

（二）脚背正面运球

　　脚背正面运球动作的特点是运球速度快、直线前进，但是路线单一，并且在前进时需要有较大的纵深距离才能发挥速度。

（三）脚背内侧运球

脚背内侧运球的动作特点是控球稳，但是难以发挥前进速度，适用于运球变向和掩护运球。

图7-1

二、踢球

踢球是指运动员有目的地用脚的相应部位将球击向目标的动作方法。踢球是运动员进行比赛活动的主要技术手段，它在比赛中是以传球和射门为主要形式体现的。踢球动作按脚触击球时的部位可分为脚内侧踢球、脚背正面踢球、脚背内侧踢球等方法。

（一）脚内侧踢球

脚内侧踢球是以脚内侧部位踢球的踢球方法，动作特点是脚触球面积大，对球的方向控制性强，出球平稳准确，主要用于短传和近距离射门，如图7-2所示。

图7-2

（二）脚背正面踢球

脚背正面踢球是以脚背正面部位触球的踢球方法，动作特点是摆踢动作顺畅，便于发力，出球的速度快，但出球的路线和性能变化小，主要用于射门和远距离传球，如图7-3所示。

图7-3

（三）脚背内侧踢球

脚背内侧踢球是以脚背内侧部位触球的踢球方法，动作特点是踢球腿的摆动顺畅，幅度大，脚触球面积大，出球平稳，球速快，并且性能（旋转、高低）、路线（直线、弧线）易于变化，主要用于中远距离的传球和射门，如图7-4所示。

图7-4

三、接球

接球是指运动员有目的地运用身体的有效部位，将运行中的球控制在所需位置上的动作方法。它是运动员获得球的主要手段，是运动员控球能力的一种表现。良好的接控球能力能使球队争取更多的进攻机会，是进攻战术的重要构成因素。

接球按触球部位可分为脚部、腿部、胸部、腹部和头部接球五类。脚部接球的动作方法最多，运用最广。

（一）脚内侧接球

脚内侧接球是以脚内侧触球的接球方法，技术特点是接球平稳，可靠性强，动作灵活多变，用途广泛，主要用于接地滚球（图7-5）、低平球、反弹球。

图7-5

（二）胸部接球

胸部接球是指运动员运用胸部，将运行中的球有目的地接控在所需位置上的动作方法，是运动员获得球的重要手段。胸部接球技术的特点是触球点高、面积大，适用于接胸部以上的高空球。一般有两种方式。

1. 缩胸式接球

适用于接齐胸的平直球。缩胸接球与挺胸接球的动作差异在于触球刹那。当球接近时，将手臂向后放并张开胸部。当球触胸瞬间，迅速收腹、缩胸，缓冲来球的力量，使球落于体前（图7-6）。

图7-6

2. 挺胸式接球

要判断来球的落点，选择适当的接球位置。接球时，身体正对来球，两腿自然开立，膝微屈，两臂自然放置在体侧，上体稍后仰与来球形成一定的角度。触球刹那，胸部主动挺送，使球触胸后向前上方弹起落于胸前（图7-7）。

胸部接球的触点高，接球后下落反弹。因此，做完胸部动作后，需要及时将球控制在脚下。如果要将球接向身体两侧时，在触球的刹那要突然转动身体，带动球变向。

图7-7

（三）大腿停球

大腿停球，一般运用于弧度较大的高空下落球，或平行于大腿高度的来球。对来球，停球腿大腿抬起，以大腿中部对准下落的球，肌肉适当放松。在大腿与球接触前的刹那，大腿迅速撤引挡球，使球落到适合衔接下一动作的位置（图7-8）。

图7-8

四、足球基本技术训练

（一）颠球

颠球是一个球员熟悉球性最好的方法。

（1）颠球身体要协调，放松，膝盖不要太紧张，踝关节不能松弛，否则会造成用力不稳。

（2）颠球脚下不要站死不动，小碎步移动起来可以更好地调节重心来控制球。

（3）脚尖不要向下或向上勾，造成球向前或向后运动使球难以控制。

（二）运球

1. 正脚背运球（直线带球）

重心降低，脚背绷紧，脚立起，用正脚背去触碰球的正后方，学会掌握力度，熟悉动作后加快动作速度，尽量多触球，提高触球频率，最好能达到一步一触球。

2. 脚内侧运球

重心降低，用大脚趾与脚弓之间的部位触碰球的侧后偏触球脚方向，球的运行方向是斜前方偏支撑脚的方向，掌握触球力度与球运行方向，逐渐提高触球频率，加快动作速度（图7-9）。

图7-9

3. 脚外侧运球

重心降低，用小、无名、中三个脚趾的部位触碰球的侧后偏支撑脚方向，球的运行方向是斜前方偏触球脚的方向，掌握触球力度与球运行方向，逐渐提高触球频率，加快动作速度。两脚交替变换练习的时候注意支撑脚的站位，人在球后的移动范围要加大。

（三）停球

停球是把传来的球停在自己的控制范围之内，而且能做出下一步的动作。停球的重要性不容忽视，停球的速度往往能决定场上节奏的快慢，停好球往往能抓住很好的进攻机会，而选择好停球的方法和部位也是很重要的。无论选择哪种停球方式，都是由以下四个环节组成的。

1. 观察和移动

为了更好地完成接球动作，事先要注意观察来球的情况。从球的运行路线、球的旋转与速度等情况中迅速判断落点，及时移动，使自己能处于做停球动作的最佳位置。

2. 选择停球的部位和停球方法

停球的不同部位和采用的不同方法，各有其不同的作用。因此，必须根据临场情况及下一步动作的需要，恰当地选择停球的部位与停球方法。

3. 改变来球的力量

根据来球的力量大小和停球的实际需要，可分别采取加力或减力（缓冲）方法。根据来球力量的方向和接球实际需要，按照反射定律调整入射角，获取理想的反射角。

4. 随球移动

停球动作一做完立即随球移动，紧密衔接下一个动作，在停球与处理球的动作之间不能有停顿。

（四）射门

射门技术的关键是脚的部位和球的部位的运用，选择良好的时机和正确的射门方法才能使进球的可能性增大。按脚触球的部位来分，射门大致分为脚弓推射、脚背抽射、脚内（外）侧搓球等。

1. 脚弓推射

与脚弓传球大体一致，只不过要加大力量，提高精准度（图7-10）。

图7-10

2 ▪ 脚背抽射

强有力的射门往往是抽射出来的，力量大、球速快，但要吃准部位才能把力量与速度发挥到极致。其具体动作与脚背传球大体一致，只不过支撑脚的站位如果有变化，身体的重心要做出相应的调节，摆动腿与支撑腿的角度要把握好（如果球在运动当中抽射，还要对球有提前的预判）。

3 ▪ 脚内（外）侧搓球

脚内（外）侧搓球就是所谓的弧线球，球路有弧线能使防守队员与守门员产生错误的判断，或利用球的弧线线路绕过人墙或防守队员，从而达到相应的目的。

第三节 足球运动基本战术

足球运动基本战术是指在足球比赛中，为了战胜对方，根据主客观情况所采取的个人行动和集体配合的方法。比赛实践证明，合理而巧妙地运用战术是夺取比赛胜利的重要因素。

足球比赛由进攻与防守组成，攻守的转换构成比赛过程。足球战术可分为进攻战术和防守战术两大系统。各系统又都包括个人战术、局部战术和整体战术。

一、比赛阵形

比赛阵形是比赛场上队员的位置排列、攻守力量搭配和职责分工的形式。阵形的人数排列一般是从后卫排向前锋，根据队员排列的层次分成后卫线、前卫线和前锋线。阵形可使每个场上队员明确基本位置和主要职责。足球比赛中采用的阵形主要有以下几种。

（一）"四三三"阵形

"四三三"阵形由"四二四"阵形变化而来，是把一名前锋回撤到中场而形成的，这加强了中场控制，使防守更加稳固，进攻更加灵活（图7-11）。

（二）"四四二"阵形

"四四二"阵形由"四三三"阵形变化而来，它是将一名前锋回撤到中场，以两名前锋突前而形成的。主要特点是全队防守更

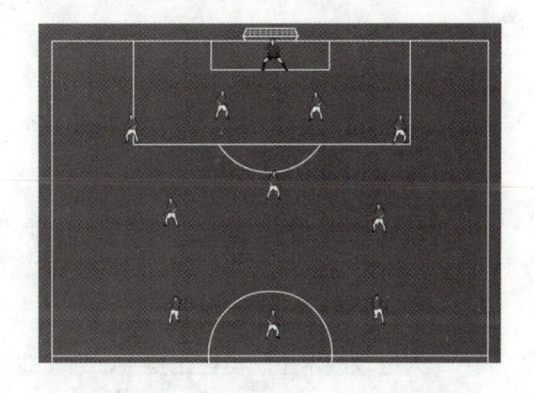

图7-11

加稳固，有利于快速反击，场上队员更加机动，中、后场队员可随机插上进攻（图7-12）。

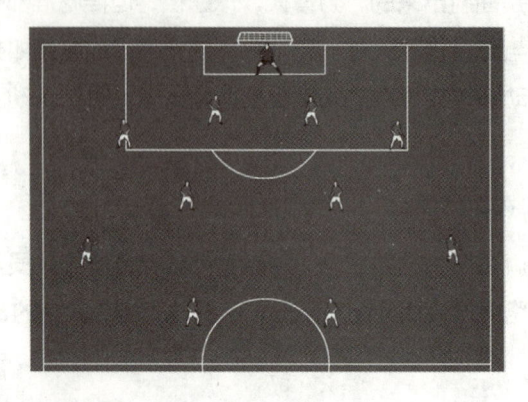

图7-12

（三）"五三二"阵形

"五三二"阵形由"四四二"阵形变化而来，它是把一名前卫回撤到后卫线，成为盯人中卫而形成的。主要特点是能组成稳固的防线，有利于快速反击，中、后场队员可随机插上进攻，增加了进攻的突然性（图7-13）。

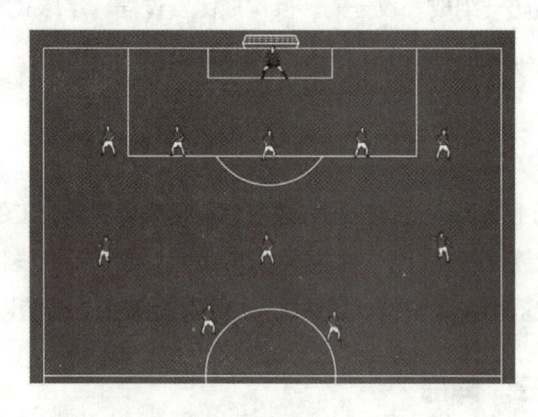

图7-13

二、进攻战术

进攻战术是指在比赛中，为了战胜对方所采取的个人进攻行动和集体配合的方法。

（一）个人进攻战术

个人进攻战术是队员在比赛中，为了战胜对手，完成整体进攻任务而采取的个人行动。

1. 传球

传球是队员在比赛中有目的地把球踢（顶）给同伴或踢（顶）向预定方向的方法。传球是整体战术配合的基础，是组织进攻、变换战术和创造射门机会的重要手段，也是迅速逼近对方球门最有效的方法。

2. 跑位

跑位是指在比赛中队员在无球情况下，通过有意识的跑动，为自己或同伴创造进攻机会的行动。跑位是整体进攻战术的基础，是进攻队员为获得球的准备行动，也是拉开对方防线、创造传球空当的重要手段。根据跑位目的和开始跑位状态可分为摆脱跑位或接应跑位、切入或插上、扯动牵制或制造空当。

> **知识窗**
>
> **前腰**
>
> 前腰，是中场位置的一种，也称为"突前前卫"，标准站位于前锋身后，负责为前锋输送进攻的炮弹，组织二次进攻。前腰的人选需要有良好的控球技术、开阔的视野和极佳的大局观，故很多前腰球员身披10号球衣，为全队的中场核心甚至灵魂人物。因此，前腰最大的优势就是传球能力，即组织能力。一个好的前腰，应该在场上带动全队，组织球队大部分的进攻，这就是他们的职责。不过现阶段，由于战术体系改变，古典型前腰逐渐被进攻性更强的前卫所替代，代表人物有卡卡、小罗纳尔多和厄齐尔等。

（二）局部进攻战术

局部进攻战术是指进攻中两个或几个队员之间的配合方法，它是集体配合的基础。

1. 交叉掩护配合

交叉掩护配合是在局部地区两名进攻队员在运球交叉换位时，以自己身体掩护同伴越过一名防守队员的配合方法。

2. 传切配合

传切配合是控球队员将球传给切入的进攻队员的配合方法。传切配合的形式有局部一传一切和长传切入。

3. 二过一配合

二过一配合是在局部地区两名进攻队员通过两次连续传球配合越过一名防守队员的配合方法。二过一配合的形式根据传球和跑位的路线有：斜传直插二过一、直传斜插二过一、踢墙式二过一和回传反切二过一等（图7-14）。

斜传直插二过一　　　　　　　直传斜插二过一

踢墙式二过一　　　　　　　回传反切二过一

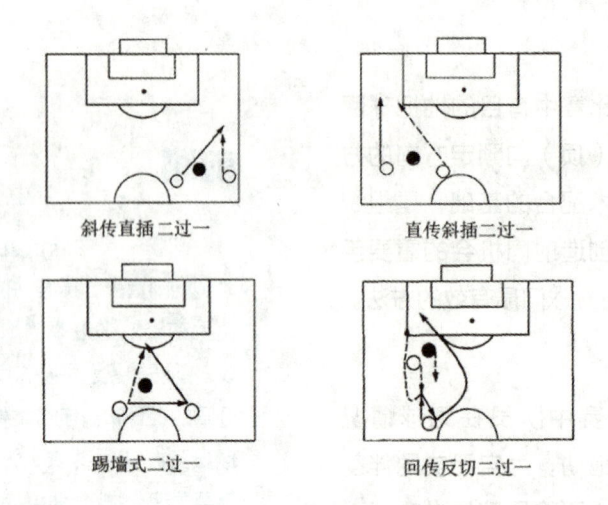

图7-14

（三）整体进攻战术

整体进攻战术是为了完成进攻战术任务所采用的全局性的进攻配合方法。整体进攻战术涉及的人员比较多，是全队协调一致的行动，体现一个队的进攻实力和配合能力。依据进攻发展的场区可分为边路进攻和中路进攻。一次完整的进攻由发动、发展和结束三个阶段组成。

三、防守战术

防守战术是在比赛中为了阻止对方的进攻和重新获得球所采取的个人防守行动和集体配合的方法。

（一）个人防守战术

1. 选位

选位是指防守队员在防守时选择占据合理防守位置的行动。选位是防守的基础，合理的选位不仅能控制防守面和有效地运用防守动作，而且也决定了整体防守布局的合理程度，对防线的稳固性具有重要作用。选位的基本原则是本方失球后快速回位，并处在对手与本方球门中心所构成的连接线上，与对手的距离要根据场区以及球所处的位置决定。

2. 盯人

盯人是指防守队员限制进攻队员所采取的行动。盯人是现代足球比赛中广泛采用的防守方法，有效的盯人防守是遏制与瓦解对方进攻，重新获得球的重要手段。

盯人分为紧逼盯人和松动盯人两种。紧逼盯人是贴近对手（也叫贴身紧逼），不给对手从容活动的机会，一般用于罚球区附近地区和有球的局部地区以及对对方进攻的核心队员的防守。松动盯人是与对手保持一定距离，既能盯住对手，又能保护同伴，一般用于防守离球远的进攻队员。

（二）局部防守战术

局部防守战术是指两个或几个防守队员之间的配合方法。它是集体配合的基础。基本配合形式有保护和补位。

1. 保护

保护是指同伴紧逼控球对手时，自己选择有利的位置来保护同伴，防止对手突破的配合。

在防守中，积极主动地逼抢控球队员是十分重要的，但是一对一拼抢一旦失败，很容易被对方突破。因此，防守队员之间必须进行互相保护，当距离较近的同伴逼抢控球的对手时，离球较远的队员应撤到同伴身后进行保护，控球队员一旦越过同伴，可以及时补位，防止突破。

2. 补位

补位是指防守队员弥补同伴在防守中出现漏洞所采取的互相协助的战术配合。比赛中，通过同伴间的相互补位可以有效地遏制和破坏对方的进攻行动，变被动为主动。

补位分为补空位和相互补位。补空位用于当卫线队员插上进攻退守不及时，其他同伴暂时补他的位置，以防对方利用这一空当进行快速反击。相互补位用于当同伴被对手运球突破或对手突然快速插入同伴背后接球，同伴来不及盯抢时，邻近队员进行补位防守。

（三）整体防守战术

整体防守战术是指全队所采取的防守战术方法。整体防守战术主要有区域防守、盯人防守和综合防守三种。

四、足球基本战术训练

（一）"传给队长"练习

目的：跑位和补位练习。

人数：两队，每队4~6人。

场地：半个标准场地。

时间：大约20min。

要点：两队都选一名队长，当一队设法将球传给队长后，该队就得一分。

方法：一方发动，设法将球传给队长。另一队尽力阻止并力图抢到球。如果对方设法抢到球、球出界或得分，均将球交给另一队。因为队长跑动多，所以进行一定时间后，根据队长的体力情况，变换队长。

（二）"四门比赛"练习

目的：提高周围观察能力。

人数：两队，每队6~11人。

场地：横向使用标准足球场，两条边线上各设两个球门，划出中线。

时间：大约60min。

要点：一队可以进攻对方两个球门中的任何一个球门或防守本队的两个球门。

方法：如果球越过两条门线中的任何一条，即为得分。得分、球出界、犯规或合理地抢到球，均变换控球权。没有越位，但要有角球。没有中线开球，只发球门球，重新恢复比赛。

（三）"单门比赛"练习

目的：进攻训练。

人数：7人，4对3。

场地：半个标准足球场和球门。

时间：大约30min。

要点：3名进攻队员要对抗4名防守队员并绕过或穿过他们去射门得分。得分多者胜。

方法：进攻方在罚球区外附近控球。如果他们设法射了门，得一分；如果射中就得两分。只有在罚球区内射门才算得分。如果防守队员能抢到球并将球踢过中线，他们就得一分，然后进攻队员得球后再重新进攻。

可变方法：两队每5分钟交换一次练习，一名防守队员留下。

> **知识窗**
>
> **几种简单战术**
>
> 1. 补位是足球比赛中局部地区集体配合进行防守的一种方法。当防守过程中一个防守队员被对手突破时，另一个队员则立即上前进行堵封。
>
> 2. 围抢是指比赛中在某局部位置上，防守一方利用人数上的相对优势（通常是两三个队员）同时围堵对方的持球队员，以求在短暂时间内达到抢断或破坏对方的目的。
>
> 3. 造越位战术是利用规则而设计的一种防守战术，是一种以巧制胜的省力打法，因而成为一种重要的防守手段。但由于其配合难度较大，搞不好会适得其反，让对手钻空子，因而此战术往往为水平较高的球队所采纳，但在一场比赛中也不是多次运用。

第四节　足球比赛场地与裁判方法

一、比赛场地

足球场地应为长方形，长度应该介于90~120m，宽度则应介于45~90m。举行国际性赛事的足球场地，长度应该介于100~110m，宽度则应介于64~75m。较长的边为边线，较短的则为球门线。中线把足球场分为两半，在中线的中间，是整个球场的中心点，是球赛上、下半场以及在进球后开球的地方，并有中圈（半径9.15m）围绕中心点。在球场的4个角皆划有角球区，半径1m，标示角球开出的地方，如图7-15所示。

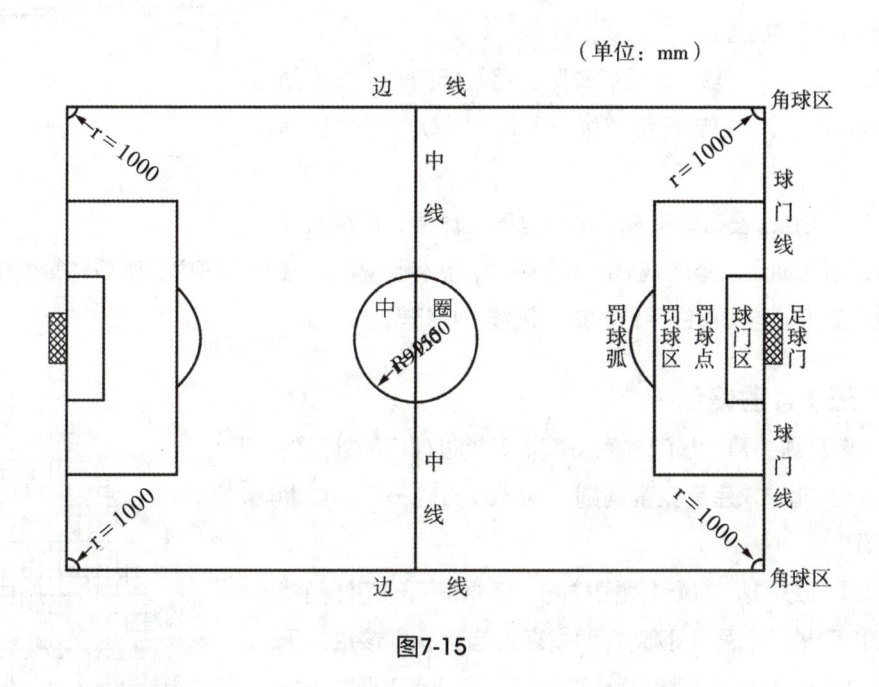

图7-15

二、裁判方法

（一）比赛开始

（1）比赛开始前，裁判员应召集双方队长，通过掷币方式，选中的一方有挑选上半场的场地权，另一方有开球权。

（2）开球时，球应放在中点上。比赛开始，不是以裁判员鸣哨为准，而是当球被踢并向前移动时。遇下列情况应重新开球。

①球未向前移动。

②比赛开始前，场上队员越过中线进入对方半场，或守方队员进入中圈。

（3）裁判员鸣哨开球后，球踢出向前，若队员越过中线、守方队员进入中圈，或者开球队员未将球向前踢，裁判员对有关队员可先给予提醒，再犯时则予以警告。

（4）开球队员将球踢出并向前移动使比赛开始后，其他队员触球前，开球队员不得再踢，否则应由对方在犯规地点罚间接任意球。

（5）开球队员可以直接将球踢进对方球门得分。

（6）足球比赛开始前，如有必要，可以由其他人员进行象征性的开球仪式，但在此之后，仍需按规则规定的方式重新开球。

（二）比赛进行及死球

（1）当球的整体在地面或空中全部越过了边线或球门线的外沿才算球出界，如图7-16所示。球在空中出界又被风吹回场内仍算球出界。

（2）队员踢（触）球后，球除直接触场内裁判员、助理裁判员或门柱、角旗杆弹出场外，均按该队员踢球出界处理。

（3）规则中没有明文规定的一些暂停比赛，应在暂停比赛时球所在地点以坠球恢复比赛。例如，暂停比赛时球在球门区内，则应在暂停比赛时球所在地点最近的与球门线平行的球门区线上执行坠球。

图7-16

（三）计胜方法

（1）凡球的整体从门柱间及横木下越过球门线外沿的垂直面，而此前未违反竞赛规则，均为攻方胜一球，如图7-17所示。

（2）在球的整体越过两门柱间、横木下面球门线前裁判员发出了进球信号，但又立即发现其错误，则该进球无效。应由裁判员在因错误停止比赛时球所在地点以坠球恢复比赛（如停止比赛时，球在球门区内，则应在离球最近的与球门线平行的球门区线上执行）。

（3）在任何情况下，球进入球门前受外界干扰所阻止，不能视为胜一球。如这种情况发生在比赛中（执行罚球点球时除外），应暂停比赛，由裁判员在事故发生的地点以坠球恢复比赛。

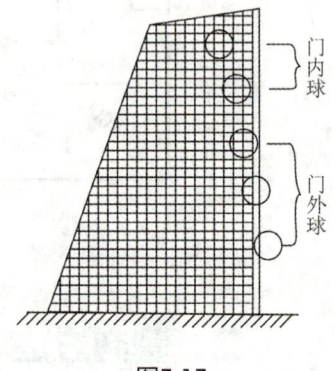

图7-17

（四）越位

1. 构成越位的条件

（1）该队员在对方半场。

（2）该队员较球更接近对方球门线。

（3）在该队员与对方球门线之间，对方队员不足两人。

上述三条中若缺少任何一条者，队员均不处于越位位置。

队员处在与球平行的位置上，则该队员不处于越位位置，如图7-18所示。因为此时队员并未较球更接近对方球门线。如果队员与对方最后第二名队员处于水平位置，该队员也不处于越位位置。

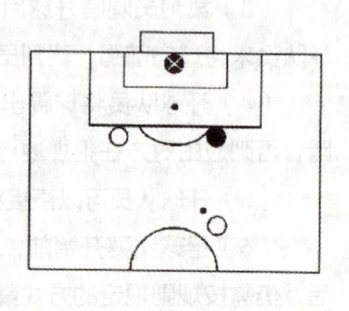

图7-18

2 ▪ 判断越位的时间

判断队员是否处于越位位置的时间是队员踢或触及球的一瞬间，而不是该队员接获球时。

（五）犯规与不正当行为

（1）裁判员认为队员故意违反下列规则中的任何一种，将判给对方踢直接任意球。

①踢或企图踢对方队员。

②绊摔或企图绊摔对方队员。

③跳向对方队员。

④冲撞对方队员。

⑤打或企图打对方队员。

⑥推对方队员。

⑦拉扯对方队员。

⑧争抢球时，在触球前触及对方队员。

⑨向对方队员吐唾沫。

⑩故意手球。

（2）如果守门员在本方罚球区内行为符合下列违例中的任何一种，将判给对方踢间接任意球。

①用手控制球后在球发出之前持球时间超过6s或在发出球之后未经其他队员触及，再次用手触球。

②用手触及同队队员故意踢给他的球或同队队员直接掷入的界外球。

（3）队员在出现下列情况时，也将判给对方踢间接任意球。

①动作具有危险性。

②阻挡对方队员。

③阻挡对方守门员从其手中发球。

（4）队员行为符合下列犯规中的任何一种，将被警告并出示黄牌。

①犯有非体育道德行为。

②以语言或行动表示异议。

③持续违反规则。

④延误比赛重新开始。

⑤擅自进场或离场。

⑥故意犯规破坏对方明显的进攻机会。

（5）队员行为符合下列犯规中的任何一种，将被罚令出场并出示红牌。

①严重犯规或暴力行为。

②向任何人吐唾沫。

③故意犯规破坏对方的进球或明显的进球得分机会。

④使用无礼的、侮辱的或辱骂性的语言及动作。

⑤在同一场比赛中得到第二次黄牌警告。

（六）任意球

（1）凡判罚直接或间接任意球，必须具备下列四项基本条件。

①犯规队员是场上队员。

②队员违反规则的有关规定。

③犯规地点是在比赛场地内（掷界外球时例外）。

④犯规时间是在比赛进行中（执行罚球点球及掷界外球时例外）。

（2）直接任意球可以直接踢入对方球门。如果直接踢入本方球门，将由对方踢角球。

（3）间接任意球直接踢入球门不得分，必须经场上其他队员触及后进入球门内方可算胜一球。如果间接任意球直接踢入对方球门，将由对方踢球门球；如果直接踢入本方球门，将由对方踢角球。

（七）罚球点球

（1）罚球点球是对犯规的一种严重处罚，裁判员务必判罚准确，只有当队员在比赛进行中，于本方罚球区内故意犯规者，方能判罚球点球。

（2）在罚球区附近发生犯规，应看犯规动作的接触点，如人在罚球区内而犯规接触点在罚球区外，则应判罚直接任意球。

（3）罚球点球可以直接进球得分。

（八）掷界外球

（1）比赛中，当球的整体在地面或空中越过边线时即为球出界，应由出界前触球队员的对方队员在离球出界处的边线外1m范围内，将球掷入场内。防守队员不允许在掷球队员身前进行干扰。

（2）掷球时，两脚可以平行站立或前后站立，脚可以踏在边线上或边线外。不允许队员跪在地上掷界外球。掷界外球没有越位。

（3）掷球时，允许脚在地上滑动，但任何一脚不得全部离地。

（4）掷界外球的方法：双手持球置于头的后方，面向场内，两手平均用力，从头后经头顶用一个完整、连贯的动作将球掷入场内。

（5）掷界外球时，以合法的动作故意掷击对方队员属犯规行为，应由对方在犯规接触点罚直接任意球。

（6）掷界外球不能直接进球。如果直接掷入对方球门，则由对方踢球门球；如果直接掷入本方球门，则由对方踢角球。球掷出并经其他队员触及而进入球门，应判进球。

（7）如队员不在球出界处掷界外球，裁判员应判由对方在原球出界处掷界外球。

（九）球门球

（1）球由地面或空中踢或触出对方球门线时，由对方在球门区内任何地点踢球门球恢复比赛，踢球门球可以直接得分。

（2）踢球门球时，对方队员在球被踢出罚球区或任何队员在罚球区外，当球直接踢出罚球区进入场内时，比赛方为恢复。

（3）踢球门球时，对方队员在球被踢出罚球区或任何队员在罚球区内触及，即未进入比赛，应令重踢。当队员将球踢出罚球区，比赛恢复后，未经场上其他队员触及，该队员再次触球，即为连踢犯规。

（4）踢球门球时，队员不得故意延误比赛时间，否则应给予警告。

（十）角球

（1）当队员踢或触球的整体在空中或地面从球门外越出本方球门线时，由对方队员将球的整体放定在离球出界处较近的角球弧内踢角球。

（2）角球可以直接胜一球。

（3）踢角球时，不得移动角旗杆，裁判员和助理裁判员发现队员移动角旗杆时应给予纠正，根据情节亦可予以警告。

（4）踢角球时，比赛恢复前，对方队员至少距球9.15m。双方队员不得站在球门网内或球门线外。

（5）队员踢出的角球，如果球击中门柱或场内的裁判员而弹回时该队员补射入门，应判连踢犯规，进球无效。

作业与思考题

1. 简述脚背内侧踢球的动作要领。
2. 你了解足球比赛的阵形吗？你知道几种？
3. 越位是怎么回事？给同学讲一讲。

网站链接

1. 中国足球协会 http://www.fa.org.cn/
2. 中国青少年校园足球 http://www.schoolfootball.cn/
3. 足球汇 http://www.zuqiuh.com/

CHAPTER 08

乒乓球运动

体育的任务是使学生的身体获得发育,使他变得结实健壮,有坚韧和持久的力量。

凯洛夫

> **学海导航**
>
> 乒乓球是中国的国球,这是一项集力量、速度、柔性、灵敏和耐力素质为一体的球类运动,同时又是技术和战术完美结合的典型。从健身的角度而言,乒乓球运动对场地和器材的要求不高,并不像某些球类运动,受天气的影响较大,难以持之以恒,而且它对健身者自身的要求也相对较为宽松,无论男女老幼均可收到良好的健身效果。乒乓球运动还具有健脑益智,预防、治疗近视的作用,尤其适合广大青少年朋友参与。本章向大家介绍乒乓球运动的基本知识和基本规则。

知识目标

1. 熟记乒乓球运动主要技术的动作要领。
2. 了解我国乒乓球运动的发展历程及其文化内涵。

能力目标

1. 掌握乒乓球运动正反手发球、接发球、攻球等主要技术的基本动作方法,并能熟练运用。
2. 在日常乒乓球运动中正确运用所学技战术。

第一节 乒乓球运动概述

一、乒乓球运动的起源与发展

乒乓球运动起源于19世纪后期的英国,由室内网球演变而来,亦称"桌上网球",因击球时发出"乒乓"声而得名。乒乓球竞赛项目分为团体赛和单项比赛两大类,团体赛有男子团体和女子团体两项,单项比赛有男子单打、女子单打、男子双打、女子双打和男女混合双打五项。乒乓球运动1913年传入中国,20世纪60年代中国乒乓球运动迅速崛起,创造了直板快攻打法,先后有100多人登上世界乒坛最高奖台,创造了国际乒坛历史上的奇迹,乒乓球也被誉为中国的"国球"。乒乓球运动在中国开展非常广泛,深得广大青少年和群众的喜爱,各级学校普遍将乒乓球运动列为体育课的教学内容之一。

乒乓球适于不同人群,可发展其灵敏性、协调及快速反应能力,对内脏器官功能以及植物性神经有良好的调节作用。其特点是球小、速度快、变化多、趣味性强、设备比较简单,不受年龄、性别和身体条件的限制,室内、室外都可以进行,运动量可大可小,具有广泛的适应性和较高的锻炼价值。

二、乒乓球运动的价值

（一）培养顽强的拼搏精神

激烈的乒乓球比赛，既是技术、战术的比拼，更是意志品质和拼搏精神的较量。"人生能有几回搏"就是拼搏精神的写照；胜不骄，败不馁，永不言败，敢为人先，自强不息是一个民族的灵魂，对个人来说更是一种优秀的人格品质。

> **名人堂**
>
> 邓亚萍，河南郑州人，前中国女子乒乓球队运动员，1983年进入河南省队，1988年被选入国家队，1997年退役后进修个人学业。运动生涯中，邓亚萍获得过18个世界冠军，是第一个蝉联奥运会乒乓球金牌的球手，曾获得4枚奥运金牌，被誉为"乒乓皇后"，是乒坛名副其实的"小个子巨人"。邓亚萍与国际奥委会前主席萨马兰奇忘年之交的故事被传为佳话。邓亚萍是2001年为北京申奥团成员之一，北京申奥形象大使。

（二）促进身心健康

乒乓球运动的特点：球小、速度快、变化多。经常参加乒乓球运动能提高人的中枢神经系统的灵活性，使人反应灵敏；提高呼吸系统、血液循环系统的机能和耐久力，对调节、改善人的情绪，培养良好的心理素质大有益处。

（三）促进人际交流

乒乓球运动可促进外交，1971年，中美两国乒乓球队互访的一系列事件，增进了双方的了解与沟通，促进了国与国之间、运动员与运动员之间的交往与交流，增进了友谊，加强了联系，改善了中美关系，以"小球转动了大球——地球"；另外，乒乓球运动对大众健康和积极的生活方式也起到了促进作用。

第二节 乒乓球运动基本技术

乒乓球运动基本技术包括握拍方法、基本步法、发球技术、接发球技术、挡球与推挡球技术、攻球技术、削球技术等。

一、握拍方法

目前，世界上流行的乒乓球握拍方法有直握拍和横握拍两种。

（一）直握拍

直握拍的方法如图8-1所示。直握拍的特点：正手和反手都用球拍的同一面击球，不需两面转换，出手较快；正手攻球快速有力，攻斜线球和直线球时，拍形变化不大，对手不易判断，便于从速度、球路和力量上取得主动；手腕动作灵活，发球可做较多变化；反手攻球时，因受身体阻碍较难掌握，不易起重板；攻削交替时手法变化大，影响击球速度和准确性。

（二）横握拍

横握拍的方法如图8-2所示。横握拍的特点：比直握拍的击球面积大，攻球和削球时握拍的手法变化不大；反手攻球不受身体阻碍，便于发力；削球时有力、方便，易于发挥手臂的力量和掌握旋转变化；在还击左右两面来球时，需要转动拍面，动作较大；攻直线球时，动作明显，对方易识破；台内正手攻球较难掌握。

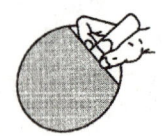

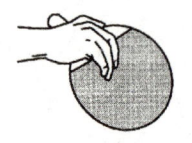

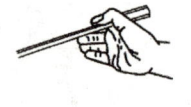

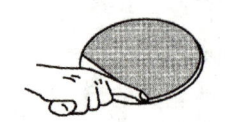

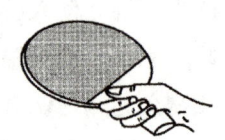

图8-1　　　　　　　　　　　　　　　图8-2

知识窗

不同种类球拍的性能

1. 正胶海绵拍是在木板与胶皮之间夹一层海绵，海绵连同胶皮总厚度不得超过4mm。刘国梁用的就是正胶海绵拍。

2. 生胶海绵拍是正贴胶皮海绵拍的一种，但胶皮颗粒较大，胶粒和胶皮较硬。王涛反手用的就是生胶海绵拍。

3. 长胶海绵拍也是正贴胶皮海绵拍的一种，其胶粒高度高于正胶、生胶海绵拍。邓亚萍反手使用的便是长胶海绵拍。

4. 反胶海绵拍是将胶皮上有胶粒的一面反贴在海绵上，平的一面向外，是目前世界上大多数运动员使用的球拍。

二、基本步法

基本步法是乒乓球运动最基本的动作。灵活掌握步法的移动，才能保证及时准确地回击球，并且步法移动要从正确的准备姿势开始。

（一）单步

单步是以一只脚为轴，另一只脚向前后或左右不同方向移动一步，身体重心也随之落到移动脚上的动作。对于来球角度变化不大的情况常采用这种步伐击球。

（二）换步

换步是一只脚向来球方向前后、左右移动，另一只脚随即跟着移动一步的动作。换步主要用于身体还原或调节击球姿势。

（三）跳步

跳步是以一只脚用力蹬地，使两脚离地，向来球方向进行前后或左右跳动的动作。在来球角度较大情况下可采用跳步击球。

（四）跨步

跨步是根据来球的不同方向，一只脚向前后或左右不同的方向跨出一大步，另一只脚再跟着移动，身体重心随即移到跨步脚上的动作。跨步常用于角度大和回击速度快的来球。

（五）侧身步

一只脚先向左或右跨出一步，然后另一只脚随即向左或右的后方移动，当来球逼近身体时，可采用侧身步击球。

（六）交叉步

交叉步是先以靠近来球方向的脚作为支撑脚，使远离来球方向的脚跨出一大步，在体前（侧）瞬间成交叉状态，身体随之向来球方向转动，支撑脚跟着向移动方向再迈出一步的动作。交叉步常用于对付离身体比较远的来球，或在进行弧圈球和侧身快攻后移动时采用。

三、发球技术

发球与接发球是乒乓球运动的基本技术，二者是互相推动的。发球技术的提高能促进接发球技术的提高；接发球技术的提高，又能促使发球技术再提高。比赛是以发球与接发球开始的。每一局比赛中发球与接发球各占半数。

（一）平击发球

正手发平击球时，左脚稍靠前，身体稍向右转，球放在左手掌心上，右手持拍置于身体右侧。发球时持球手将球向上抛起，同时右臂稍向后引球拍，持拍手从身体右后方向前挥拍，球拍稍前倾，击球的中上部。击球后手臂和手腕继续向前挥动，身体重心移至前脚上。击出的球先落在本方台面，弹起后再落到对方台面。这种发球方法是最基本的发球方法，其特点是球不旋转，适合初学者学习。

（二）正手发急球

如图8-3所示，右脚稍靠后，身体稍向右转，右手持球拍置于身体右侧。发球时持球手将球向上抛起后，持拍手迅速向右后上方引球拍。待球下落时，前臂迅速由后向左前方挥动，拇指压拍，拍面稍向左前倾斜。当球降至约与网同高时击球，球拍沿球的右侧中部向中上部摩擦。击球后手臂和手腕顺势向前挥动。

（三）反手发急球

如图8-4所示，右脚稍靠前，身体稍向左转，左手掌心托球置于体前左侧，右手持球拍于身体左侧。球向上抛起后，待球下落时前臂迅速向前挥动，击球点约与网同高或略低时，球拍面稍前倾，击球的中上部。击球后手臂和手腕顺势向前挥动。

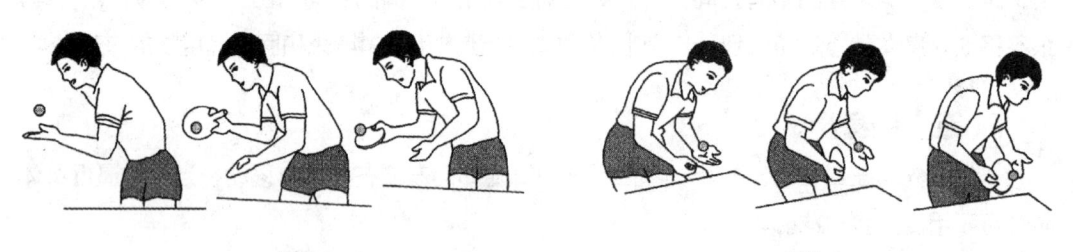

图8-3

图8-4

（四）正手发左侧上（下）旋球

如图8-5所示，正手发左侧上旋球时，左脚在前。击球前球拍稍向左偏斜，前臂和手腕由右向左挥动。抛球时，持拍手向右上方引拍，手腕略向外展，球回落时，手臂迅速由右向左下方挥动，食指压球拍，球拍面略向左倾斜，当球约与网同高时击球，前臂略向外旋，手腕用力向左挥动，击球时球拍从球的正中部向左上摩擦。正手发左侧下旋球与正手发左侧上旋球动作有所不同：球拍稍后倾，手臂从右后上方向前下挥动，使球拍从球的中下部向左侧下摩擦，球拍触球的刹那间，前臂略向外旋。

图8-5

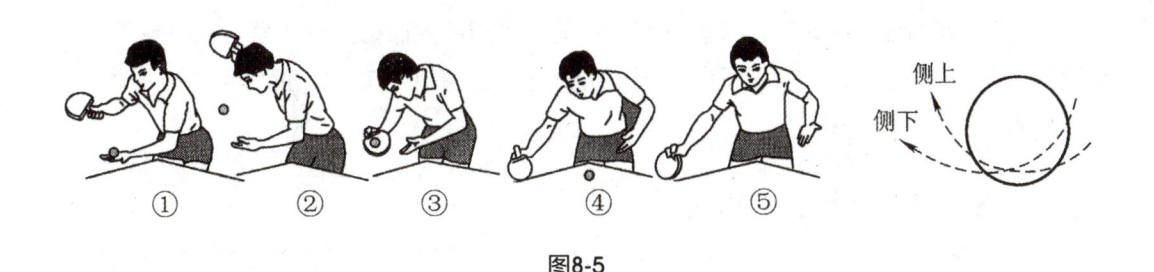

（五）反手发右侧上（下）旋球

如图8-6所示，反手发右侧上旋球时，右脚在前，持球手位于身体左侧。发球时持拍手向左上方引球拍，球拍柄微向下，球拍稍微后仰。抛球后，当球下落到与网同高时，前臂和手腕同时发力，从左向右下方挥拍击球，触球瞬间手腕向右上方转动，使球拍从球的中部向右上方摩擦。反手发右侧下旋球时，手腕向右下方转动，使球拍从球的中下部向右下方摩擦。这两种发球方法都运用转体动作，均使球产生较强的旋转。

图8-6

四、接发球技术

接发球技术的选择取决于自身特点和对方的发球性能，并且要注意合理站位，要从对方的出手动作和发球的弧线进行准确判断。常用的接发球方法有推、搓、削、拉、抽等。

（一）接急球

当对方用反手发过来左角急球时，可用推挡回接。当对方发过来的是急下旋球时，可用推挡回接，也可以用推下旋球方法回接。

横板两面攻选手，可用反手拉弧圈球方法回接，也可用搓球方法回接。当来球前进力强，搓球时身体要后退，等来球前进力减弱时，再向前下方用力，将球搓回去。

（二）接左侧上（下）旋球

当对方发来左侧上旋球时，可用推挡回接，也可以用侧身攻球或反手攻球回接。当对方发来左侧下旋球时，可用搓球或削球回接。如果来球旋转力强，则向前用力要相对加

139

大。但搓球或削球回接时，击球时间有所不同，削球回接时必须稍迟些，或在球下降时击球；搓球回接时，则在球下降前击球。用抽球回接左侧下旋球时，最好用拉抽方法回接来球。

（三）接右侧上（下）旋球

当对方发来右侧上旋球时，可用推挡方法回接。如果把球回接到对方的左角，则球拍面应正对对方左角，并用力将球推到靠近边线的地方。如果把球回接到对方的右角，则拍面应对着对方球台的中央，尽量利用球拍面的偏斜角度来抵消球的右侧旋力。也可以用侧身攻球、反手攻球或削球来回接右侧上旋球。当对方发来右侧下旋球时，可用搓球或削球回接。

五、挡球与推挡球技术（以右手持拍为例）

（一）挡球

其动作要点：两脚平行或左脚稍前，身体离球台30~50cm。击球前，前臂与台面平行伸向来球。拍触球时，前臂和手腕稍向前移动，主要借助来球的反弹力将球挡回。在来球的上升期，击球的中部，球拍与台面接近垂直。击球后迅速收回球拍，还原成击球前的准备姿势。挡球的特点是：球速慢，力量小，动作简单，容易掌握。反复练习挡球，能熟悉球性，学会控制球的能力。

（二）快推

如图8-7所示，其动作要点：左脚稍靠前，或两脚自然平行开立，屈膝，提踵，两脚之间的距离略大于肩宽，身体离球台40~50cm。击球时，小臂向前推击手腕要外转，食指压拍，拇指放松使球拍前倾，上臂向前用力，在球处于上升期时击球的中上部，将球快速推回去。击球后，手臂继续前送，身体重心随击球动作稍向前移。快推的特点是借力还击，回球速度快，有直线和斜线的变化。

（三）加力推

如图8-8所示，其动作要点：在准备推挡时，前臂向后拉球拍，使球拍稍微提高些，根据来球弹起的高度，调整好球拍角度，在球处于高点时击球的中上部。加力推主要靠前臂突然向前的推压，产生爆发力，用力推球迎击。击球时，球拍角度固定，手腕不加转动。其特点是回球力量大，球速快，击球点较高。

（四）减力挡

减力挡是既不加力推又不加速推的回球技术。减力挡的目的是使球的弧线低、落点短、力量轻。其动作要点：站位与挡球相同，球拍前倾。在触球的一刹那，停止手臂的前移动作，根据来球力量和上旋度的大小，调整好球拍的角度，球拍贴近来球并高于来球，掌握好触球瞬间球拍后移的缓冲动作，用以减弱来球的反弹力。其特点是能减弱回球的力量，在对方来球力量较重的情况下使用。

图8-7

① ② ③ ④

图8-8

六、攻球技术

攻球是比赛中争取主动、克敌制胜的重要技术，具有力量大、速度快等特点。攻球技术分为正手攻球和反手攻球。按人站位远近又分为近台攻球、中台攻球和远台攻球。按击球点和击球时间又分为拉、抽、拨、带、扣、杀等方法。

（一）正手近台攻球

如图8-9所示，直拍攻球时，上体略前倾，身体靠近球台，两膝微屈，右脚稍靠后。击球前，向身体右侧引球拍成半横状。当球从台面弹起时，手臂由右侧向左前上方快速挥动。击球时，拇指压拍，食指放松，球拍面前倾，结合手腕内转动作，在来球上升期时击球的中上部。

① ② ③ ④

图8-9

（二）正手远台攻球

身体离台1m左右，右脚在后，身体重心在右脚上，击球前的准备姿势与正手近台类似，动作幅度稍大些。击球时，上臂后拉带动前臂和手腕向左前上方挥动，在来球下降前期或后期击球的中部或中下部，击球后身体重心前移。这种攻球技术特点是动作幅度大、力量大、进攻性强。

（三）反手近台快攻

如图8-10所示，直拍反手近台攻球时，身体靠近球台，两脚平行开立（或右脚稍靠前）。击球前，向腹前左侧引球拍，球拍柄稍向下，肘关节略前出。击球时，上臂贴近身体，前臂外旋向右前上方挥动，球拍面略前倾，在球处于上升期时击球的偏左中上部。击球后，顺势将球拍挥至右肩前。

图8-10

如图8-11所示，横拍反手近台快攻时，上体稍前倾，肘关节弯曲，前臂与手腕几乎成直线，球拍柄稍向下，球拍置于腹部左前方。击球时，前臂向右前方挥动，在球处于上升期时击球的中上部。触球时，手腕外转用力。

图8-11

七、削球技术

削球是削攻型打法的一项重要技术，它是通过旋转和落点变化来控制对方，使对方直接失误或为自己创造进攻机会。常用的削球技术有正手远削、反手远削、正手近削和反手近削。

（一）正手远削

如图8-12所示，两脚分立，左脚稍靠前，身体离台约1m，两膝微屈，上体稍向右转，身体重心在右脚，手臂自然弯曲，向右肩侧引球拍。击球时，手臂向左前下方挥动球拍，球拍面后仰。在球拍与球接触时，前臂加速削击，配合手腕转动，在来球处于下降期时摩擦球的中下部，同时身体重心移至左脚。

① ② ③ ④

图8-12

（二）反手远削

如图8-13所示，身体向左转，右脚稍前，手臂弯曲，球拍向左上方引至肩高。击球时，手臂向右下方挥动，拍面后仰，前臂与手腕加速削出，在来球下降期击球中下部。

① ② ③ ④

图8-13

（三）正手近削

身体离台稍近，右脚稍后右转，手臂自然弯曲，将球拍引至约与肩平，拍面稍后仰。击球时，前臂用力向左前下方切削，手腕配合下压。在来球高点期或刚下降时摩擦球的中部或中下部。

（四）反手近削

身体离台稍近略向左转，两脚开立，两膝微屈，手臂自然弯曲，将球拍向左上方引，约与肩平，拍面稍后仰。击球时，手臂迅速向右前下方挥动，以前臂和手腕用力为主，在来球高点期或刚下降时摩擦球的中部或中下部，将球削出。

第三节 乒乓球运动基本战术

乒乓球战术是根据自己和对手的具体情况，正确而又有目的地把自己所掌握的各种技术有意识地组合起来，从而充分发挥自己的技术风格特点，抓住对方的弱点，采用合理的方法和手段战胜对手。

一、推攻战术

推攻战术是指运用正手攻球和反手推挡的速度和力量，并结合落点变化和节奏变化来压制和调动对方，以争取主动或得分。推攻战术是左推右攻打法对付攻击型打法的主要战术，包括左推右攻，推挡侧身攻，推挡、侧身攻后扑正手，左推结合反手攻，左推、反手攻、侧身攻后扑正手。

二、两面攻战术

两面攻战术是指利用正、反手攻球技术的速度和力量压制对方，争取主动和创造扣杀机会。两面攻战术是两面攻打法对付攻击型打法的主要战术，包括攻左扣右、攻打两角、猛扣中路。

三、对攻战术

对攻战术是进攻类打法在相互对抗时，力争主动的一种重要手段，它是发挥快速多变的特点来调动对方，使对方失误或回球质量不高，以达到攻击目的的战术。

四、发球抢攻战术

发球抢攻战术是以旋转、线路、落点以及速度不同的发球来增加对方回击的难度，使其出现机会球，或降低回球质量，然后抢先进攻，以争取主动或直接得分，这是乒乓球所有打法特别是进攻型打法的主要战术和得分手段。其包括发下旋转与"不转"抢攻，发正、反手奔球抢攻，发正、反手侧上、下旋球抢攻。

五、接发球抢攻战术

接发球抢攻战术由某一单项攻球技术所形成，进攻性强，可变接发球的不利地位为主动地位，也可直接得分，是乒乓球运动各种打法，特别是进攻型打法的主要战术。

第四节　乒乓球比赛场地与裁判方法

一、比赛场地

赛区应由0.75m高的同一深色的挡板围起，并与相邻的赛区及观众隔开。每张球台的比赛场地面积为8m×16m。场地内放有球台、球网、球、挡板、裁判桌、裁判椅、计分器等。每张球台至少还要使用两台电子记分牌，决赛时使用4台。电子记分牌安放在乒乓球比赛场地两侧后面或四角，牌上有运动员的姓名、所属国家或地区、时间、各局比分等，使观众在看台上可以清楚地看到显示屏上的比分。

二、裁判方法

（一）赛前裁判

（1）抽签选择发球、接发球和方位。裁判员用抽签器进行抽签。一般比赛中也可以用"猜球"的方法来代替。中签者可选择发球或接发球以及方位。

（2）抽签后要将抽签结果填入记分表。

（3）组织运动员挑选比赛用球。

（4）检查运动员的服装和号码。

（5）检查运动员的球拍。

（6）带运动员入场，练球2min。

（二）赛中裁判

1. 比赛开始

裁判员宣布"停止练球"后，将球收回，向双方运动员宣布"比赛开始"。先示意接发球方"准备"，然后将球从台面滚向发球方，待裁判员落座后，向发球运动员报"发球"，紧接着报比分。

2. 判定胜负

在比赛中裁判员的工作是判定比赛的胜负。

（1）在单打比赛中有的采用七局四胜制，有的采用五局三胜制。每局比赛完成后要交换方位。七局四胜制中任何一方胜四局为胜方，五局三胜制中任何一方胜三局为胜方。七局四胜中的第七局和五局三胜中的第五局为决胜局，决胜局打到5分时，要交换方位。

（2）每一局比赛中，先得11分者为胜局方。每发两个球便要交换发球权。打成10平后以一方先得2分为胜，此时每发一个球就交换一次发球权。

（3）判断1分的胜负，要严格依照规则中的规定进行。

（4）意外情况。在比赛中球被打破、球拍断裂或其他事先无法预料的情况，称为意外情况。出现意外情况时，裁判员应立即停止比赛。若球处于比赛状态时判重发球，若球脱离比赛状态则按正常次序由该发下一个球的运动员发球。

（5）裁判员中断比赛。当比赛中出现必须中断比赛才能处理的问题，如纠正方位错误和发球错误等，裁判员应立即停止比赛。在处理问题、解决问题后，重新开始比赛时，除处理发球权问题外，均和意外情况一样，确定下一个发球员。

（6）裁判员报分。

（7）休息和场外指导。各局之间运动员的休息时间不超过2min。在每6分球或决胜局交换方位时才允许擦汗。在休息时间和批准暂停时间内，可以接受场外指导，其他时间不允许接受场外指导。

（8）团体赛参赛运动员可以接受场外任何人的指导；单项比赛时，运动员只能接受一个人的场外指导，而且这个场外指导者赛前必须向该场裁判员申明。

（三）赛后工作

（1）检查记分表，请双方运动员签字，裁判员签字。

（2）组织运动员退场。

（3）将记分表送交记录组。

作业与思考题

1. 上网搜集我国乒乓球运动取得的辉煌成就及其对世界乒乓球运动发展的贡献。
2. 简述打乒乓球时的基本站位方法及姿势。
3. 和同学交流一下，乒乓球双打比赛中两个人如何更好地配合。

网站链接

1. 中国乒乓球协会 http://tabletennis.sport.org.cn/
2. 精英乒乓网 http://www.pingpang.info/

CHAPTER 09

羽毛球运动

如果没有健康，智慧就不能表现出来，文化无从施展，力量不能战斗，财富变成废物，知识也无法利用。

——赫拉克利特

> **学海导航**
>
> 现代羽毛球运动诞生在英国。20世纪80年代以来，我国羽毛球选手在一系列国际大赛中取得了辉煌的战绩，同时也很好地推动了我国群众羽毛球运动的普及与发展。羽毛球运动对选手的体格要求并不是很高，但却比较讲究耐力，非常适合东方人的体质。本章向大家介绍羽毛球运动的基本知识和基本规则。

知识目标

1. 熟记羽毛球运动主要技术的动作要领。
2. 知晓羽毛球双打的几种常用打法。

能力目标

1. 掌握羽毛球运动正反手发球、高远球、扣杀球等主要技术的基本动作方法，并能熟练运用。
2. 在日常羽毛球运动中正确运用所学技战术。

第一节 羽毛球运动概述

一、羽毛球运动的起源和发展

现代羽毛球运动起源于英国。19世纪70年代羽毛球运动在英国逐渐风行起来，伯明顿即成为羽毛球的英文名称。1877年，第一部成文的羽毛球竞赛规则在英国出版。1893年，英国成立了羽毛球协会。1899年，英国羽毛球协会举办"全英羽毛球锦标赛"，一直延续至今，是当今世界上最古老的羽毛球赛事。现代羽毛球运动先从英国流传到北欧和英联邦各国，而后又流传到亚洲、欧洲和大洋洲，最后传到非洲。1934年成立的国际羽毛球联合会（简称国际羽联），先后创办了世界羽毛球男女团体大赛（汤姆斯杯和尤伯杯赛）。1984年开始每逢双年，举行汤姆斯杯赛和尤伯杯赛。同时，国际羽联为了适应世界羽毛球运动的迅速发展，又推出了代表世界羽毛球运动单项最高水平的世界锦标赛（每逢单年举行）。接着又组织世界超级精英男子、女子比赛，男、女双打和混合双打等比赛项目。20世纪80年代，国际羽联又增添了年度系列大赛及总决赛、欧亚羽毛球对抗赛等，形成了多类型、多层次、全年不断进行的世界羽毛球竞赛体系。

羽毛球运动大约在1918年之后传入中国，起初是上海、广州、北京、天津等城市的基督教青年会在一些学校进行活动。在中国未举行过较大规模的比赛，而且运动水平很低。新中国成立后，随着我国体育运动事业的蓬勃发展，羽毛球运动迅速推广，运动水平逐渐提高。

1958年，我国提出了奋斗目标后，羽毛球运动健儿吸取了国外的先进技术，奋发图强，刻苦训练，在1963年以独创的快速进攻打法，一举击败了世界冠军印度尼西亚队，跃入世界先进行列。1965年，中国羽毛球队首次访问欧洲，在与欧洲冠军、世界亚军丹麦队和欧洲劲旅瑞典队的比赛中大获全胜。20世纪70年代后期，我国羽毛球队从低谷又开始崭露头角。1982年，第12届世界男子羽毛球团体锦标赛（汤姆斯杯羽毛球赛）在英国伦敦举行，中国队第一次夺得标志着世界男子羽毛球团体最高水平的"汤姆斯杯"。1984年，第10届世界女子羽毛球团体锦标赛在马来西亚吉隆坡举行，中国女队获得了女子团体冠军，第一次捧得标志着世界女子羽毛球团体最高荣誉的"尤伯杯"。从此，中国羽坛健儿在国际羽坛上争金夺银，涌现出了一批优秀的选手，他们为祖国赢得了许多荣誉。

> **知识窗**
>
> **羽毛球重大赛事**
>
> 1. 汤姆斯杯即世界男子羽毛球团体锦标赛，1948年举行第一届比赛，现为两年一届，在偶数年举行。比赛由三场单打、两场双打组成。
>
> 2. 尤伯杯赛因尤伯夫人捐赠奖杯而得名，尤伯夫人是英国20世纪30年代著名女子羽毛球选手，从1930年至1949年间，她曾多次夺得全英羽毛球锦标赛的女子单打、女子双打和混合双打比赛的冠军。
>
> 3. 苏迪曼杯，又称世界羽毛球混合团体锦标赛，采用五场三胜制，由男子单打、女子单打、男子双打、女子双打和混合双打五个项目组成，是代表羽毛球整体水平的最重要的世界大赛，与汤姆斯杯赛和尤伯杯赛齐名。

二、羽毛球运动的价值

羽毛球运动是一种全身运动项目，规则及设备并不复杂，无论是进行有规则的羽毛球比赛还是作为一般性的健身活动，都要在场地上不停地进行脚步移动、跳跃、转体、挥拍，合理地运用各种击球技术和步法，将球在场上往返对击，从而增大了上肢、下肢和腰部肌肉的力量。羽毛球运动游戏性较强，运动量可大可小，不受场地、年龄、性别的限制，运动量可根据个人年龄、体质、运动水平和场地环境的特点而定。

羽毛球作为一种娱乐活动，参与者在球的对击过程中，通过不停地奔跑和身体的变化，努力地把球击到对方的场地。同时球的飞翔又有快慢、轻重、高低、远近、狠巧、飘转等变化，需要练习者有较好的力量素质、速度素质、耐力素质、灵敏素质、柔韧素质以及快速的反应能力。经常从事该项体育活动可以发展人体的灵活性、协调性，可以提高人们上下肢及躯干的活动能力，改善呼吸系统和心血管系统的功能，提高有氧供能和无氧供能的能力，调节神经系统并提高其抗乳酸的能力，而且能起到增进健康、抗病防衰、调节精神、培养顽强的意志品质和坚定信念的作用。由于羽毛球技术的千变万化，羽毛球运动又具有很高的观赏价值。

第二节　羽毛球运动基本技术

羽毛球运动的基本技术是由上肢的基本手法和下肢的基本步法组成。上肢的基本手法由握拍、发球和击球三个技术部分组成，下肢的基本步法由站位、前场上网、中场左右移动以及后场后退步法组成。

名人堂

林丹，奥运冠军，中国男子羽毛球队运动员。5岁练习羽毛球，9岁进入福建体校，12岁进入福州八一体工队，教练是何国权，18岁进入国家队，教练是伍佰强、汤仙虎、钟波、李志峰。2002年8月，不满19岁的林丹登上国际羽联排名第一的位置。2008年获奥运冠军。2010年获广州亚运会男单冠军。2011年8月14日于伦敦世锦赛上，获得第四个世锦赛男单冠军，同时他的世界冠军数达到了15个。北京时间2012年8月5日，在伦敦奥运会羽毛球男子单打决赛中，林丹夺得金牌，也因此成为首位奥运会羽毛球比赛冠军。

一、握拍法

学会正确的握拍方法才能更好地发挥自己的运动水平。羽毛球正确的握拍法有两种，即正手握拍法和反手握拍法。

（一）正手握拍法

左手握拍杆中部，使拍面与地面垂直，右手虎口对准拍柄的内侧小棱边，中指、无名指和小指并拢握住拍柄，食指与中指稍稍分开，掌心不要紧贴拍柄，须留有一定空隙，拍柄端靠近腕部，如图9-1所示。此方法适用于正手体侧击球、正手高手击球、网前击球和头顶击球等。

图9-1

（二）反手握拍法

反手握拍法是在正手握拍法的基础上，拇指和食指将拍柄稍外转，拇指的指肚自然贴在拍柄内侧的宽面上，食指回收，中指、无名指和小指并拢握住拍柄，小指根部靠近柄端，使手心与拍柄之间留有一个明显的空隙，有利于击球发力，如图9-2所示。此方法适用于高点击球（反手高远球扣杀、吊球）、网前击球和迎击身体左侧的来球。

二、基本步法

羽毛球步法是指队员在本方场区内运用垫步、交叉步、并步、蹬转步、蹬跨步、腾跳步等步法，进行快速、合理的上网、后退和移动的方法。

图9-2

（1）垫步。当一只脚向前迈出后，紧接着以同一只脚向同一方向再迈一步，称为垫步。

（2）交叉步。左右脚交替向前、向侧或向后移动称为交叉步。

（3）并步。右脚向前（或向后）移动一步时，左脚即刻向右脚跟并一步，紧接着右脚再向前（或向后）移一步，称为并步。

（4）蹬转步。以一只脚为轴，另一只脚做向后或向前蹬转迈步，称为蹬转步。

（5）蹬跨步。在移动的最后一步，左脚用力向后蹬的同时，右脚向球的方向跨一大步，称为蹬跨步。

（6）腾跳步。起跳腾空击球的步法称为腾跳步。

三、发球技术

发球是运动员在发球区将球击落到对方的接发球区的技术动作。发球是组织进攻的开始，其质量的优劣直接关系到场上的主动性和被动性。发球分为正手发球和反手发球。按球在空中飞行的弧线划分，又可分为发高远球、平高球、平快球和网前球，如图9-3所示（1为网前球，2为平快球，3为平高球，4为高远球）。

以右手握拍为例，单打时，发球者应站在中线附近，离前发球线1m左右；双打靠近前发球线。发球者以左肩侧对网，左脚在前，脚尖向网；右脚在后，脚尖稍向右侧。两脚分立与肩同宽，身体重心落在右脚上，右手握拍向后侧举起，左手持球置于胸腹部前方，如图9-4所示。

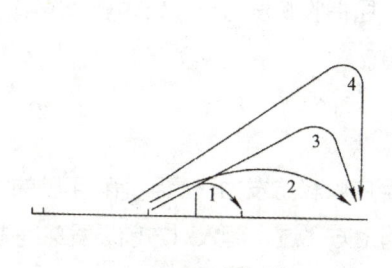

图9-3

图9-4

151

（一）正手发后场高远球

发球者身体左肩侧对网，两脚自然分开，左脚在前，右脚在后，身体重心放于右脚。右手正手握拍向右后侧引拍，右臂肘关节自然微屈，左手拇指、食指和中指夹持住羽毛球中部，举于腹前方。准备发力击球时，持球手松开，使球自然下落，右手转拍由上臂带动前臂，从右后方沿身体向前并向左上方用力挥拍击球，同时身体重心由右脚移到左脚，如图9-5所示。

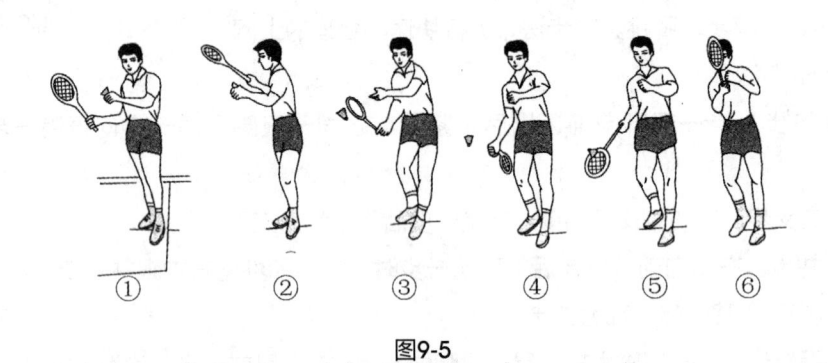

图9-5

（二）正手发后场平高球

平高球飞行的弧线比高远球低。发平高球时，其动作过程大致与发高远球相同。击球时，前臂带动手腕发力，球拍面稍微向前推进，其仰角小于45°。要求发出球的飞行弧线以对方伸拍击不着球的高度为宜，并应落到对方场区底线附近。

（三）正手发网前小球

发网前小球时，握拍要放松，上臂动作要小，靠前臂带动手腕向前切送，球的弧线要贴网而过，落点在对方接球区前发球线附近，手腕不要有上挑动作。在击球时，要控制好拍面的力量，避免过网时球偏高。

（四）反手发后场平高球

两脚分立约与肩同宽，右脚在前，左脚在后，左脚尖侧后点地，身体重心放在右脚上。左手拇指、中指、食指握住球的羽毛，将球置于腹前腰部以下，右臂肘关节微屈向上提起、展腕，用反手握拍，以反拍面将球拍自然置于腹前持球手的后面，两眼正视前方，做好发球准备姿势。发球时左手放球，右臂以肘为轴，屈指收腕发力，前臂内旋，展腕用力由后向前做回环弧形挥动，用反拍面向前上方将球击出。

（五）反手发网前小球

反手发网前小球要求击球时手腕由外展至内收轻捻发力，靠手指和手腕的力量控制，以斜拍面向前，做送切轻推球托动作，使球沿网上方飞过，落入对方前场发球线内。

四、接发球技术

（一）接发球站位和姿势

单打时，站在离发球线1.5m处，站在右发球区时则位于靠中线位置，站在左半区时则位于中间位置，以防对方直线进攻反手部位。双打时，因发网前球较多，接发球的站位要靠近前发球线。以右手持拍为例，接发球时，左脚在前，膝稍屈，身体重心保持在两脚之间。

（二）接发球方法

接对方发来的高远球或平高球时，可以用平高球、吊球或扣杀球还击。接网前球时，可以用平高球、高远球、放网前球、平推球还击。接平快球时，可以用平推球和平高球还击。

五、击球技术

击球技术根据技术动作的特点，大致可分为高手击球、网前击球和低手击球三大类。

（一）高手击球

采用正手握拍，以较高的飞行弧线将球击打到对方底线附近的击球方法称为高手击球。击球前，两脚开立与肩同宽，左肩侧身对网，身体重心放在右脚上，右手正手握拍举于体侧，调整好准备击球的位置，将击球点选择在右肩稍前上方，如图9-6所示。当看到球下落到一定的高度时，右手臂迅速向上挥拍，左臂屈肘向上举，身体向左转体，同时以肩为轴，上臂带动前臂快速向前甩动手腕，用正拍面将球击出。

图9-6

（二）网前击球

网前击球是一种可以调动对方、使用多变战术的击球方法，在防守加强、步法灵活的情况下，网前技术将成为解决战斗的有力武器。网前击球时，握拍要灵活，充分利用手腕、手指的力量控制球路和落点。击球点要高，步法要快，搓、推、扑的动作一致性要强。

1. 搓球

搓球是在网前采用搓、切、挑动作，将球以低平弧线快速推到对方网前的进攻技术。其动作要点是侧身对右边网前，球拍随前臂伸向右前上方斜举；当球拍举至最高点时，前臂向外旋转；握拍手的食指和拇指夹住拍，中指、无名指和小指轻握拍柄，使球拍在手腕和手指的挥摆用力下，搓击来球底部，使球旋转或翻滚过网，如图9-7所示。

图9-7

2. 推球

推球是在网前以低平弧线快速将球推到对方底线的进攻技术。技术动作与搓球相似，其动作要点：站在右边网前，球拍向右侧前上举；球拍面在击球时几乎与网平行；推球时，手腕和手指控制拍面角度，手腕由后伸直并甩腕，身体前移，靠腕部转动和手指力量向前快速推球，使球沿边线飞向对方后场底角。

3. 扑球

在对方发网前球时或放网前球时，当球刚越过网顶（或偏高时），立即上网斜向下扑压，将球击打到对方场内的进攻技术，称为扑球。击球前，右脚蹬步上网，身体右侧前倾，手举球拍于右肩上方，球拍面前倾。击球时，利用手腕和手指发力，带动球拍向下扑击球，如图9-8所示。

图9-8

（三）低手击球

低手击球是一项难度较大的防守技术。其常用的方法有抽球、挑高球等。

1. 抽球

两脚平行开立，击球前，将球拍引至体后。击球时，前臂内旋，手腕伸直挥动，球拍由右后方往右前方高速平扫抽击来球。此技术常用于将对方击过来的位于身体左、右两侧，肩以下、腰以上部位的球抽击回去。

2. 挑高球

右脚向网前跨出一大步，左脚在后，侧身向网，身体重心在右脚上。同时右臂向后摆，使球拍后摆，然后屈臂内旋，用食指和手腕的力量将球向前上方击出。此技术常用于将对方击来的吊球或网前球挑高回击到对方后场去。

第三节 羽毛球运动基本战术

一、单打战术

（一）发球战术

在采用发球战术时，眼睛不要只看自己的球和球拍，应用余光注视对方的情况，找出薄弱环节。发各种球的准备姿势和动作要注意一致性，给对方的判断带来困难，使其处于消极等待的状态。发球后应立即把球拍举至胸前，根据情况调整自己的位置，两脚开立，身体重心居中，但一定注意重心不要站死。眼睛紧盯对方，观察对方的任何变化，积极准备还击。

1. 发后场高远球

这是单打中常用的发球，要求把球发到对方端线处，迫使对方后退还击，给对方进攻制造难度。发高远球虽然弧线高，飞行时间长，但由于离网距离远，球从高处垂直下落，后场进攻技术差的对手较难下压进攻。把球发到对方左、右发球区的底线外角处，能调动对方至底线边角，便于下一拍打对方对角网前，拉开对方的站位。特别是左场区的底线外角位是对方反手区，更是主要攻击的目标。但发右场区的底线外角时要提防对方以直线平高球攻击自己的后场反手区。如把球发到对方接发球区底线的左、右半区的内角位，能避免对方以快速的直线攻击自己的两边。

2. 发平高球

发平高球，球的飞行弧线较低，但对方仍然必须退到后场才能还击。由于球的飞行速度快，对方没有充裕的时间考虑对策，回球质量会受到一定的影响。对于球的飞行弧线的控制，应根据对方站位的前后和人的高矮及弹跳能力而定，以恰好不给对方半途拦截机会为宜。落点的选择基本与发高远球相同。

3. 发平快球

发平快球（或者平高球）应和网前球配合，争取创造第三拍的主动进攻机会，组成了发球抢攻的战术。发平快球属于进攻性发球，球速很快，作为突袭手段如运用得当，往往能取得主动。但当接球方有所准备时，也能半途拦截，以快制快，发球方反而会处于被动。发平快球时球的落点一般落在对方反手区，或直接对准接发球方的身体，使对手措手不及。

4. 发网前球

发网前球能减少对方把球往下压的机会，发球后立即进入互相抢攻的阶段。把球发到前发球内角，球飞行的路线较短，容易封住对方攻击自己后场的角度。发球到前发球线外角位能起到调离对方中心位置的作用。特别是在右场区发前发球线外角位，能使对方反手区出现大片空当，但对方也能以直线推平球攻击发球者的后场反手。如果预先提防，可用头顶球还击。发网前球也可以发对方的追身球，造成对方被动。发网前球时最好配合发底线球，才能有较好的效果。

（二）接发球战术

接发球虽然处于被动、等待的状态，但由于发球时受到诸多规则的限制，发球者不能给接发球者带来太大的威胁。发球者发球只能发到对角线的接发球区内，而接发球者只需防守不到半个区域，却可还击到对方整个场区。所以，接发球者若能处理好这一拍，也可取得主动。

1. 接发高远球、平高球

一般可用平高球、吊球或杀球还击，但如对方发球后站位适中，进攻时要注意落点的准确性。如果用杀球、吊球还击，自己的速度要跟上；如果对方发球质量很好就不要盲目重杀，可用高远球、平高球还击，伺机再攻，或者用点杀、劈杀、劈吊下压先抑制对方。

2. 接发网前球

可用平推球、放网前或挑高球还击。当对方发球过网较高时，要抢先上网扑杀。接发网前球的击球点应尽量抢高。

3. 接发平快球

要观察对方的发球意图，随时做好准备。借用对方的发球力量快杀空当或追身都能奏效，也可借助反弹力拦吊对角网前。

（三）防守反攻

这一战术是对付那种盲目进攻而体力又差的对手。比赛开始，先以高球诱使对方进攻，在对方只顾进攻而疏于自己的防守时，即可突击进攻，或者在对方体力下降、速度减慢时再发动进攻。这种开始固守、乘虚而入、以逸待劳、后发制人的战术有时效果也较好。

二、双打战术

双打比单打每方增加一名队员，而场地宽度仅增加92cm，接发球区还比单打缩短了76cm。因此双打从发球开始就形成短兵相接的局面。由于进攻和防守都加强了，这就更加要求运动员技术全面，能攻善守，反应灵敏。特别是对发球、接发球、平抽、挡、封网、扑、连续扣杀、接杀挑高球及防守反击等诸多技术，要求更高。两名队员配合默契，相互信任，打法上攻守衔接及站位轮转协调一致，是打好双打的关键。

（一）发球

由于双打的后发球线比单打短，在双打中若发高远球，接发球方可以大力扣杀，直接争取主动，同时又较少有后顾之忧。因此站位往往压在靠近前发球线处，对发球者造成很大的心理上和技术上的威胁。所以，发球质量、路线的配合、弧线的制造、落点的变化对整个双打比赛的胜负意义极其重大。可以毫不夸张地说，比赛的双方若水平差不多则胜负取决于发球质量。

1. 发球站位

发球的站位不同，对发球的飞行路线、弧线、落点和第三拍的击球都有影响。

（1）发球者紧靠前发球线和中线。这种站位始于反手发网前内角，球过网后球托向下，不易被对方扑击。由于站位靠前，也便于第三拍封网。但站位靠前不利于发平快球，一般是发网前内角位球，同时穿插发双打后发球线的外角位平高球。

（2）发球者站位离前发球线半米，靠中线。这种站位发球的选择面较广，正、反手都可发网前球、平快球、平高球，并且各种路线都可以发。缺点是球的飞行时间长，对方有较多时间判断处理，发球后如果抢网较慢也容易失去网前主动权。

（3）发球者站在离中线较远处。这种站位主要用于在右场区以正手和左场区以反手发平快球攻对方双打后发球线的内角位，配合发网前外角。值得一提的是，这种发球只能作为一种变换手段。因为这种发球只对反应慢、攻击力差的对手有一定威胁，但对方有准备时作用就不大，而且还会使自己陷入被动。

2. 发球路线

发球路线和落点的选择需注意如下几点。

（1）调动对方站位，破坏对方打法。如对方甲、乙两名队员站成甲在后、乙在前的进攻队形，在发球给乙时可以后场为主结合网前，而发球给甲时却要以发网前为主结合后场，这样，从发球起就阻挠了对方调整站位。

（2）避实就虚，抓住对方弱点发球抢攻。首先要看接发球者的站位，如果他紧压网前站在网前内角位，可用发网前与后场动作的一致性发球到对方后场外角位；如果对方离中线较远，则可发平快球突袭后场内角位；对接发球路线呆板、变化少的，可针对这种情况发球后抢封角度突击。

（3）发球要有变化。发球时，网前要和后场配合，网前的内角、外角，底线的内角、外角位的配合，使对方首尾难于兼顾，多点设防，疲于应付；在发球的弧线上也要有变化。这样，接球方就难以摸到发球方的规律了。

（二）接发球

接发球虽然受发球方的牵制，属于被动等待，但由于规则对发球做了击球点不能过腰、球拍上沿须明显低于手、动作必须连续向前挥动（不许做假动作）、不能迟迟不发等诸多限制，所以使发球者发出的球不能具有太大的威胁。接发球方如果判断准确，启动快、还击及时，就能在对方发球质量稍差时杀、扑得手或取得主动；反之，也会接发球失误或还击不利使自己陷入被动。

1. 接发内角位网前球

以扑或轻压对方两边中场及发球者身体为主要攻击点，配合网前搓、勾等其他线路。

2. 接发外角位网前球

除了以上攻击点外，还可以平推对方底线两角以调动对方一名队员至边角，扩大对方另一名队员的防守范围。

3. 接发内角、外角位后场球

应以发球者为攻击点，力争扣杀追身球。如启动慢了，可用平高球打到对方底线两角。一般发球者在后场球发出后，后退准备接杀的情况居多，这时可用拦截吊球，落点可选择在发球者的对角。

（三）攻中路

1. 守方左右站位时把球打在两人的中间

这种战术可以造成守方两人抢接一球或同时让球，彼此难以协调；限制对手在接杀球时挑大角度高球调动攻方；有利于攻方的封网，由于打对方中路，对方攻球的角度也小，网前队员封网的难度就小了。

2. 守方前后站位时把球下压或轻推在边线半场处

这种战术多半是在接发网前球和守中反攻抢网时运用。这种球守方前场队员拦截不到，后场队员又只能以下手击球放网或挑高球，后场两角便会露出很大空当，因而有隙可乘，攻击他的空当或身体位。

（四）防守

1. 调整站位

为了摆脱被动，伺机转入反攻，首先要调整好防守时的站位。如果是网前挑高球，那么击球者应该直线后退，切忌对角后退。直线后退路线短、站位快，对角后退路线长，也容易被对方打追身球。另一名队员应根据同伴移动后的情况补到空当位。双打防守时的站位调整，都是一名队员在跑动击球时，另一名队员根据同伴的移动情况填补空当。

2. 防守球路

（1）攻方杀球者和封网队员在半边场前后一条直线上，接杀球应打到另半边前场或后场。

（2）攻方杀球者和封网者在前后对角位上，接杀球可还击到杀球者的网前或封网者的后场。

（3）攻方杀球者杀对角后，另一名队员想要退到后场去助攻时，接杀球时可以还击到网前中路或直线网前。

（4）把攻方杀来的直线球挑对角，杀来的对角球挑直线以调动杀球者。

第四节 羽毛球比赛场地与裁判方法

一、比赛场地

羽毛球比赛场地如图9-9所示。比赛场地呈长方形，长13.40m，单打场地宽5.18m，双打场地宽6.10m。奥运会羽毛球场地净空高度必须在12m以上，场地必须是铺在木板上面的塑胶羽毛球场地。球网的材料为拉伸性较小的编织尼龙绳。球网由边长为15~20mm的方形网孔均匀分布而构成。球网的长度为6.10m，球网两端高度为1.55m，球网中间高度为1.524m。

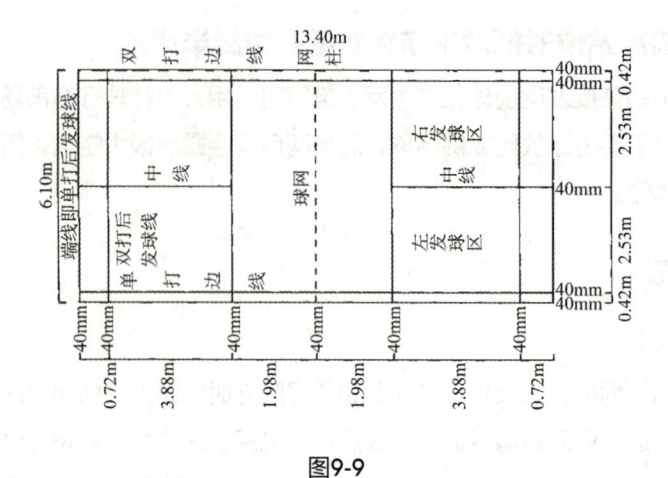

图9-9

二、裁判方法

（一）裁判人员及其裁决

裁判员在裁判长的领导下工作并向裁判长负责。发球裁判员和司线员一般由裁判长指派，但裁判员和裁判长商议后可予以更换。

临场裁判人员对其所分管职责实施的裁决是最后的决定，当一名临场裁判人员未能做出判断时，裁判员可做出裁决，若裁判员也不能做出判断时，则判重发球。

（二）裁判员的手势

在临场比赛中，发球裁判员和司线员在宣判时都应出示手势，主裁判员在情况需要时，也可用手势辅助。出示手势要符合规范，自然大方。

1. 主裁判员手势

（1）停止练习。右臂向前平举，掌心向下，如图9-10所示。

（2）换发球。向轮到发球方的一侧手臂平举，肘稍屈，掌心向前，如图9-11所示。

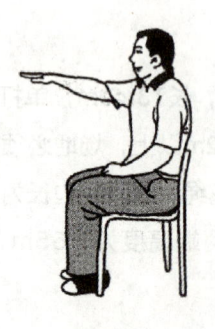

图9-10 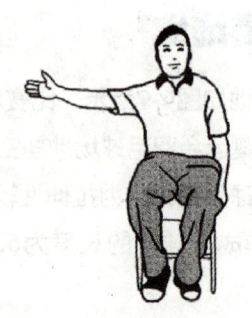　　　　图9-11

（3）触网。用手在触网的一侧轻碰球网，如图9-12所示。

（4）过网击球。手臂举在网上，掌心对着网的另一边，左右摆动，如图9-13所示。

图9-12 　　　　　　图9-13

（5）暂停。两手成"T"字形，放在胸前，如图9-14所示。

（6）交换场地。两臂在胸前交叉，掌心向两侧，如图9-15所示。

图9-14 　　　　　　图9-15

2. 发球裁判员手势

（1）过腰。手臂屈肘，平举在胸前，掌心向下，如图9-16所示。

（2）过手。手臂前伸，肘稍屈，掌心向左，手腕侧屈，如图9-17所示。

图9-16 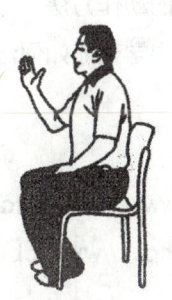　　　　　　图9-17

（3）脚移动、踩线。身体前倾，用一只手指向脚尖，脚尖略跷起，如图9-18所示。
（4）延误发球。手臂伸直，做不连贯的摆动，如图9-19所示。

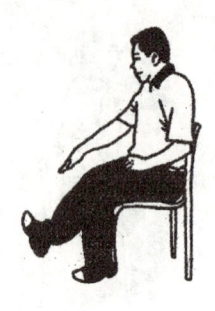

图9-18 　　　　　　　　图9-19

3. 司线员手势

（1）界外。两臂伸直向左右两侧张开，如图9-20所示。
（2）界内。右手指向界线，如图9-21所示。
（3）视线被挡。两手举起遮住两眼，如图9-22所示。

图9-20 　　　　图9-21 　　　　图9-22

作业与思考题

1. 羽毛球比赛中，发球有哪些要求？比照这些要求反复练习。
2. 简述正手击高远球的动作方法。
3. 根据自己的体会和同学交流如何选择羽毛球双打打法。

网站链接

1. 中羽在线　http://www.badmintoncn.com/
2. 中国羽毛球协会　http://www.cba.org.cn/

CHAPTER 10
网球运动

当有病时，就要努力恢复健康。
当健康时，则应当经常从事锻炼。

培根

学海导航

网球运动属于隔网的健身运动项目，对增强人的体质、愉悦身心、发展智力、培养顽强意志品质具有良好的作用。由于参加的人员较少，设备场地简单，易于组织，且游戏性强，不受年龄、性别和身体条件的限制，室内、室外都可以进行，运动量可大可小，具有广泛的适应性和较高的锻炼价值，故其更适合个人选择作为健身项目。本章向大家介绍网球运动的基本知识和基本规则。

知识目标

1. 熟记网球运动主要技术的动作要领。
2. 了解网球运动的文化内涵。

能力目标

1. 选择一种适合自己的握拍方法，掌握网球运动正手击球、接发球技术，并能熟练运用；努力提高发球和反手击球技术。
2. 在日常网球运动中正确运用所学的技战术。

第一节 网球运动概述

一、网球运动的起源与发展

网球运动最原始的形式被称为室内网球（real tennis）。大多数历史学家认为，这一运动最早起源于12世纪法国北部传教士在教堂回廊里用手掌击球的一种游戏。现代网球运动的历史一般认为是从1873年开始的。那年，英国人沃尔特·克洛普顿·温菲尔德将早期的网球打法加以改进，使之成为夏天在草坪上进行的一种体育活动，并取名"草地网球"。同年他还出版了一本《草地网球》小册子，对这种活动进行宣传和推广。因此，温菲尔德被称为"近代网球的创始人"。此后网球便成为一项室内、户外都能进行的体育项目，同时英国各地网球运动俱乐部相继成立。1875年，全英网球运动俱乐部成立，这个俱乐部建造了世界上第一个网球场地，并于1877年举办了全英草地网球男子单打锦标赛，即后来闻名于世的温布尔登网球赛。

1881年，世界上出现了第一个全国性的网球协会，即美国全国草地网球协会（"全国"两字于1920年取消）。该协会于当年8月31日至9月3日，在纽波特港举行第一届美国草地网球男子单打和男子双打锦标赛。1891年，法国首次举行男子单打和男子双打锦标赛，参加者限于法国公民，女子单打始于1897年。1904年，澳大利亚草地网球协会成立，并于1905年开始举办澳大利亚锦标赛，设男子单打、男子双打两个项目，1922年又增加了女子单打、女子双打和混合双打三项。法国网球锦标赛、英国温布尔登网球锦标赛、美国网球锦标赛和澳大利亚网球锦标赛合在一起是世界上最有声望的"大满贯"网球锦标赛。任何一名选手或一组双打选手能在同一赛季中，赢得这四个锦标赛的冠军，便获得"大满贯"优胜者的荣誉。

1885年左右，网球运动传入我国上海、广州等地，并首先在教会学校中开展。新中国成立后，网球运动在起点低、基础差、交往少的情况下逐渐发展。1953年，中国网球协会于北京成立。1981年7月，中国网球协会被国际网球联合会接纳为会员。在过去的三十多年里，中国网球虽然在亚洲一直处于领先位置，但与世界网球强国相比，仍有较大的差距。2004年，李婷/孙甜甜在雅典举行的第28届奥运会上赢得了女子网球双打冠军，取得历史性的突破；2006年，郑洁/晏紫先后获得"澳网"和"温网"的女双冠军；2008年7月，郑洁杀进"温网"四强，2011年李娜获得"法网"冠军，2014年李娜又获得了"澳网"女单冠军。中国网球正成为世界网坛一支不容小觑的力量。

名人堂

罗杰·费德勒，1981年出生，瑞士男子职业网球运动员。他以全面、稳定的技术，沉稳冷静的处事方式，温文有礼的举止而闻名。费德勒拥有（职业网球联合会）ATP排名历史上单打世界排名第一连续周数最长的纪录（237周，2004-2008年），在大满贯男子单打斩获17次冠军，4次获得劳伦斯世界体育奖最佳男运动员。众多评论家、现役与退役的选手认为费德勒为史上最伟大的选手之一。费德勒与纳达尔被誉为男子网球史上最伟大的一对对手，费德勒与纳达尔的对战创下无数精彩瞬间，同时亦产生许多纪录。

二、网球运动的价值

打网球具有很高的锻炼价值，经常参加网球活动，能培养出准确的判断力、快速的反应力，并能提高人的速度、耐力、灵敏等素质，由于网球是通过人们脚步移动和手臂击球来完成技战术动作，因此对调节肌肉用力的感觉和发展协调性有积极作用。同时网球运动是一项老少皆宜的运动,长期坚持网球活动,能使青年人保持青春活力和健美形态;老年人保持旺盛精力、延缓衰老。

第二节 网球运动基本技术

网球运动的基本技术由握拍方法、发球技术、基本步法、正手击球技术、反手击球技术、接发球技术、正(反)拍截击球技术、挑高球技术、高压球技术、切削球技术、反弹球技术、上网技术和底线技术等组成。

一、网球拍和球

(一)网球拍

网球拍由拍柄、拍颈、拍头、拍网及拍面组成,如图10-1所示。网球拍柄部由8个平面和8个棱线组成,如图10-2所示。球拍没有重量限定,但其总体不能长于73.66cm,也不能宽于31.75cm。第1号棱线至第4号棱线为右手正手握拍线(或左手反拍握拍线);第5号棱线至第8号棱线为左手正手握拍线(或右手反拍握拍线)。

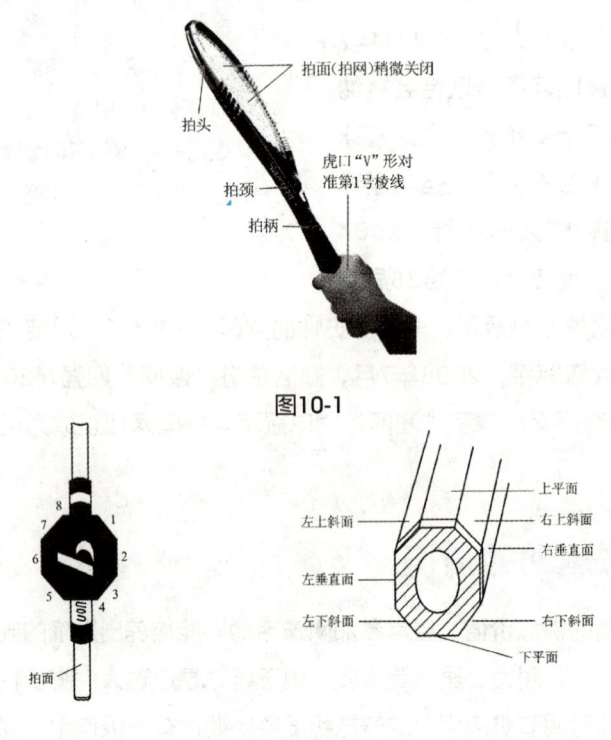

图10-1

图10-2

（二）球

现代网球比赛所用的球是用橡胶制成的皮球，再外包绒布制成的。标准尺寸：直径为6.541~6.858cm，质量为56.7~58.5g。当球从254cm高处落在水泥地上时，球应该能够反弹到134.62~147.32cm。

球的后半部是球拍与球撞击的有效部位，可以把球的后半部划分为上部、中部和下部。因此在击球时，可以有9个击球部位，即左上、中上、右上，左中、正中、右中，左下、中下、右下。

二、握拍方法

网球的握拍方法有东方式握拍法、大陆式握拍法、西方式握拍法和双手反拍握拍法。

（一）东方式握拍法

东方式握拍法是最先在美国东海岸一带流行的握拍方法，因而称为东方式握拍法。左手握住拍颈，使拍面与地面垂直，左手掌也垂直于地面，右手握拍柄像与球拍握手一样，故也称为"握手式"握拍法。准确地说，用右手掌根与拍柄右上斜面贴紧，拇指垫握住拍柄的左垂直面，五指紧握拍柄，食指下关节压住拍柄右垂直面。拇指与食指形成虎口"V"形，并对准拍柄上的第1号棱线，参见图10-1。此握拍法的优点是手掌与拍柄接触面积大，容易发力，感觉敏锐、灵活，便于做攻击性动作。此握拍法的缺点是反手击球时，握拍的稳定性较差，需要变换握拍方法。

（二）大陆式握拍法

大陆式握拍法源于欧洲大陆，早期在英国草地网球赛中流行，因而得名，也称为英国式握拍法（或称握锤式握拍法）。与东方式握拍法不同，大陆式握拍法在进行正反拍击球时都是一种握拍方法，无须变换和调整握拍方式。握拍时，拇指与食指形成的虎口"V"形对准拍柄的上平面处，食指与中指、无名指和小指稍微分开，食指的中关节紧贴在拍柄的右垂直面上，拇指包绕在拍柄的左垂直面上，反手击球时拇指可伸直紧贴在拍柄的左垂直面上。此握拍法的优点是手腕灵活，可充分发挥作用，适合于网上截击、反手击球、发球和高压球。此握拍法的缺点是在打反弹球时，需要较大的腕力，否则很难打出好球。

（三）西方式握拍法

西方式握拍法过去曾在美国西海岸加利福尼亚州一带流行，因而得名。拍面与地面平行，手掌心朝下，手掌从上面握住拍柄，食指的下关节握住拍柄的右下斜面。拇指与食指形成的虎口"V"形对准拍柄的右垂直面，如图10-3所示。如果虎口"V"形对准拍柄的第2条棱线，则称为半西方式握拍法；如果虎口"V"形对准拍柄的第3条棱线，则称为西方式握拍法。西方式握拍法的优点是：适于硬场地，打高球时击球有力，球的旋转度大，攻击性强。其缺点是：对近网底球、低空截击球、低球的处理比较难。西方式握拍法是初学者普遍采用的握拍法。

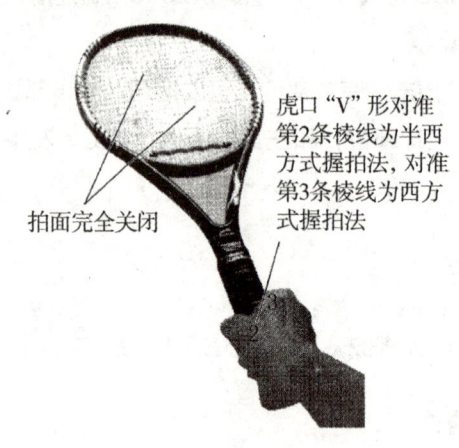

拍面完全关闭

虎口"V"形对准第2条棱线为半西方式握拍法，对准第3条棱线为西方式握拍法

图10-3

（四）双手反拍握拍法

采用双手反拍握拍法时右手为东方式反手握拍法，握在拍柄的下方，左手是东方式正手握拍法，握在拍柄的上方紧贴着右手，双手之间尽量不要有缝隙，此即双手反拍握拍法，如图10-4所示。其优点是适合力量较小的球员，易于发力，容易打出上旋球，较易处理低球，也适合近身击球。

三、发球技术

发球是指每个击球回合的第一次击球。发球员将球抛向空中某一方向，待球落地之前运用上手或下手的击球动作将球击打到对方发球区内。发球技术有平击发球、上旋发球、切削发球三种。这里介绍一下平击发球和上旋发球。

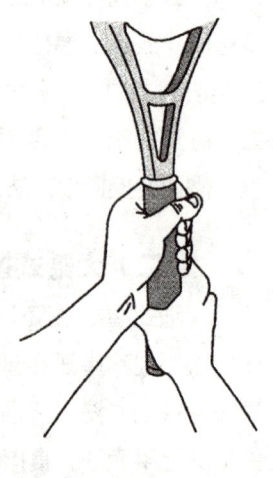

图10-4

（一）平击发球

平击发球是指球只带少许的旋转，球的飞行路线近似直线，球落地后向前冲。其动作要点：身体侧对网站立，用东方式握拍法握拍，做好发球准备姿势。抛球手臂与持拍手臂分开，身体重心前移。转动持拍肩，使两手臂拉开。将球抛至前面或左脚上方，持拍肘弯曲，高举球拍，使球拍处于身后进入击球动作。当球从最高点下落时，下肢蹬地，左手向侧方摆动，当球落下10cm左右时，用手腕挥拍，持拍手臂伸直击球，拍面与击球方向垂直，触球点在球的正中部。同时身体重心转移至前脚，身体前倾，后脚越过前脚，并继续挥拍。在后

续动作中，挥拍向下经过身体左侧，右脚则站稳维持身体平衡，如图10-5所示。平击发球的特点是发球力量大，速度快，攻击性强，相对旋转发球击球点较高。

图10-5

（二）上旋发球

上旋发球是以上旋为主、侧旋为辅的发球方法。球的飞行弧线较高，球向上旋转明显，命中率高。球落地后跳向接发球方左侧，反弹高。发球的主要路线是发向对方身体的反手或薄弱点，造成对方接发球困难。但上旋发球技术要求高、难度大。其动作要点：采用大陆式或东方式握拍法，两脚前后开立与肩同宽，前脚尖距离底线5cm并呈45°，右脚约与底线平行，左手持球，身体重心在前脚。抛球手臂伸直，与底线平行向上运动，将球抛到头部上方偏左的位置，此时持球手保持伸直向上。抛球时，身体向后侧转幅要大，抬头注视球。当球下落到击球区时，利用蹬地动作，挥臂击球。为了增加旋转效果，持拍手掌心向下，拍头擦击球背面的右侧上方，如图10-6所示。

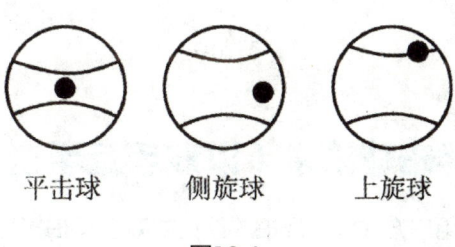

平击球　　侧旋球　　上旋球

图10-6

知识窗

网球拍的"甜点"

"甜点"也叫"甜区"，英文sweet point，即球拍面的有效击球区，一般位于球拍中央附近区域。击球在甜点上，回球威力大，控球性好，对身体的震动最少，感觉也会最舒适。一般来说，拍面越大，甜区就越大，球员就越容易打好球。

四、正手击球技术（以右手持拍为例）

正手击球技术是最佳的进攻和防守技术之一。其特点是力量大，速度快，动作幅度大，技术协调，对球可产生平击和上旋效果，具有良好的稳定性和灵活性。

（一）准备动作

两手持拍置于腹部前面，左手扶住球拍的颈部，拍头高于手腕，两脚分立约与肩同宽，面对网，腰略弯，两膝微屈，脚跟微跷起，身体重心落于前脚掌上。

（二）击球动作

当来球进入正拍或反拍区域时，两脚侧身，前后开立迎球，身体重心移到后脚。击球时，身体重心由后脚移至前脚，拍头向后拉开并低于来球的高度，由下向上挥动球拍，手臂结合腰部转动动作，通过球拍用力击球。击球后，后脚自然跟进，保持身体平衡，恢复准备击球姿势，如图10-7所示。

图10-7

五、双手反手击球技术（以双手反手击上旋球为例）

双手反手击球需要采用东方式双手反拍或西方式双手反拍握拍法击球。

（一）准备动作

双手反手击球的准备动作与单手反手击球相同。准备击球时，球拍先后摆，同时右脚跨步，保持身体平衡。右脚向左侧前上方跨步，注视前方来球。侧身转体，双膝弯曲，身体重心向左脚转移，形成身体右肩对着球网。球拍下降至较低位置，可以对球施加上旋效果。

（二）击球动作

击球点大约在腰部高度，当身体重心向右脚移动时，用双臂的伸展来增加击球力量，击球点离身体较远，球拍向上挥击，使球产生上旋。击球后保持低头姿势，身体及时向前跟随，并维持身体平衡，动作完成时双手高举球拍结束，如图10-8所示。

图10-8

六、反弹球技术

反弹球技术是指对方的来球落地后刚跳起还未跳至最高点时，利用小臂和手腕动作，将球直接击打到对方场地的技术。当对方打过来的球刚好落在脚前，既来不及迎击凌空球，也来不及后退进行抽击，只得被迫在球落地弹起时，将球迅速推击回对方的场地。反弹球的攻击力量不如抽击球力量大，但反弹球借助于对方的击球力量，回落到对方场地的时间比较短，因此，如能有效地控制好落点，仍能调动对方而掌握主动权。反弹球分为轻击反弹球、推击反弹球和抽击反弹球等。反弹球多出现在中场附近。

（一）准备动作

球拍的后摆动作要短，充分屈膝下蹲，身体重心尽量放低些，拍头略低于手腕或与手腕水平，拍面与地面呈垂直状态。

（二）击球动作

击球时，拍头垂直并由低向高将球向斜前上方拉起，球落地与球拍向前上方推出几乎是同时进行，双腿用力，身体重心迅速向前上方上升，以臀部和身体的上升动作提供力量，使球略带上旋。击球时手腕要固定，眼睛向下注视击球点，击球点要在前脚的前面，而反拍击反弹球的击球点应更靠前些。

七、放短球技术

放短球技术是指当对方在底线附近跑动时，出其不意放近网短球，使之在无准备或迟疑中失误的技术。放短球时，更多是用手腕动作，利用小臂带动手腕的力量，使球拍沿球下部急剧滑动，以缓冲来球的前冲力，并使球随着球拍下切动作产生后旋。短球常以突袭制胜，但对善于上网的对手不可多用。

（一）准备动作

击球前的准备动作基本上与正手击球、反手击球相同，球拍后引，侧身对网，拍头高于设想的击球点。

（二）击球动作

击球时，拍面稍开，动作柔和，触球点在球的下部，使球产生下旋，并以适当的前推或上托动作把球击出，使球有适当的弧线落在对方的场地近网处，同时用逼真的假动作迷惑对方，使之猝不及防。

第三节　网球运动基本战术

一、网球单打战术

（一）发球战术

1. 发球站位

在右区发球多是站在中线的附近。这一方面为了调整自身动作还击来球，另一方面是为了把球击向对方的反拍，即中线附近；在左区发球的站位多是离开中点线向左边一些的地方，这个位置便于把球发向对方的反拍。这样虽然会使自己的位置在迎击对方回球时偏左，但可以放大一些正手的防守区域，还击时容易上步弥补。

2. 第一次发球

网球比赛规定有两次发球机会，第一次如失误，可以有第二次发球机会。从战术上讲，第一次发球比第二次发球重要得多，因为第一次可以充分运用大力发球，向对方展开猛烈的进攻，对方不得不退到稍后点的位置接发球。第一次发球时，直线球比斜线球好，因为它可以打在对方的反拍区。落点主要运用切削发球，把对方拉出场外去接，或者看对方站立接发球位置的破绽，打对方防守差的区域。

3. 第二次发球

第二次发球是发球的最后机会，如果失误就会丢分，所以，首先应把准确性作为前提。第二次发球相对慢些，运用切削或上旋发球，落到对方场区，产生向反拍方向高和远的跳动，给接发球者造成困难，同样也具备进攻的意义。其次向对方接发球的位置发落点，打对方防守差的地区。

4. 发球上网

发球上网是获胜的必要手段，而得分才是最终目的。但不是说发球就能上网，重要的是选择时机，即在条件成熟时上网。

（二）接发球战术

接发球是网球运动中较难掌握的运动技术。一次错误的回击常会失去一分；相反，一次巧妙的接发球又能打掉发球者进攻的锐气，减少被动，甚至可以化被动为主动。

1. 占据有利的位置

接发球时的站位必须从实际出发，根据临场的具体情况决定，多数站在底线前后半米处，其左右站位应在对方可能发球区的角平分线上。如果接发球者的正拍有较强的进攻性，不妨把正拍防守范围放大一些，以便组织进攻。

2. 准备动作充分

从准备接发球开始就要集中注视对方的动作，包括对方的站位、拉拍、击球，做到这些才能及早地预测来球，起动，并侧身对网，适时引拍向前迎击球。准备接发球，应两手持拍置于胸腹前，拍头要上翘些，采用东方式握拍法更灵活。这样引拍前挥拍动作都比较小，还击较快，从而缩短了对方的准备时间，迫使对方匆忙还击。

（三）上网战术

如果在单打中不上网，等于使自己处于"被动"的地位，对对方打来的短球处理起来也十分不利。若发球后不上网，如同让对方在毫无压力的情况下接发球。所以，上网战术成了网球比赛中重要的战术之一。上网一般在两种情况下进行：发球上网和抽击上网（包括接发球在内）。

1. 上网时机

多用于第一次发球。发上旋球后，借球在空中飞行时间长、对方难以回击之机上网截击。若抽击球后上网，则出球要斜、要深、要重，或接近中央地带。

2. 上网站位

尽可能站到距离网约2m处。近网则进攻威胁性大，封网角度小，防守控制面积大。此时，站位应在对方可能的击球角度的分角线上。

（四）底线战术

底线战术是以进攻型打法为前提，用快速力量、准确、凶狠取胜对方，使看来是防守型的打法具有攻击性。常用的底线战术有逼右攻左、逼左攻右，攻击对方弱点或打对方不喜欢打的球。

二、网球双打战术

双打比赛站位一般是正拍好的站右边，反拍好的站左边，理想的是一个右手握拍一个左手握拍。双打有其特定的战术，不能用单打战术代替。

（一）发球战术

1. 发球站位

发球者站在底线后面的中线与边线之间的一半处，比单打站位稍靠边线，因为另一边有同伴防守，同时可使发出的斜线球角度更大。

2. 第一发球

大力、凶狠、准确，掌握上网主动权。常用大力上旋球发对方反手区，压制其进攻力量和回击角度，也可用大力平击发球，迫使对方回击高球，以便上网扣杀。

3. 同伴站位

同伴站在离网2~3m，离边线3m左右处，把守半边场区，伺机截击或高压击球。

（二）接发球战术

1. 接发球站位

站在对方可能把球发到角度的分角线上。

2. 回击方法

平击、切削、旋转三种方法交替运用，使对方捉摸不定。球要过网低、角度斜、落点深。压制对方上网，利用时机自己上网。

3. 同伴站位

同伴站在发球线附近，比发球者站得稍后一些，随时注意场上变化。

（三）网前战术

当四人均上网时，短兵相接，要求反应灵敏，动作迅速，有较高的技术水平。

1. 站位

上网位置在离网2~3m处，两人各站在半场中间稍靠中线位置，以便于进退和防"中间球"。

2. 同伴之间配合原则

来球在两人之间，由正拍击球者回击；球在两人之间又是斜线球时，由距离近的运动员迎击；挑高球在两人之间，由正拍击球者进行高压；对方接发球回击过来的是中场球，由上网运动员争取截击，发球运动员随时准备补漏；情况复杂时，通过呼叫"我的""你的"互相照应；上网运动员左右移动时，底线同伴要移动补位。

3. 灵活机动变化战术

比赛中还要分析彼此情况，制订战术，以己之长，攻彼之短，灵活机动地变化战术，出奇制胜。

（四）底线战术

双打应争取机会上网，一旦被压在底线，只能考虑防守，伺机反攻，或诱使对方失误。可用挑高球，回击短而低的球，或打平直线球快速穿过对方中央场区，或运用侧旋直线球打对方两侧。

第四节 网球比赛场地与裁判方法

一、比赛场地

网球比赛双打场地的标准尺寸是23.77m×10.97m，单打场地的标准尺寸是23.77m×8.23m。两个网柱间的距离是12.80m。网柱顶端距地平面是1.07m，球网中心上沿距地平面是0.914m，如图10-9所示。

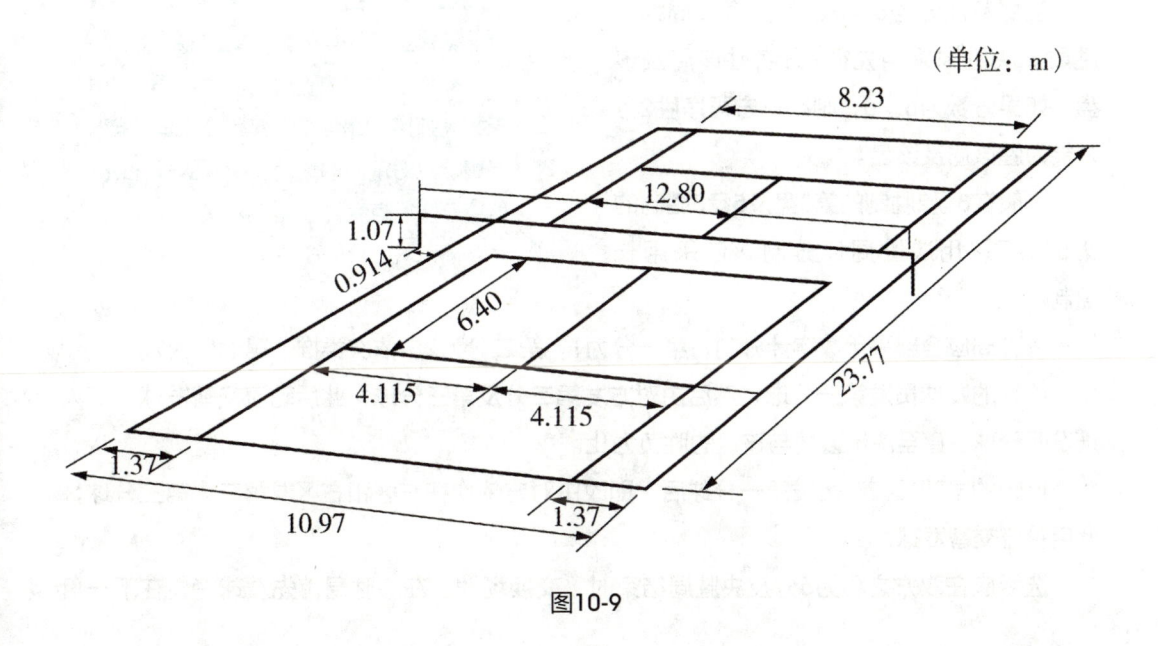

图10-9

二、裁判方法

（一）计分

1. 胜一局

选手每胜一球得一分，胜第一分计分15，胜第二分计分30，胜第三分计分40，先得四分胜一局。但遇双方各得三分时，则为"平分"。"平分"后，一方先得一分时，为该选手"占先"。"占先"后再得一分，才算胜一局；如一方"占先"后，对方又得一分，则仍为"平分"，依次类推，直到一方在"平分"后净胜两分结束该局，为胜一局。

2. 胜一盘

一方先胜6局为胜一盘。但双方各得5局时，有两种计分方法。

（1）长盘制。在二局数成5∶5、6∶6之后，一方须再净胜2局才算胜该盘。

（2）决胜局计分制（短盘决胜制）。决胜局计分制必须在比赛前宣布才有效。

当局数比分为6∶6之后，第13局为决胜局。决胜局采用先得7分者胜该局及该盘。如果分数为6∶6，则须一方再净胜2分才能为胜该局及该盘。

一般在3盘2胜制的第3盘及5盘3胜制的第5盘不采用决胜局计分制，应采用长盘制。

决胜局应全部采用数字计分制，第一分为1，第二分为2，依次类推，第七分为7。

该轮的发球员发第一分球，然后由对方发第二分及第三分球；此后轮流交替发球，每人连发两分球，直至决出该局与该盘的胜负为止。

该轮的发球员在右区发第一分球后，即改由对方依次在左区和右区发第二、第三分球；此后轮流交替发球。

选手应在双方之和为6分及决胜局结束时，交换场地。在决胜局首先发球者，在下一盘

> **知识窗**
>
> **网球场地类型**
>
> 1. 草地球场。其是历史最悠久、最具传统意味的一种场地。该类型场地的特点是球落地时与地面的摩擦小，球的反弹速度快，对球员的反应、灵敏、奔跑的速度和技巧等要求非常高。
>
> 2. 红土场。其最典型的代表就是红土场地的法国网球公开赛。此种场地特点是球落地时与地面有较大的摩擦，球速较慢，球员在跑动中特别是在急停急回时会有很大的滑动余地，这就决定了球员必须具备比在其他场地上更出色的体能、奔跑和移动能力，以及更顽强的意志品质。
>
> 3. 硬地场。硬地网球场一般由水泥和沥青铺垫而成，其上涂有红、绿色塑胶面层，其表面平整、硬度高，球的弹跳非常有规律，但球的反弹速度很快。
>
> 4. 地毯。室内赛季的主要球场，如巴黎大师杯、20世纪90年代在德国的年终赛。相对前两种场地，我国的球迷对地毯可能很陌生，看得少打得更少。

第一局中为接球方。更换新球时，决胜局作为一局计算。如该局需更换新球，应暂缓更换，待下一盘第二局开始时进行更换。

（二）司线员裁判姿势图示

（1）边线司线员姿势如图10-10所示。

①每分开始前的准备姿势　②准备工作姿势　③呼报界外球手势　④做好球手势

图10-10

（2）底线司线员姿势如图10-11所示。

①准备工作姿势　②呼报脚误或更正手势　③呼报界外球手势　④做好球手势

图10-11

（3）发球线司线员姿势如图10-12所示。

①准备工作姿势　②呼报界外球手势　③做好球手势

图10-12

（4）司网裁判员姿势如图10-13所示。

①单打比赛准备工作姿势 　　　②呼报擦网手势 　　　③双打比赛准备工作姿势

图10-13

（5）没看见手势如图10-14所示。

（6）更正或脚误的呼报手势如图10-15所示。

图10-14 　　　　　图10-15

作业与思考题

1. 简述网球发球的基本动作要领。
2. 打网球有几种握拍方法？你习惯于哪种握拍方法？
3. 根据自己的体会和同学交流如何做好网球正手击球。

网站链接

1. 中国网球协会　http：//www.tennis.org.cn/
2. 网球网　http：//www.chinatennis.org.cn/

CHAPTER 11
跆拳道

体育乃是增强身体的健康，同时谋民族之健康，而非出风头。

蔡元培

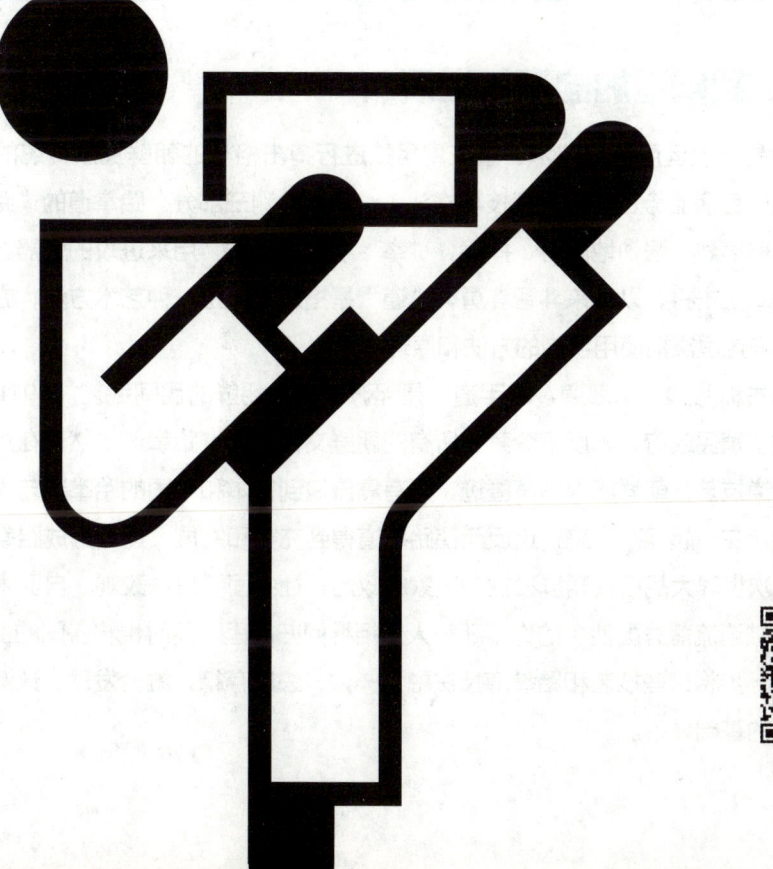

学海导航

跆拳道是一种起源于朝鲜半岛，主要使用手和脚进行格斗或对抗的运动。跆拳道注重礼节，要求以礼始以礼终。实践中以腿法为主，以强有力的腿击而闻名。跆拳道腿法注重速度，要求以最快的速度打出最大的力量，而且各个腿法之间组合连贯迅速，所以跆拳道腿法连续击打能力强。跆拳道除了腿法、拳法、摔法等防身技之外，还有品势、跆拳道舞和特技，能够用来表演，是青年人健身的良好选择。本章向大家介绍跆拳道的基本知识和基本规则。

知识目标

1. 了解跆拳道的基本礼节。
2. 熟记跆拳道主要基本技术的动作要领。

能力目标

1. 掌握跆拳道基本步法和基本腿法技术。
2. 熟练完整地演练太极一章。

第一节 跆拳道概述

一、跆拳道的起源与发展

跆拳道是一项运用手足技术、重在用足技进行搏击格斗的朝鲜民族传统的体育运动项目，主要内容包括品势、搏击（竞技与格斗）、功力检测三部分。跆拳道的"跆"字，意为用脚似台风般猛烈，强劲地踢打、摔撞；"拳"字意为拳头，用来进攻的武器，是力量的象征，表示以拳头击打，以武来斗智斗勇；"道"是指道义，是一种艺术方法，亦泛指人生的正确道路，在这里寓指使用手脚的方法和原理。

跆拳道古称跆跟、花郎道、唐手道，是起源于古代朝鲜的民间武艺。1910年日本侵占朝鲜后建立了殖民政府，一度下令禁止所有的朝鲜文化活动，跆拳道自然也在禁限之内。这期间，跆拳道技艺在朝鲜境内销声匿迹，只有靠流浪到日本和中国的跆拳道艺人与日本和中国的武术融合在一起保存下来。这反而使跆拳道得到充实和发展，逐渐形成跆拳道新的技术体系。第二次世界大战后，朝鲜独立，国家的政治、社会面貌日益改观，自卫术也相应再度兴起，以前被迫流落异国他乡的许多朝鲜人也相继回归故里，同时也将各国的武道技艺带回本国，并进一步将这些技艺和跆拳道技法融为一体，去腐存精，融合发展，逐渐形成了现代跆拳道运动的基础体系。

1961年9月韩国成立了唐手道协会，后更名为跆拳道协会，并成为全国运动会正式比赛项目。1966年国际跆拳道联盟成立。1973年5月世界跆拳道联合会（简称世界跆联）在汉城成立，并在同年被国际体育联合会接纳为正式会员。1980年国际奥委会正式承认世界跆联。在2000年奥运会上，跆拳道成为正式比赛项目，按公斤分级共设8枚金牌。

二、跆拳道的价值

（一）修身养性，培养优秀意志品质

被认为是"斗技"的跆拳道，可以说是较理想的运动，一方面能培养造就出一个强而有力的人，养成勇往直前的精神，使人成为具有管理能力的领导者；同时，这种统率力和胆识又能使人充满自信心，而自信心更可产生心理上的安定感。这样，无论面对何种困难，也不易动摇其信念。另外，坚毅的性格也能使人产生巨大的忍耐力，忍耐力又能共生出谦让的精神，而

名人堂

吴静钰，1987年7月13日出生于江西省景德镇市，中国女子跆拳道队运动员。2006年，吴静钰夺得中国亚运会历史上第一块跆拳道金牌；2007年夺得北京世界锦标赛47公斤级冠军；2008年在北京奥运会47公斤级项目上获得金牌；2009年获得第11届全国运动会49公斤级冠军；2010年在哈萨克斯坦亚锦赛49公斤级上获得冠军；2011年5月，吴静钰在世锦赛49公斤级中第二次夺得世锦赛冠军。2012年，在伦敦奥运会跆拳道女子49公斤级上卫冕金牌成功；2014年7月夺得世界跆拳道大奖赛49公斤级金牌。

谦让这一品质是要求人们利用自我牺牲的精神去控制自我，以维持社会或团体共同的秩序，创造一个有纪律、讲文明的社会。因此，跆拳道是培养人们优秀品格的一种手段和方法，并有助于增强民族内聚力和激发爱国主义精神。跆拳道是把人类生存的本能意识，用肢体有力的动作表现出来的一种方式；同时，它更要求人们把精神的欲求具体化，因此，又是一项高尚的竞技体育运动项目。

（二）强体防身，练就健全体魄

跆拳道是一项较全面的运动，需要活动全身的肌肉和关节。跆拳道的所有动作都是以自己的防卫本能作为基础，然后才逐渐地将其变为一种主观信念，从消极的防御动作发展到积极的进攻形态，最后才能达到绝对自动化的行为阶段。跆拳道将手、脚和全身其他所有可动的部位作为整体性的组合，按照科学的原理进行连接。跆拳道运动紧张激烈，对抗性强，可以强壮筋骨，提高各关节的灵活性及肌肉的伸展性和收缩能力，提高人的速度、反应、灵

敏、力量和耐力素质，提高人体内脏器官的机能和人体神经系统的灵活性，增加人体的击打和抗击打能力。通过跆拳道的攻防练习，可以学习掌握实用技术和防身自卫的能力，掌握能保护自身安全和维护社会正义的真正本领。

第二节　跆拳道基本技术

一、准备姿势及步法

（一）准备姿势

准备姿势也称实战姿势或预备姿势，是跆拳道比赛中双方开始时的基本站立姿势。在立正站好的前提下，右腿向体后，拉出宽于肩的距离，身体斜侧位，双手握拳放于体前。准备姿势应便于进攻和防守反击以及步法的移动。

（二）品势准备姿势

两脚与肩同宽，自然站立，两手握拳屈臂于腹前，拳心向内，眼睛平视前方。

（三）步法

1. 上步

动作方法：右架准备姿势（简称"右架"）站立，以左脚为轴，右脚向前上一步，成为左架准备姿势（简称"左架"）；反之，左架亦然。

要领：上步时通过转髋带动身体移动，两臂在侧，自然上下移动，重心不要上下起伏过大，上步时贴着支撑腿移动。

2. 后撤步

动作方法：右架站立，左脚向后撤一步，成为左架准备姿势；反之，左架亦然。

要领：膝关节夹紧，向前提膝，尽量走直线；支撑脚外旋180°；髋关节往前顺，身体与大小腿呈直线，严格注意击打的力点在正脚背，踝关节放松。横踢攻击的主要部位有头部、胸部、腹部和肋部。

3. 前跃步

动作方法：右架站立，两脚同时向前跃进一步，保持右架准备姿势；反之，左架亦然。

要领：向前跃步时，重心不宜起伏过大，尽量使重心平稳移动，两脚稍离地即可。

4 ▪ 后跃步

动作方法：右架站立，两脚同时向后回撤一步，保持右架准备姿势；反之，左架亦然。

要领：向后回撤时，重心不宜起伏过大，尽量使重心平稳移动，两脚稍离地即可。

5 ▪ 原地换步

动作方法：右架站立，两脚原地前后交换，由右架换成左架；反之，左架亦然。

要领：重心不宜起伏过大，尽量使重心平稳移动，两脚稍离地即可。

6 ▪ 侧移步

动作方法：第一种步法是以前脚为轴，后脚向左（右）侧方向移动，用以改变与对手的站位方向；第二种步法是右架站立，右脚先向右（或向左）侧移动一步，随之左脚也迅速向右（或向左）侧移动一步。

要领：一般是将身体重心移向前脚，以利于后脚进攻。

7 ▪ 垫步

动作方法：右架站立，右脚向左脚内侧上步，同时左腿迅速抬起以便进攻和防守。

要领：身体随步法同时移动，重心平稳。

二、基本腿法

（一）前踢

动作规格：以左架实战姿势开始，右脚蹬地，身体重心前移至左脚；右脚蹬地屈膝提起，左脚以前脚掌为轴外旋，同时，右腿迅速以膝关节为轴伸膝、送髋、顶髋，把小腿快速向前踢出，使力传达到脚面。踢击目标后右腿迅速放松弹回，落回原地仍呈左架实战姿势。

动作要领：膝关节上提时大小腿折叠，膝关节夹紧，小腿和踝关节放松，有弹性；踢击时往前送髋；高踢时往上送髋。前踢攻击的主要部位是头部，如图11-1所示。

图11-1

（二）横踢

动作规格：以左架实战姿势开始，右脚蹬地，重心移到左脚，右腿屈膝上提；左脚前脚掌辗地内旋，旋转约180°，髋关节左转，同时右腿膝关节向前抬置水平状态，肩、胯、膝关节在一线上；小腿快速向左前横踢出；击打目标后迅速放松收回小腿。右脚落回呈实战姿势。

动作要领：膝关节夹紧，向前提膝，贴紧支撑腿走直线；支撑脚外旋180°；髋关节尽量送出，身体与大小腿成直线，严格注意击打的力量点，踝关节放松。横踢攻击的主要部位有头部、胸部、腹部和肋部，如图11-2所示。

图11-2

（三）后踢

动作规格：实战姿势开始，以左脚掌为轴外旋，向身体右后转体；同时右腿屈膝上提，大小腿加紧折叠，勾脚尖，眼睛透过肩峰看目标；送胯，右腿顺势向后平伸后踢出；击打后，右腿收小腿，自然落下呈左架，然后后撤右腿，还原成准备姿势。

动作要领：起腿时要贴紧支撑腿，转体动作与提膝动作同时进行，要注意重心放在支撑腿上；踢腿时用脚击打，力量由腰胯送出，如图11-3所示。

图11-3

（四）下劈

动作规格：实战姿势开始，右脚蹬地，重心前移至左脚。同时，右腿以髋关节为轴屈膝上提，两手握拳置于胸前；随即充分送髋，上提膝关节至胸部，右小腿以膝关节为轴向上伸直,将右腿直举于体前,右脚过头。然后向下以右脚后跟(或脚掌)为力点劈击,放松收腿呈实战姿势。

动作要领:腿尽量往高、往头后举,要向上送髋,重心往高起;脚放松往前落,落地要有控制;起腿要快速、果断;踝关节要放松。劈腿的主要攻击部位有头项、脸部和锁骨,如图11-4所示。

图11-4

(五)侧踢

动作规格:实战姿势开始,右脚蹬地,重心前移,右脚以髋关节为轴提膝前蹬,用右脚脚掌向前蹬推,力点在脚掌,推力向正前方。

动作要领:提膝后尽量收紧膝关节;重心往前移,利用身体的重量为力量;推的时候腿往前伸展、送髋;推的路线水平往前。推踢的攻击目标是腹部,如图11-5所示。

图11-5

三、跆拳道品势(太极一章)

古人认为,太极是派生万物的本原。跆拳道品势是学习跆拳道基本技术的具体形式,其与我国武术套路十分相似,是把跆拳道中各种攻防技术动作按一定的规律组合成固定模式的套路。练习时,练习者以击打为主要内容,通过攻、守、进、退的动作练习,达到强身健体、培养意志的目的。跆拳道品势练习是学习跆拳道的入门技术和基础。跆拳道品势中,最基本的是太极一章至太极八章(限于篇幅,本书仅介绍太极一章)。跆拳道品势,也是根据太极生生不息和太极阴阳理论创编的。因此,它的运动路线与方法遵循具有宇宙基本规律的阴阳八卦图。

八卦起源于我国的周易,八卦的始终是乾坤,它反映了天地所代表的宇宙整体。天为阳性,表现为刚;地为阴性,表现为柔。这种阴阳的相辅相成、对立统一推动了事物的发展,从而产生了万物。跆拳道的太极品势无论在动和静,还是攻与防上,都无不反映了事物变化的基本原理。阴阳八卦理论被极其广泛地应用于跆拳道的技术和理论之中。它们所代表的诸多因素的不同组合及其对立与转化的种种变化,构成了跆拳道特点各异的多种技击原理与方法。

太极一章象征八卦中的"乾"位,如图11-6所示。乾具有宇宙万物根源的初意。换言之,太极一章可视为跆拳道招式的根源,它的演武路线(套路行进的路线)是以"三"表示的。为了使初学者能充分获得修炼,其在构成上也多半使用前屈立姿势,所使用的技法,也只有中段直拳、下段封挡、中段接招、上段接招以及前踢几个基本内容。

起势:品势准备势。

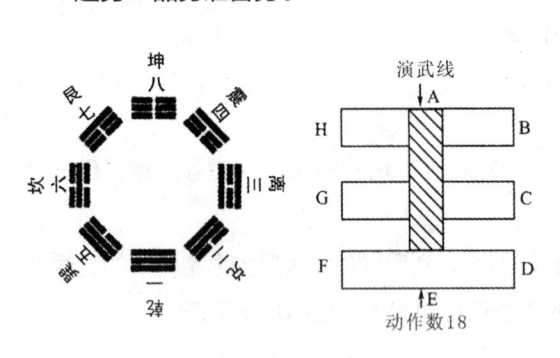

图11-6

图11-7

(一)屈立势下截

身体左转,左脚向B方向(按图11-6右所示的方向,下同)左边横跨一步成左高前屈立势,左拳下截防下段,右拳收于腰际,如图11-7所示。

动作要点:转体迅速,重心落在前脚上,内旋臂下截,力达拳轮。

(二)高前屈立势顺攻

右脚向B方向上步呈右高前屈立势,同时右冲拳中段顺攻,左拳收于腰际,如图11-8所示。

动作要点:上步、拧腰、冲拳协调一致,重心落在前脚上,力达拳的正面。

(三)高前屈立势下截

身体向右后转体约180°,同时右脚向身后H方向撤步呈右高前屈立势,右拳向下截拳防下段,左拳收于腰际,如图11-9所示。

动作要点:转体迅速,重心落在前脚上,内旋臂下截,力达拳轮。

（四）高前屈立势顺攻

左脚向H方向上步呈左高前屈立势，左冲拳中段顺攻，右拳收于腰际，如图11-10所示。

动作要点：上步、拧腰、冲拳协调一致，重心落在前脚上，力达拳的正面。

（五）前屈立势下截

身体左转约90°，左脚移向E方向呈左前屈立势，同时，左臂屈肘向下截拳防左下段，右拳收于腰际，如图11-11所示。

动作要点：重心主要落于前脚，旋臂下截，力达拳轮。

（六）逆攻中段

两脚不动，左转腰，左前屈立势冲右拳（即弓步冲拳）中段逆攻，左拳收于腰际，如图11-12所示。

动作要点：拧腰、冲拳，力达拳的正面，重心主要落在前脚上。

图11-8　　　　　图11-9　　　　　图11-10　　　　　图11-11　　　　　图11-12

（七）高前屈立势外格

右脚向G方向移步，左脚不动，身体右转呈右高屈立势，同时左拳外格挡防中段，右拳收于腰际，如图11-13所示。

动作要点：移步、转体连贯、外旋臂、外格、屈肘，力达前臂外侧，重心落在前脚上。

（八）高前屈立势逆攻

左脚向G方向上步呈右高前屈立势，右冲拳攻中段，左拳收于腰际，如图11-14所示。

动作要点：转腰冲拳一气呵成，力达拳的正面，重心落在前脚上。

（九）高前屈立势里格

以右脚为轴，左后转体，同时，左脚向C方向上步呈左高前屈立势，右臂向里格挡防中段，左拳不动，如图11-15所示。

动作要点：转体敏捷，内旋臂、里格、屈肘，力达前臂内侧，重心主要落在前脚上。

(十)前屈立势逆攻

右脚向C方向上步呈右前屈立势,左冲拳逆攻中段,右拳收于腰际,如图11-16所示。

动作要点:拧腰冲拳协调,力达拳的正面,重心落在前脚上。

(十一)前屈立势下截

以左脚为轴,身体向右转,右脚移向E方向,呈右前屈立势,右臂屈肘上抬至肩上方,拳心向上,向内旋臂,向下截拳防右段,左拳收于腰间,如图11-17所示。

动作要点:转体、移步、内旋臂下截连贯一致,力达拳轮,重心主要落在前脚上。

图11-13   图11-14   图11-15   图11-16   图11-17

(十二)前屈立势逆攻

右前屈立势逆攻不变,左冲拳逆攻中段(拗弓步冲拳),右拳收于腰间,如图11-18所示。

动作要点:拧腰、冲拳,力达拳面,重心落在前脚上。

(十三)高前屈立势上架

左脚在身体左转的同时,向D的方向移动,呈左高前屈立势,同时左臂屈肘上架防左上段置于额前,拳背朝内,右拳不动,如图11-19所示。

动作要点:左臂内旋上架,屈肘,力达前臂,重心落在前脚上。

图11-18   图11-19

（十四）前踢冲拳

左脚支撑，脚跟微提，右脚由屈到伸前踢腿，两手自然下截至体侧所示。右脚自然前落地呈右高前屈立势，同时，右冲拳中段顺攻，如图11-20所示。

动作要点：撑腿，展髋，前踢快速有力，力达前脚掌，稳定支撑腿，冲拳，力达拳面，重心落在前脚上。

图11-20

（十五）高前屈立势上架

左脚为轴，身体右转F方向，上步呈右高前屈立势，同时，右臂屈上架防右段，拳背朝内，左拳不动，如图11-21所示。

动作要点：转体移步要连贯，右臂外旋上架，力达前臂内侧，重心落在前脚上。

图11-21　　　　　　　　图11-22

（十六）前踢顺攻

右脚支撑，左脚由屈到伸前踢，两手置于体侧。前踢自然落地呈左高前屈立势，同时冲左拳中段顺攻，如图11-22所示。

动作要点：撑腿，展髋，稳定支撑腿，前踢快速有力，左脚落地紧接着冲拳，力达拳面，重心落在前脚上。

（十七）前屈立势下截

以右拳为轴，身体向右转，左脚向A方向呈左前屈立势，同时，左臂屈肘上抬置于右肩上方，向下截防左下段，右拳不动，如图11-23所示。

动作要点：转体E步要连贯，内旋臂下截，力达拳轮，重心落在前脚上。

图11-23

（十八）前屈立势顺攻

右脚向前一步，移向A方向呈右前屈立势，同时右冲拳中段顺攻，左拳收于腰间。

动作要点：上步、拧腰、冲拳协调连贯，力达拳面，重心落在前脚上，如图11-24所示。

收势：左脚向右移步，身体左转180°，恢复到品势的准备势，如图11-25所示。

图11-24　　　　图11-25

第三节　跆拳道基本战术

一、压迫式强攻战术

压迫式强攻战术是一种先发制人的主动进攻，是一种有计划、有准备的战术行动，是指在比赛开始后就猛烈进攻，连续使用技术，借以扰乱和破坏对方的心理平衡、战术准备和距离感，使对方忙于防守，疲于招架，消耗对手大量体力，在短时间取得胜利或掌握场上主动权。这种战术的优点是直接掌握主动权，迫使对方只能招架，没有反攻的机会；缺点是自己的体力也消耗得较快，容易露出破绽或是被对手用以逸待劳的战术克制。

当力量、速度、耐力素质比较好，但技术不如对方时；身体素质好，技术比较全面，但比赛经验不如对方时；对方的近战能力比较差时；对方的心理素质比较差时，适合采用这种战术。

二、引诱式进攻战术

引诱式进攻战术是跆拳道比赛中最常用的基本战术之一，它是指发挥假动作与真动作联合使用的方法，迷惑对手，借机找出对方漏洞来得分。如推踢的假动作加后横踢的进攻或反击腿法，在使用踢腿时，可亦真亦假，如对方后撤，可以接后横踢进攻；如对方不后撤，可直接变为高腿的前横踢。在跆拳道训练和比赛中，一般采用的引诱式进攻是上下动作结合、左右动作结合、前后动作结合，多采用"声东击西""指上打下"的战术，引诱对手"上当"。

当对手体力好，但技术不太全面，战术不灵活时，则可以使用这种战术。在双方选手实力相当，试探对方长处时应用，可以克其长。

三、防守反击战术

防守反击战术是当对方正面进攻时，采取快速地向前、后、左、右方向移动步法，避其锋芒，寻找机会制敌的战术方法。主动进攻时身体的一些部位必定会产生防守空隙和薄弱环节，防守反击战术是在防守的同时或之后立即进行反击，取得得分，这就是所谓的"以静制动"。这种战术对于性情急躁、缺乏比赛经验、喜欢猛打猛攻的对手很有效。

四、克制对手长处的战术

每一个运动员都有自己擅长的技术，如有的运动员擅长使用横踢进攻，有的运动员擅长用劈腿阻击。在比赛中运动员要能及时发现对方擅长使用的方法，然后及时调整自己的战术，采用相应的方法，使对手不能正确发挥其特长技术，并攻其短处，就必定能取得胜利。

采用克制对手长处的战术的方法有：第一，克制善于打贴身战的对手，可始终与其拉开距离，可用侧踢蹬击等技术；第二，克制擅长主动进攻的对手，可采用自己先进攻，迫使对方防守的战术；第三，克制擅长防守反击的对手，可引诱对方主动进攻，自己进攻时使用不易被反击的战术。

五、边角战术

边角战术是指在比赛中利用场地优势，进行得分的一种战术。如在比赛中，对手处于防守状态时，利用警戒线给对方制造陷阱，迫使对方犯规而失分。比如，引诱对手到场地边缘，然后利用猛攻迫使其出界，使对方犯规或被扣分。

六、心理战术

比赛开始前，利用情绪、动作和表情等威慑对手，比赛中用气势压倒对手或利用规则允许的各种手段干扰对方情绪，给对方造成心理负担，使对手技能战术发挥失常，挫伤对方的锐气，发挥自己的优势，在气势上战胜对方。

第四节 跆拳道训练方法

跆拳道是一项全身综合运动，要求全方位的身体素质，所以在训练时也要强调全面性。一般要进行力量训练、柔韧训练、耐力训练、灵敏度训练、速度训练等训练项目。

一、力量训练

（一）上肢力量

（1）俯卧撑：训练时每组15～30次，共做5组，每组间歇3min。

（2）杠铃屈臂：重量15～20kg，每组10次，共做5组，间歇3min。

（3）卧推杠铃：重量为本人卧推最大重量的70%，每组10次，共做3～5组，组间间歇3min。

（二）下肢力量

（1）半蹲：6组×20次、重量为体重的70%。

（2）负重跳换步：6组×30次、重量为25～50kg。

（3）负重登台阶：6组×30次、重量为25~50kg。
（4）负重高抬腿：6组×30次、重量为20~35kg。

二、柔韧训练

腿部和髋部的主要练习方法多采用各种形式的搬腿训练，让同伴握紧自己的脚，做正搬、侧搬、后搬等助力拉伸动作，也可采用各种形式的按和踩的方法。如进行横叉或竖叉练习时，同伴或教练员可利用脚踩或手按练习者髋部的办法，助其用力，达到伸拉的目的。

腰部的被动练习法主要是利用压桥法。同伴或教练用自己的双脚顶住或踩住练习者的双脚，用双手拉住练习者双臂或双肩，用力使练习者的双肩后部尽量靠近两脚跟，使练习者的腰椎关节得到完全伸展和收缩，以增强腰部的柔韧性。

三、耐力训练

（一）有氧耐力训练

主要采用强度小、负荷时间长的各种练习方法。跆拳道训练中常采用的具体方法和手段包括以下几种。

（1）4000~12000m匀速跑。心率控制在150次／min左右，保持匀速跑完全程。
（2）10min组合踢法动作练习。连续10min进行运动员已掌握的技术组合练习，既练习动作的熟练程度，又练习耐力素质。

（二）无氧耐力训练

无氧耐力训练即采用负荷时间短、练习密度大、间歇时间短的练习方法专门训练。时常利用以下几种方法和手段。

（1）400m、800m变速跑。
（2）左右横踢50次（中、高）。
（3）跳踢递减法（50次、40次、30次、20次、10次）。

四、灵敏训练

（一）听信号完成动作

盘腿坐（前、后）、跪下（前、后）听信号快速起立，跑到指定位置。

（二）腿部组合练习

单双腿跳、前后分腿跳、并步前踢跳、左右分腿跳、后屈膝跳、前屈膝跳。循环跳动，通过变换不同动作，练习灵敏性和协调性。

（三）跑的专门练习法

一般采用曲线跑、穿梭跑和信号应答跑进行练习。

（四）步法练习法

利用各种步法进行灵敏性、协调性练习，设置多种障碍，练习步法的变化和移动。

（五）踢法动作的组合练习法

将不同性质的踢法动作组合，既练习技术组合，又练习动作的灵敏和协调性。

五、速度训练

（一）反应速度训练

听教练或同伴发出信号后进行快速反应。例如，随同伴击掌的声音，迅速做出具体动作如横踢等。或听信号后进行扶地转身往返跑等练习。根据教练或同伴做出的进攻动作，迅速做出防守反击或直接反击动作。例如，对方用摆踢向你进攻，你迅速利用跳换步接后踢反击。当教练或同伴在同等高度和不同部位亮出脚靶时，应快速反应判断，利用适当的方法快速进攻。

当然最重要、最有效的方法就是通过实战，参加邀请赛、对抗赛、友谊赛，甚至正式比赛去具体完成训练。因为只有在实战中，特别是在比赛中才能发现问题，而且选择的动作是否正确、有效，只有在实战运用中才能得到证实。

（二）动作速度训练

（1）利用冲刺跑和中高速跑练习动作速度，也可将带有转体、进步接做各种技术动作和组合反复训练，提高完成动作的速度及击打力度。例如将转体后旋踢的动作，结合身体加速时个体感觉，把最快速度和最大力度体现在最后用力上，从而提高后旋踢的动作速度和击打力度。

（2）利用下坡跑、加速跑和后蹬跑练习不同状况下的动作速度。可采用将不同特点的两三个动作或组合连续运用的方法，提高完成不同动作的速率。例如，做左横踢—右横踢—转身左后旋踢组合，接做腾空左前劈腿—右侧踢组合，将原地的、旋转和腾空的动作结合起来，熟练后会提高不同形式动作的单个速度和变化速度，从根本上提高动作的速度。

作业与思考题

1. 你知道跆拳道基本步法有哪几种吗？请课后加强练习。

2. 简述跆拳道前踢的动作规格和动作要领。
3. 上网搜集一些跆拳道礼节的知识，和同学交流讨论。

网站链接

1. 大学生跆拳道网 http://www.tkdlife.com/
2. 中国跆拳道协会 http://www.taekwondo.org.cn/

CHAPTER 12
武术运动

体育最要之事为运动。凡吾人身体与精神，均含一种潜势力，随外围之环境而发达。

蔡元培

> **学海导航**
>
> 武术又称国术或武艺，是中国传统体育项目。其内容是把踢、打、摔、拿、跌、击、劈、刺等动作按照一定规律组成徒手的和器械的各种攻防格斗功夫、套路和单势练习。武术具有极其广泛的群众基础，是中国人民在长期的社会实践中不断积累和丰富起来的一项宝贵的文化遗产，是中华民族的优秀文化遗产之一。本章主要介绍武术基本知识、简化太极拳和初级长拳。

知识目标

1. 了解一些武术基本理论知识，知晓武术运动的特点和锻炼价值。
2. 识记简化太极拳和初级长拳的动作名称。

能力目标

1. 独立完成简化太极拳和初级长拳的成套动作。
2. 掌握简化太极拳主要动作的攻防含义。

第一节 武术运动概述

一、武术运动的起源与发展

在"原始群"时代，工具简陋，生产力低下，庞大而凶猛的野兽对猿人的生存是主要威胁。这就决定了他们只有依靠群体的力量，才能抵御自然界的灾害和猛兽的袭击。猿人为了生存，不得不到处流动，从事采集和狩猎。

严酷的生活条件迫使人类不断地改善自己的体力和智力，并发展徒手或简单武器的攻防格斗技能，如拳打、脚踢、躲闪、跳跃、摔跤等，这就是武术的萌芽；劈、砍、扎、刺等，则是武术长、短器械及使用方法的萌芽。可见，武术起源于生产劳动。

武术作为独立的社会文化现象是同中华民族文明的产生同步的。商周时代，激烈的军事斗争，不仅促使武术由简单到复杂、由单一化向多样化发展，而且促进了攻防格斗技术的提高和发展。

商周时期开始有了专门的教育，练武在教育中占有非常重要的地位，武术也开始成为人们有目的、有意识、有组织的社会活动。

春秋战国重视提倡"拳勇""技击"，特别是"相搏"与"斗剑"发展较快，在《吕氏春秋》《庄子·说剑》中均有记载，论述精到，至今仍不失光彩。

宋元时期，尚武的社会风气促进了武术的发展。以民间结社的武艺组织为主体的民间练武活动蓬勃兴起。有"英略社""弓箭社""锦标社""射弓踏弩社""相扑社"等，为武术的交流、传授、发展创造了有利条件。

明清是武术集大成的发展时期，流派林立，拳种纷呈，出现著有完整的套路图谱的书籍《纪效新书》《耕余剩技》等，记载有三十二式长拳、少林拳、内家拳、俞大、少林棍、杨家棍、马家枪、六合枪、单刀、双刀、偃月刀、二十四式剑，等等。明末清初时期，形成了太极拳、形意拳、八卦掌等主要的拳术体系。

民国时期，民间出现了许多拳术社、武士会、武术会、体育会等武术组织。1910年上海成立了"精武体育会"，1918年成立了"中华武士会"，1926年成立了"致柔拳社""武当太极拳社""尚武国术研究社"。其中，以上海的"精武体育会"最为庞大。它以上海的总会为中心，在一些省市建立了精武分会，还在南洋一带建立了海外的精武分会，将中华武术传到了海外。

> **知识窗**
>
> **抱拳礼**
>
> 抱拳礼，与其类似的礼节称"拱""揖礼"，汉族传统礼仪（多见于习武之人）中一种相见礼，源于周代以前，有3000年以上的历史，是汉族特有的传统礼仪。抱拳是以左手抱右手，自然抱合，松紧适度，拱手，自然于胸前微微晃动，不宜过烈、过高。用左手抱右手，这称作"吉拜"，相反则是不尊重对方的"凶拜"。另外武术界中的抱拳礼是由"作揖礼"和少林拳的抱拳礼（四指礼）加以提炼、规范、统一得来的，并赋予了新的含义，这是在国内外一直被采用的具有代表性的礼法。要领是一手握拳，另一手抱着拳头，合拢在胸前，右手在内，左手在外。

新中国成立后，武术成为社会主义文化和人民体育事业的一个组成部分，得到了蓬勃发展。1953年天津举行了全国民族形式体育表演及竞赛大会，武术是这次大会的主要内容。1956年中国武术协会在北京成立。1957年国家体委将武术列为体育竞赛项目。1958年国家体委制定了第一部《武术竞赛规则》。

1987年、1989年，中国队先后两次分别在日本和香港举办的亚洲武术锦标赛中取得优异的成绩。1990年北京亚运会召开，武术作为表演项目向世人展示了它独特的运动风格。在这种形势下，国家开展了广泛的国际文化交流，让全世界爱好武术的人都能共同享受到中华民族这一宝贵的文化遗产。

二、武术运动的价值

（一）健身价值

增长肌肉力量，增强各关节韧带的柔韧性，提高身体协调和灵活性以及平衡能力。

（二）修身价值

热爱祖国传统武术，培养坚韧、顽强、勇于战胜困难的意志品质和良好的武术道德以及团结、协作的精神。

（三）医疗价值

矫正身体姿态，提高大脑兴奋、反应活力，治疗慢性疾病，促进病者康复。

（四）观赏、娱乐价值

提高审美观念，培养健美姿态，观赏表演和比赛，感受力与美，提高兴趣，陶冶情操。

（五）国防价值

提高军队的擒拿格斗技术和身体力量，以及快速反应战斗力，对国防和社会治安有保障作用。

（六）交流价值

促进社会交往，改善人际关系，互相交流，切磋武术技艺。通过国际比赛，加强国际人民间的友谊、团结，广泛普及武术运动。

第二节 武术基本步法和手法

一、武术中的基本步法

（一）弓步

弓步，武术五大基本步型（弓步、马步、仆步、虚步、歇步）之一，俗称弓箭步，用于桩功练习时，称为弓步桩。一腿向前方迈出一大步，约为脚长的四至五倍，同时膝关节弯曲，大腿近于水平，膝盖与脚尖垂直；另一腿挺膝伸直。两脚全脚掌着地，上体正对前方。左腿在前为左弓步，右腿在前为右弓步，如图12-1所示。

要求：前腿弓，后腿蹬；挺胸、塌腰、沉髋；两脚左右相距约一脚。

（二）马步

马步是练习武术最基本的桩步，因此有"入门先站三年桩""要学打，先扎马"的说法。马步桩双脚分开略宽于肩，采半蹲姿态（图12-2），因姿势有如骑马一般，而且如桩柱般稳固，因而得名。马步蹲得好，可壮腰肾，强筋补气，调节精气神，而且下盘稳固，平衡能力好，不易被人打倒，还能提升身体的反应能力。

图12-1　　　　　　　　图12-2

（三）仆步

一脚向一侧伸出，两脚全脚掌着地，身体尽量下扑，同时，保持身体重心平稳。主要动作有仆步亮掌等，如图12-3所示。

（四）虚步

两脚平行开立，宽约脚长的三倍，屈膝半蹲，大腿接近水平，全脚掌着地，重心位于两腿之间。两手握拳于腰侧或平伸。挺胸，塌腰，脚跟外蹬，膝不过脚尖，如图12-4。

（五）歇步

两腿交叉靠拢全蹲，左脚全脚着地，脚尖外展，右脚前脚掌着地，膝部靠于前小腿外侧，臀部接于右脚跟处。左腿在下为左歇步，右腿在下为右歇步，如图12-5所示。

图12-3　　　　　　　　图12-4　　　　　　　　图12-5

二、武术中的基本手法

（一）拳

操作方法：四指并拢卷握，拇指扣在食指、中指的第二节指骨上（图12-6）。拳面平齐，故称"平拳""四平拳"。拳的用法，主要有冲、架、挑、贯、劈、砸。

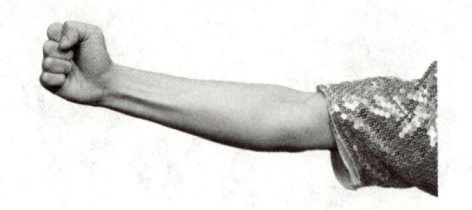

图12-6

（二）掌

操作方法：四指并拢伸直，拇指弯曲扣在虎口处（图12-7）。该掌型使用广泛，其形同柳叶，又称之为"柳叶掌"。

根据拇指、四指位置与形状不同，掌可分为：瓦楞掌、荷叶掌、八字掌、五峰掌、蛇形掌、龙爪掌等多种。

掌的用法，主要有推、砍、撩、拍、劈、按、托、掸。

（三）勾手

操作方法：五个手指的第一指节捏拢在一起，其形如钩，也称橛勾（图12-8）。

勾的用法，主要有撩、啄、抄、挂、顶、掸。

图12-7　　　　图12-8

第三节　五步拳

五步拳是优秀的中国武术拳种之一，是学习国标武术入门之基本拳术组合套路，是中国青少年学习武术的初级必学套路。它包含了武术中最基本的弓、马、仆、虚、歇五种步型，拳、掌、勾三种手型，上步、退步步法，搂手、冲拳、按掌、穿掌、挑掌、架打、盖打等手法。通过五步拳的练习可以增强身体的协调能力，掌握动作与动作之间的衔接要领，提高动作质量，为进一步学习汉族武术打下基础。

一、预备姿势

并步抱拳（图12-9）。

二、弓步冲拳

成左弓步，左手向左平搂收回腰间抱拳，冲右拳；目视前方（图12-10）。

图12-9　　　　图12-10

三、弹腿冲拳

重心前移，右腿向前弹踢，同时冲左拳，收右拳；目视前方（图12-11）。

四、马步架打

右脚落地，向左转体90°，下蹲成马步，同时左拳变掌，屈臂上架，冲右拳；目视右方（图12-12）。

图12-11 　　　　图12-12

五、歇步盖冲拳

左脚向右脚后插一步，同时右拳变掌向左下盖，掌外沿向前，身体左转90°，收左拳；目视右掌上动不停，两腿屈膝下蹲成歇步，同时冲左拳，收右拳；目视左拳（图12-13）。

六、提膝仆步穿掌

　　两腿起立，身体左转；随即左拳变掌，顺势收至右腋下；右拳变掌，由左手背上穿出，手心向上，同时左腿屈膝提起，目视右手；上动不停，左脚落地成仆步；左手掌指朝前，沿左腿内侧穿至左脚面；目视左掌（图12-14）。

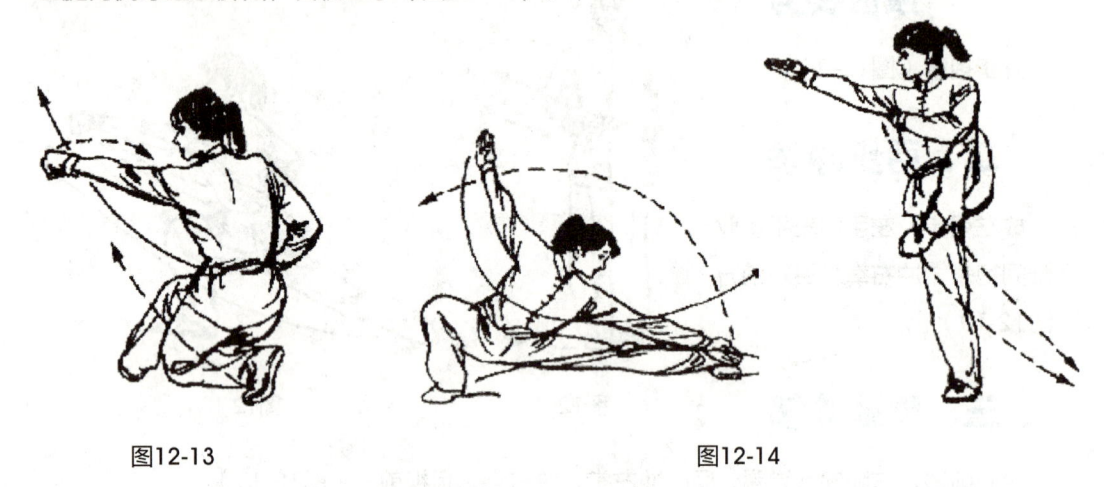

图12-13　　　　　　　　　图12-14

七、虚步挑掌

　　左腿屈膝前弓，右脚前上成右虚步；同时左手向后画弧成勾手，右手顺右腿外侧向上挑掌；目视前方（图12-15）。

八、并步抱拳

　　左脚向右脚靠拢成并步，同时左钩手和右掌变拳，回收抱于腰间；目视前方（图12-16）。

图12-15 　　　　　　　　　图12-16

第四节　简化太极拳（二十四式）

"简化太极拳"是以杨式太极拳为基础简化改编的，是一项松紧自然、均衡全面的武术运动。它易学易练，圆活轻柔，舒展大方，适合于初学者练习和用于健身治病。在校学生中，有些同学因各种疾病处在恢复期，不适合参加过于剧烈的运动项目，选学太极拳是非常适宜的。

本书对动作的学习以图像分解和文字说明为主，个别动作的线条受角度、方向等限制，增加了附图，以便对照，练习时应力求连贯衔接。练习者可连贯演练，也可以选择单式或分组练习。

一、第一组

（一）起势

（1）身体自然直立，两脚开立，与肩同宽，脚尖向前；两臂自然下垂，两手放在大腿外侧；眼向前平看，如图12-17中①所示。

（2）两臂慢慢向前平举，两手高与肩平，与肩同宽，手心向下，如图12-17中②、③所示。

（3）上体保持正直，两腿屈膝下蹲；同时两掌轻轻下按，两肘下垂与两膝相对；眼平看前方，如图12-17中④所示。

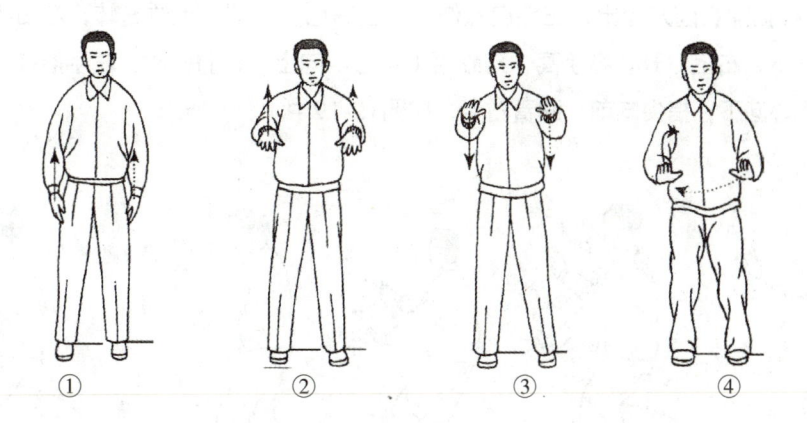

图12-17

（二）左右野马分鬃

（1）上体微向右转，身体重心移至右腿上，同时右臂收在胸前平屈，手心向下，左手经体前向右下画弧放在右手下，手心向上，两手心相对成抱球状，左脚随即收到右脚内侧，脚尖点地，眼看右手，如图12-18中①、②所示。

（2）上体微向左转，左脚向左前方迈出，右脚跟后蹬，右腿自然伸直，呈左弓步；同时上体继续向左转，左右手随转体慢慢分别向左上、右下分开，左手高，与眼平（手心斜向上），肘微屈；右手落在右胯旁，肘也微屈，手心向下，指尖向前；眼看左手，如图12-18中③、④、⑤所示。

图12-18

（3）上体渐渐后坐，身体重心移至右腿，右脚尖跷起，微向外撇（45°~60°），随后脚掌慢慢踏实，左腿慢慢前弓，身体左转，身体重心再移至左腿；同时左手翻转向下，左臂收在胸前平屈，右手向左上画弧放在左手下，两手心相对呈抱球状；右脚随即收到左脚内侧，脚尖点地；眼看左手，如图12-19中①、②、③所示。

（4）右腿向右前方迈出，左腿自然伸直，呈右弓步，同时上体右转，左右手随转体分别慢慢向左下、右上分开，右手高，与眼平（手心斜向上），肘微屈；左手落在左胯旁，肘也微屈，手心向下，指尖向前；眼看右手，如图12-19中④、⑤所示。

图12-19

（5）与动作③同，只是左右相反，如图12-20中①、②、③所示。

（6）与动作④同，只是左右相反，如图12-20中④、⑤所示。

图12-20

（三）白鹤亮翅

（1）上体微向左转，左手翻掌向下，左臂平屈胸前，右手向左上画弧，手心转向上，与左手呈抱球状，眼看左手，如图12-21中①所示。

（2）右脚跟进半步，上体后坐，身体重心移至右腿，上体先向右转。面向右前方，眼看右手，然后左脚稍向前移，脚尖点地，成左虚步，同时上体再微向左转，面向前方，两手随转体慢慢向右上、左下分开，右手上提停于右额前，手心向左后方，左手落于左胯前，手心向下，指尖向前，眼平看前方，如图12-21中②、③所示。

图12-21

二、第二组

（一）左右搂膝拗步

（1）右手从体前下落，由下向后上方画弧至右肩外侧，肘微屈，手与耳同高，手心斜向上，左手由左下向上，向右下方画弧至右胸前，手心斜向下；同时，上体先微向左再向右转,左脚收至右脚内侧,脚尖点地,眼看右手,如图12-22中①、②、③所示。

(2)上体左转,左脚向前(偏左)迈出呈左弓步,同时右手屈回由耳侧向前推出,高与鼻尖平,左手向下由左膝前搂过落于左胯旁,指尖向前,眼看右手手指,如图12-22中④、⑤所示。

图12-22

(3)右腿慢慢屈膝,上体后坐,身体重心移至右腿,左脚尖翘起微向外撇,随后脚掌慢慢踏实,左腿前弓,身体左转,身体重心移至左腿,右脚收到左脚内侧,脚尖点地;同时左手向外翻掌由左后向上画弧至左肩外侧,肘微屈,手与耳同高,手心斜向上;右手随转体向上、向左下画弧落于左胸前,手心斜向下;眼看左手,如图12-23中①、②、③所示。

(4)与动作2同,只是左右相反,如图12-23中④、⑤所示。

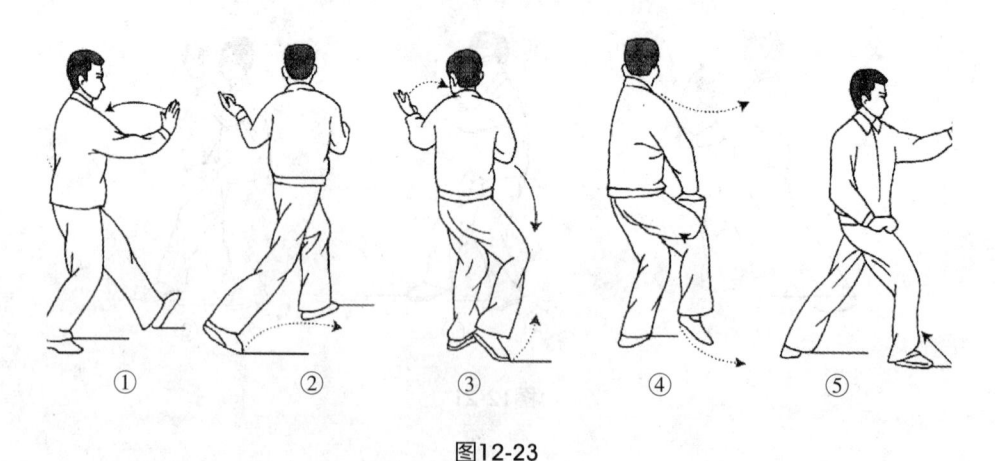

图12-23

(5)与动作3同,只是左右相反,如图12-24中①、②、③所示。
(6)与动作2同,如图12-24中④、⑤所示。

① ② ③ ④ ⑤

图12-24

（二）手挥琵琶

右脚跟进半步，上体后坐，身体重心转至右腿上，上体半面向右转，左脚略提起稍向前移，变成左虚步，脚跟着地，脚尖翘起，膝部微屈；同时左手由左下向上挑举，高与鼻尖平，掌心向右，臂微屈，右手收回放在左臂肘部里侧，掌心向左；眼看左手食指，如图12-25所示。

① ② ③

图12-25

（三）左右倒卷肱

（1）上体右转，右手翻掌（手心向上）经腹前由下向后上方画弧平举，臂微屈，左手随即翻掌向上；眼的视线随着向右转体先向右看，再转向前方看左手，如图12-26中①、②所示。

（2）右臂屈肘折向前，右手由耳侧向前推出，手心向前，左臂屈肘后撤，手心向上，撤至左肋外侧；同时左腿轻轻提起向后（偏左）退一步，脚掌先着地，然后全脚慢慢踏实，身体重心移到左腿上，呈右虚步，右脚随转体以脚掌为轴扭正；眼看右手，如图12-26中③、④所示。

（3）上体微向左转，同时左手随转体向后上方画弧平举，手心向上，右手随即翻掌，掌心向上；眼随转体先向左看，再转向前方看右手，如图12-26中⑤所示。

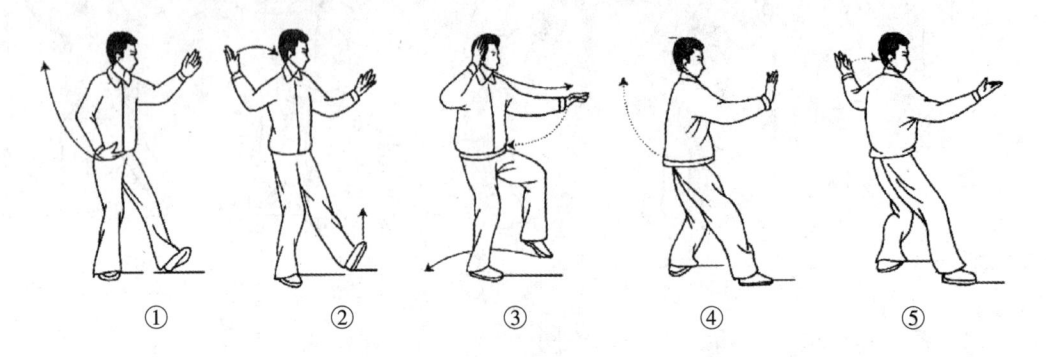

图12-26

（4）与动作2同，只是左右相反，如图12-27中①、②所示。

（5）与动作3同，只是左右相反，如图12-27中③所示。

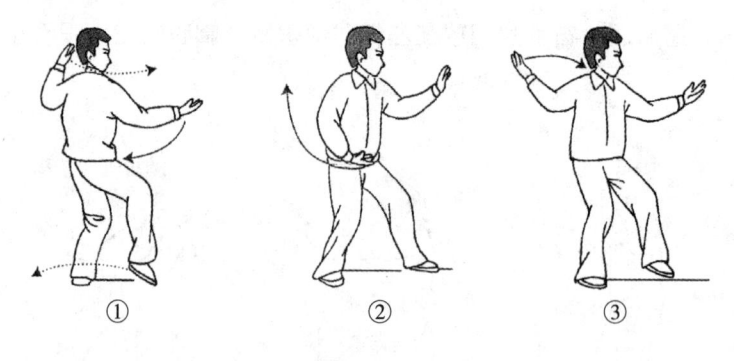

图12-27

（6）与动作2同，如图12-28中①、②所示。

（7）与动作3同，如图12-28中③所示。

（8）与动作2同，只是左右相反，如图12-28中④、⑤所示。

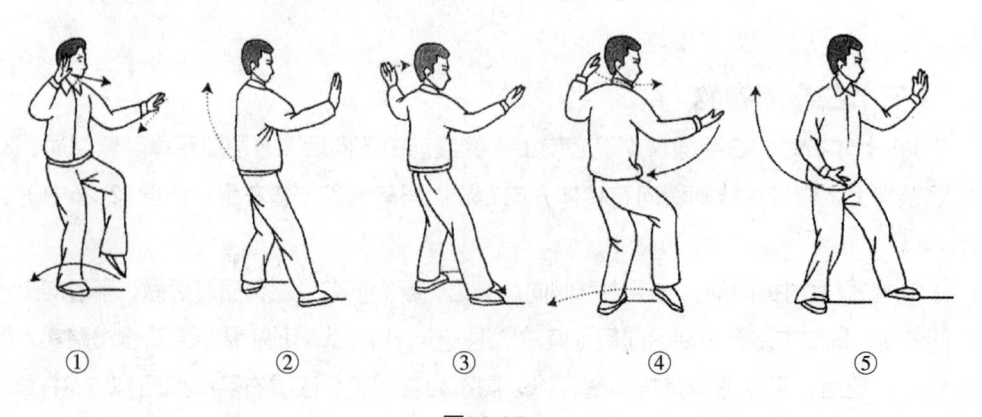

图12-28

三、第三组

（一）左揽雀尾

（1）上体微向右转，同时右手随转体向后上方画弧平举，手心向上，左手放松，手心向下，眼看左手，如图12-29中①所示。

（2）身体继续向右转，左手自然下落逐渐翻掌经腹前画弧至右肋前，手心向上；右臂屈肘，手心转向下，收至右胸前，两手相对呈抱球状；同时身体重心落在右腿上，左脚收到右脚内侧，脚尖点地；眼看右手，如图12-29中②、③所示。

（3）上体微向左转，左脚向左前方迈出，上体继续向左转，右腿自然蹬直，左腿屈膝，呈左弓步；同时左臂向左前方掤出（左臂平屈呈弓形，用前臂外侧和手背向前方推出），高与肩平，手心向后；右手向右下落放于右胯旁，手心向下，指尖向前；眼看左前臂，如图12-29中④、⑤所示。

图12-29

（4）身体微向左转，左手随即前伸翻掌向下，右手翻掌向上，经腹前向上、向前伸至左前臂下方；然后两手下捋，即上体向右转，两手经腹前向右后上方画弧，直至右手手心向上，高与肩齐，左臂平屈于胸前，手心向后；同时身体重心移至右腿；眼看右手，如图12-30中①、②所示。

（5）上体微向左转，右臂屈肘折回，右手附于左手腕里侧（相距约5cm），上体继续向左转，双手同时向前慢慢挤出，左手心向后，右手心向前，左前臂要保持半圆；同时身体重心逐渐前移变成左弓步；眼看左手腕部，如图12-30中③、④所示。

图12-30

（6）左手翻掌，手心向下，右手经左腕上方向前、向右伸出，高与左手齐，手心向下，两手左右分开，宽与肩同；然后右腿屈膝，上体慢慢后坐，身体重心移至右腿上，左脚尖翘起；同时，两手屈肘回收至腹前，手心均向前下方；眼向前平看，如图12-31中①、②、③所示。

（7）上式不停，身体重心慢慢前移，同时两手向前、向上按出，掌心向前；左腿前弓呈左弓步；眼平看前方，如图12-31中④所示。

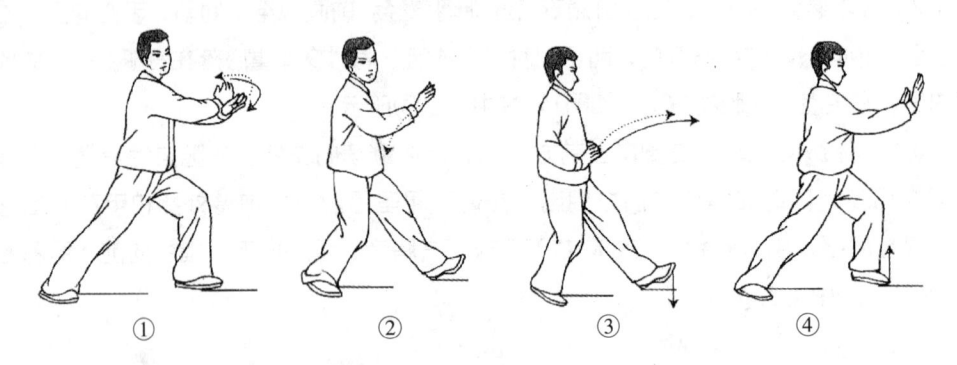

图12-31

（二）右揽雀尾

（1）上体后坐并向右转，身体重心移至右腿，左脚尖里扣；右手向右平行画弧至右侧，然后由右下经腹前向左上画弧至左肋前，手心向上；左臂平屈胸前，左手掌向下与右手呈抱球状；同时身体重心再移至左腿上，右脚收至左脚内侧，脚尖点地；眼看左手，如图12-32中①、②、③、④所示。

（2）与"左揽雀尾"动作3同，只是左右相反，如图12-32中⑤、⑥所示。

（3）与"左揽雀尾"动作4同，只是左右相反，如图12-32中⑦、⑧所示。

图12-32

(4)与"左揽雀尾"动作5同,只是左右相反,如图12-33中①、②所示。

(5)与"左揽雀尾"动作6同,只是左右相反,如图12-33中③、④、⑤所示。

(6)与"左揽雀尾"动作7同,只是左右相反,如图12-33中⑥所示。

图12-33

四、第四组

(一)单鞭

(1)上体后坐,身体重心逐渐移至左腿上,右脚尖里扣;同时上体左转,两手(左高右低)向左弧形运转,直至左臂平举,伸于身体左侧,手心向左,右手经腹前运至左肋前,手心向后上方;眼看左手,如图12-34中①、②所示。

(2)身体重心再渐渐移至右腿上,上体右转,左脚向右脚靠拢,脚尖点地;同时右手向右上方画弧(手心由里转向外),至右侧方时变勾手,臂与肩平;左手向下经腹前向右上画弧停于右肩前,手心向里;眼看左手,如图12-34中③、④所示。

(3)上体微向左转,左脚向左前侧方迈出,右脚跟后蹬,呈左弓步;在身体重心移向左腿的同时,左掌随上体继续左转慢慢翻转向前推出,手心向前,手指与眼齐平,臂微屈,眼看左手,如图12-34中⑤、⑥所示。

①　②　③　④

⑤　⑥

图12-34

（二）云手

（1）身体重心移至右腿上，身体渐向右转，左脚尖里扣；左手经腹前向右上画弧至右肩前，手心斜向后，同时右手变掌，手心向右前；眼看左手，如图12-35所示。

①　②　③

图12-35

（2）上体慢慢左转，身体重心随之逐渐左移，左手由脸前向左侧运转，手心渐渐转向左方，右手由右下经腹前向左上画弧，至左肩前，手心斜向后；同时右脚靠近左脚，呈小开立步（两脚距离10~20cm）；眼看右手，如图12-36中①、②所示。

（3）上体再向右转，同时左手经腹前向右上画弧至右肩前，手心斜向后，右手向右侧运转，手心翻转向右；随之左腿向左横跨一步；眼看左手，如图12-36中③、④、⑤所示。

（4）与动作2同，如图12-36中⑥、⑦所示。

（5）与动作（3）同，如图12-36中⑧、⑨、⑩所示。

（6）与动作（2）同，如图12-36中⑪、⑫所示。

图12-36

（三）单鞭

（1）上体向右转，右手随之向右运转，至右侧方时变成勾手；左手经腹前向右上画弧至右肩前，手心向内；身体重心落在右腿上，左脚尖点地；眼看左手，如图12-37中①、②、③所示。

（2）上体微向左转，左脚向左前侧方迈出，右脚跟后蹬，呈左弓步；在身体重心移向左腿的同时，上体继续左转，左掌慢慢翻转向前推出，呈"单鞭"式，如图12-37中④、⑤所示。

图12-37

五、第五组

（一）高探马

（1）右脚跟进半步，身体重心逐渐后移至右腿上；右勾手变成掌，两手心翻转向上，两肘微屈，同时身体微向右转，左脚跟渐渐离地；眼看左前方，如图12-38中①所示。

（2）上体微向左转，面向前方；右掌经右耳旁向前推出，手心向前，手指与眼同高；左手收至左侧腰前，手心向上；同时左脚微向前移，脚尖点地，呈左虚步，眼看右手，如图12-38中②所示。

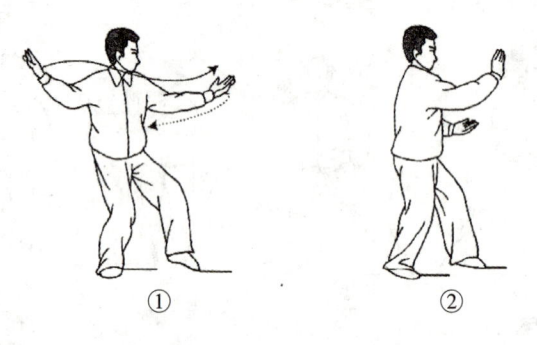

图12-38

（二）右蹬脚

（1）左手手心向上，前伸至右手腕背面，两手相互交叉，随即向两侧分开并向下画弧，手心斜向下；同时左脚提起向左前侧方进步（脚尖略外撇）；身体重心前移，右腿自然蹬直，呈左弓步；眼看前方，如图12-39中①、②所示。

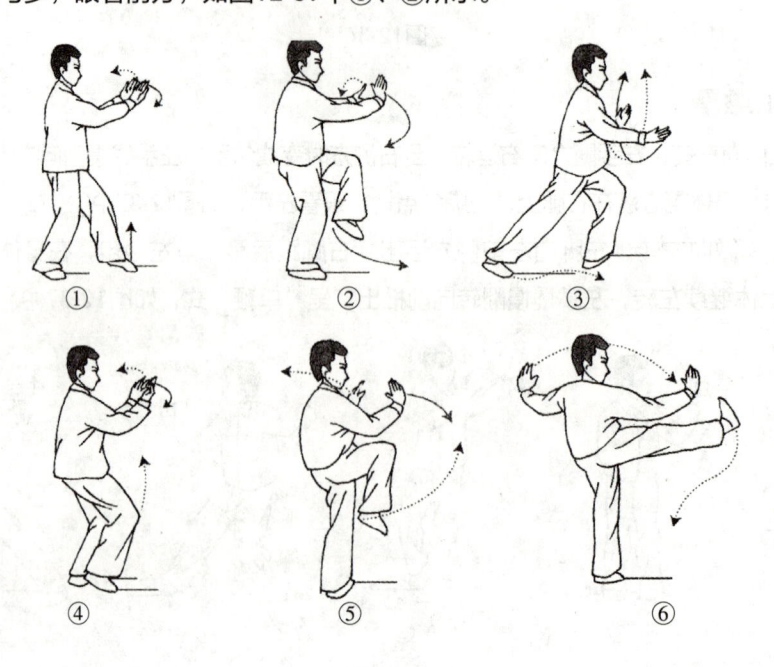

图12-39

（2）两手由外圈向里圈画弧，两手交叉合抱于胸前，右手在外，手心均向后；同时，右脚向左脚靠拢，脚尖点地，眼平看右前方，如图12-39中③、④所示。

（3）两臂左右画弧分开平举，肘部微屈，手心均向外；同时，右腿屈膝提起，右脚向右前方慢慢蹬出；眼看右手，如图12-39中⑤、⑥所示。

（三）双峰贯耳

（1）右腿收回，屈膝平举，左手由后向上、向前下落至体前，两手心均翻转向上，两手同时向下画弧分落于右膝盖两侧，眼看前方，如图12-40中①、②所示。

（2）右脚向右前方落下，身体重心渐渐前移，呈右弓步，面向右前方；同时两手下落，慢慢变拳，分别从两侧向上、向前画弧至面部前方，呈钳形状，两拳相对，高与耳齐，拳眼都斜向内下（两拳中间距离10～20cm），眼看右拳，如图12-40中③、④所示。

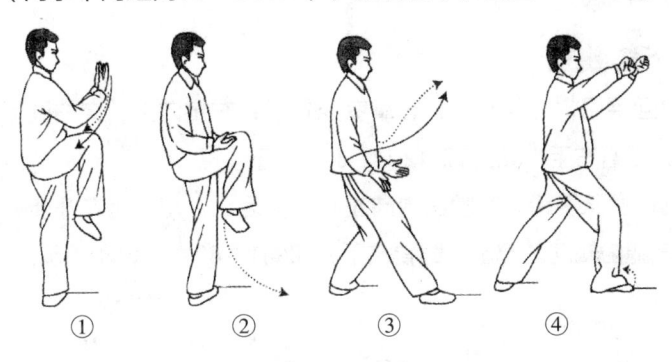

图12-40

（四）转身左蹬脚

（1）左腿屈膝后坐，身体重心移至左腿，上体左转，右脚尖里扣；同时两拳变掌，由上向左右画弧分开平举，手心向前；眼看左手，如图12-41中①、②所示。

（2）身体重心再移至右腿，左脚收到右脚内侧，脚尖点地；同时两手由外圈向里圈画弧合抱于胸前，左手在外，手心均向后；眼平看左方，如图12-41中③、④所示。

（3）两臂左右画弧分开平举，肘部微屈，手心均向外；同时，左腿屈膝提起，左脚向左前方慢慢蹬出；眼看左手，如图12-41中⑤、⑥所示。

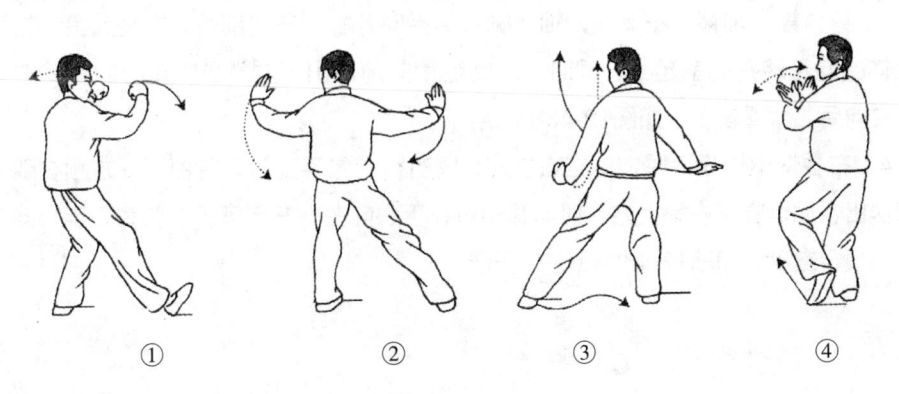

⑤　　　　　　　　⑥

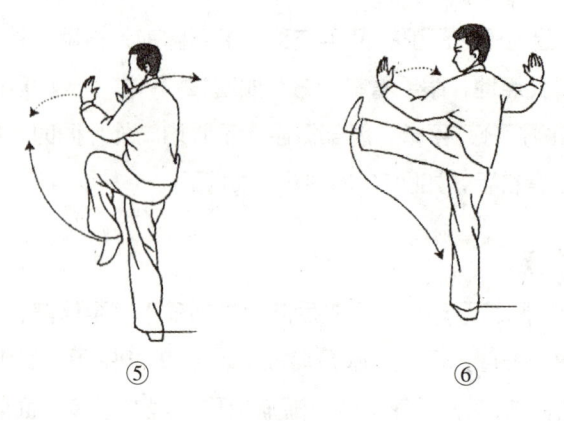

图12-41

六、第六组

（一）左下势独立

（1）左腿收回平屈，上体右转；右掌变成勾手，左掌向上、向右画弧下落，立于右肩前，掌心斜向后；眼看右手，如图12-42中①、②所示。

（2）右腿慢慢屈膝下蹲，左腿由内向左侧（偏后）伸出，呈左仆步，左手下落（掌心向外）向左下顺左腿内侧向前穿出；眼看左手，如图12-42中③、④所示。

①　　　　　②　　　　　③　　　　　④

图12-42

（3）身体重心前移，左脚跟为轴，脚尖尽量向外撇，左腿前弓，右腿后蹬，右脚尖里扣，上体微向左转并向前起身；同时，左臂继续向前伸出（立掌），掌心向右，右勾手下落，勾尖向后，眼看左手，如图12-43中①所示。

（4）右腿慢慢提起平屈，呈左独立式；同时，右勾手变掌，并由后下方顺右腿外侧向前弧形摆出，屈臂立于右腿上方，肘与膝相对，手心向左；左手落于左胯旁，手心向下，指尖向前；眼看右手，如图12-43中②、③所示。

218

①　②　③

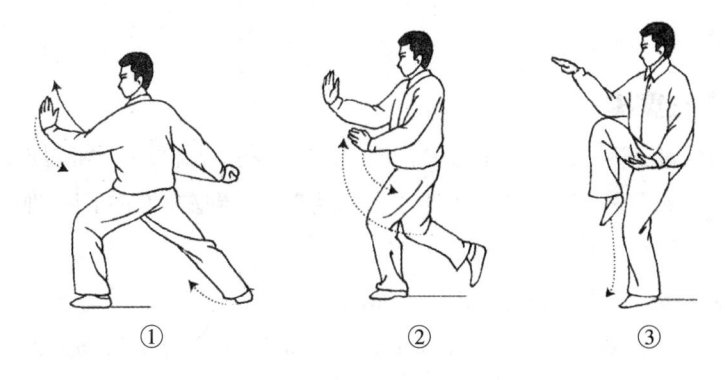

图12-43

（二）右下势独立

（1）右脚下落于左脚前，脚掌着地，然后以左脚前掌为轴脚跟转动，身体随之左转；同时左手向后平举变成勾手，右掌随着转体向左侧画弧，立于左肩前，掌心斜向后；眼看左手，如图12-44中①、②所示。

（2）与"左下势独立"动作（2）相同，只是左右相反，如图12-44中③、④所示。

（3）与"左下势独立"动作（3）相同，只是左右相反，如图12-44中⑤所示。

（4）与"左下势独立"动作（4）相同，只是左右相反，如图12-44中⑥、⑦所示。

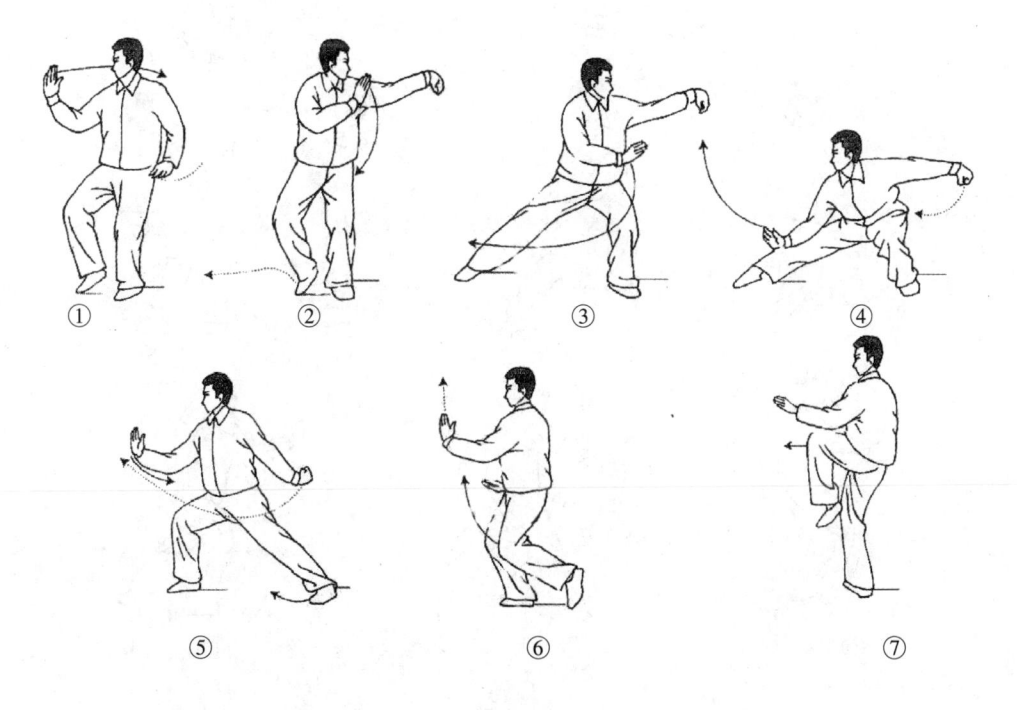

①　②　③　④

⑤　⑥　⑦

图12-44

七、第七组

（一）左右穿梭

（1）身体微向左转，左脚向前落地，脚尖外撇，右脚跟离地，两腿屈膝呈半坐盘式；同时，两手在左胸前呈抱球状（左上右下）；然后右脚收到左脚的内侧，脚尖点地；眼看左前臂，如图12-45中①、②、③所示。

（2）身体右转，右脚向右前方迈出，屈膝弓腿，呈右弓步；同时右手由脸前向上举并翻掌停在右额前，手心斜向上；左手先向左下再经体前向前推出，高与鼻尖平，手心向前；眼看左手，如图12-45中④、⑤、⑥所示。

（3）身体重心略向后移，右脚尖稍向外撇，随即身体重心再移至右腿，左脚跟进，停于右脚内侧，脚尖点地，同时两手在右胸前呈抱球状（右上左下），眼看右前臂，如图12-45中⑦、⑧所示。

（4）与动作（2）同，只是左右相反，如图12-45中⑨、⑩、⑪所示。

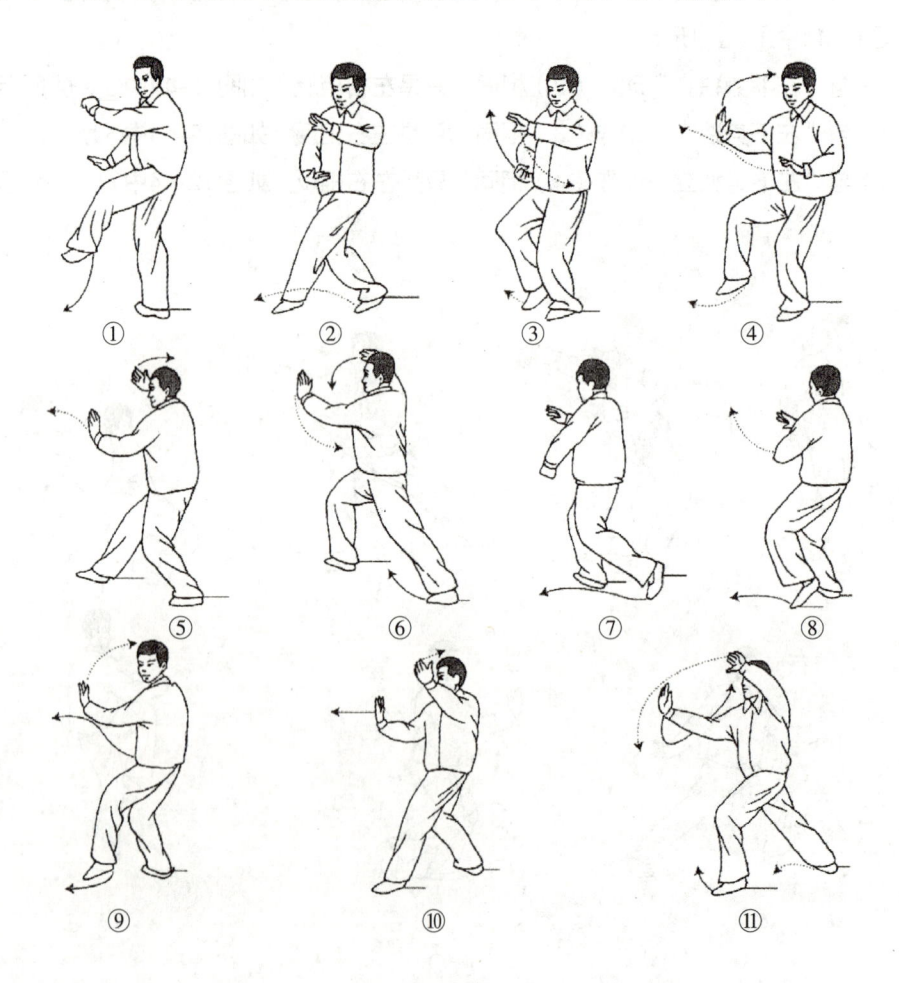

图12-45

（二）海底针

右脚向前跟进半步，身体重心移至右腿，左脚稍向前移，脚尖点地，呈左虚步；同时，身体稍向右转，右手下落经体前向后、向上提抽至肩上耳旁，再随身体左转，由右耳旁斜向前下方插出，掌心向左，指尖斜向下；与此同时，左手向前、向下画弧落于左胯旁，手心向下，指尖向前；眼看前下方，如图12-46所示。

图12-46

（三）闪通臂

上体稍向右转，左脚向前迈出，屈膝弓腿呈左弓步；同时，右手由体前上提，屈臂上举，停于右额前上方，掌心翻转斜向上，拇指朝下；左手上起经胸前向前推出，高与鼻尖平，手心向前；眼看左手，如图12-47所示。

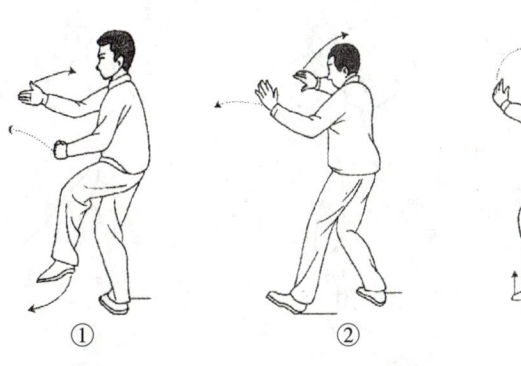

图12-47

八、第八组

（一）转身搬拦捶

（1）上体后坐，身体重心移至右腿上，左脚尖里扣，身体向右后转，然后身体重心再移至左腿上；与此同时，右手随着转体向右、向下（变拳）经腹前画弧至左肋旁，拳心向下；左掌上举于头前，掌心斜向上；眼看前方，如图12-48中①、②所示。

① ② ②（附）

图12-48

（2）向右转体，右拳经胸前向前翻转撇出，拳心向上；左手落于左胯旁，掌心向下，指尖向前；同时，右脚收回后（不要停顿或脚尖点地）即向前迈出，脚尖外撇；眼看右拳，如图12-49中①、②所示。

（3）身体重心移至右腿上，左脚向前迈一步；左手上起经左侧向前上画弧拦出，掌心向前下方；同时，右拳向右画弧收到右腰旁，拳心向上；眼看左手，如图12-49中③、④所示。

（4）左腿前弓呈左弓步，同时，右拳向前打出，拳眼向上，高与胸平，左手附于右前臂里侧；眼看右拳，如图12-49中⑤所示。

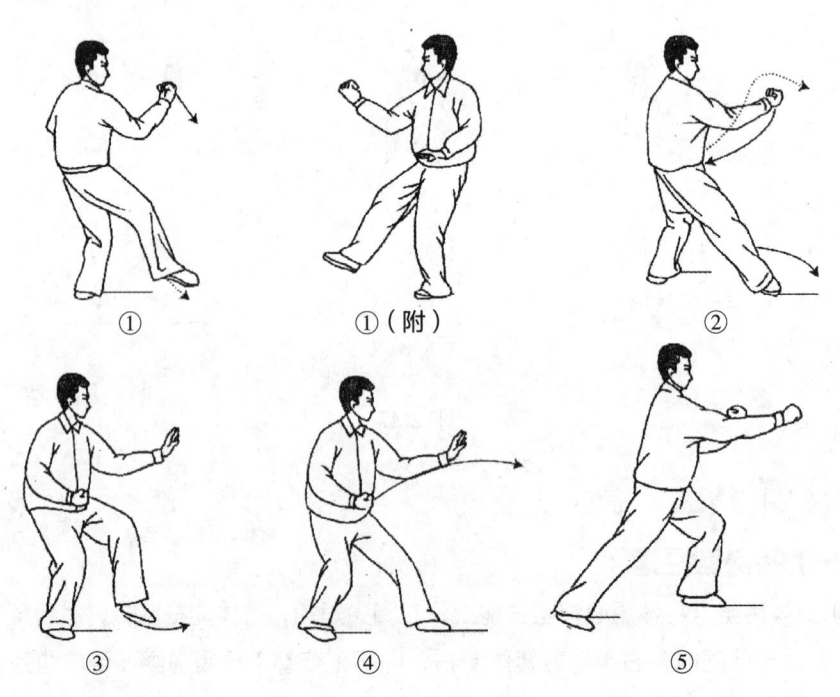

① ①（附） ②

③ ④ ⑤

图12-49

（二）如封似闭

（1）左手由右腕下向前伸出，右拳变掌，两手手心逐渐翻转向上并慢慢分开回收；同时，身体后坐，左脚尖跷起，身体重心移至右腿；眼看前方，如图12-50所示。

图12-50

（2）两手在胸前翻掌，向下经腹前再向上、向前推出，腕部与肩平，手心向前；同时左腿前弓呈左弓步；眼看前方，如图12-51所示。

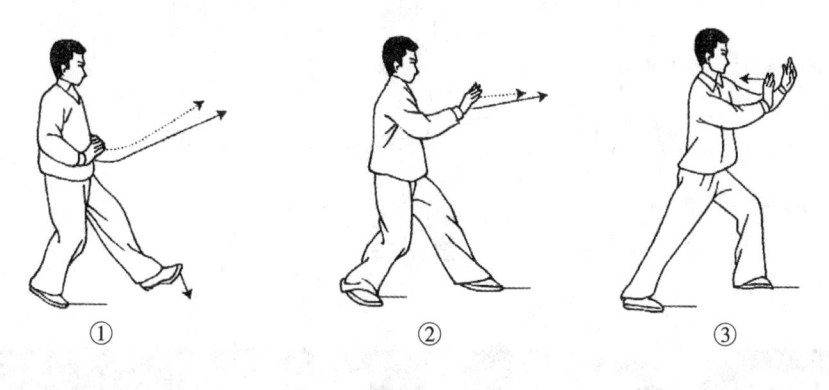

图12-51

（三）十字手

（1）屈膝后坐，身体重心移向右腿，左脚尖里扣，向右转体；右手随着转体动作向右平摆画弧，与左手呈两臂侧平举，掌心向前，肘部微屈；同时，右脚尖随着转体稍向外撇，呈右侧弓步；眼看右手，如图12-52中①、②所示。

（2）身体重心慢慢移至左腿，右脚尖里扣，随即向左收回，两脚距离与肩同宽，两腿逐渐蹬直，呈开立步；同时，两手向下经腹前向上画弧交叉合抱于胸前，两臂撑圆，腕高与肩平，右手在外，呈十字手，手心均向后；眼看前方，如图12-52中③、④所示。

① ② ③ ④

图12-52

（四）收势

两手向外翻掌，手心向下，两臂慢慢下落，停于身体两侧，眼看前方，如图12-53所示。

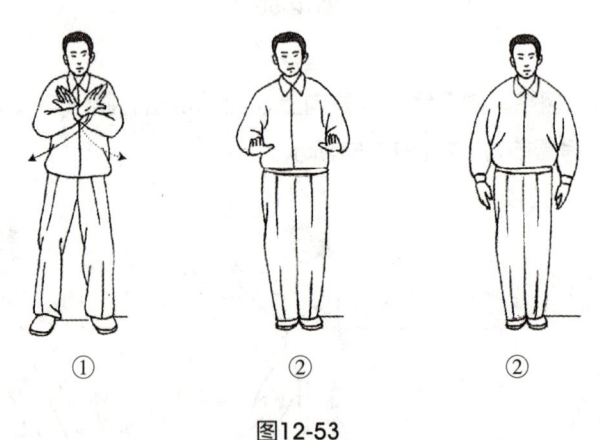

① ② ②

图12-53

第五节 初级长拳（第三路）

一、预备动作

（一）预备式

两脚并步站立，两臂垂于身体两侧，五指并拢贴靠于腿外侧，眼向前平视，如图12-54中①所示。

（二）虚步亮掌

（1）右脚向右后方撤步呈左弓步。右掌向右、向上、向前画弧，掌心向上；左臂屈肘，左掌提至腰侧，掌心向上，目视右掌，如图12-54中②所示。

> **知识窗**
>
> ## 长拳技术的八个要素
>
> 长拳技术的八个要素是姿势、方法、身法、眼法、精神、劲力、呼吸、节奏,它们影响和决定着长拳技术的水平高低。
>
> 姿势:静止动作的定势。
>
> 方法:武术中踢、打、摔、拿等技击动作的运用法则。
>
> 身法:在运动中以躯干为主结合攻防动作的变化方法。
>
> 眼法:眼神与各种动作协调配合的方法。
>
> 精神:演练武术时,要求全神贯注,情绪饱满,表现出勇敢、机智、无所畏惧的气概。
>
> 劲力:演练武术时对完成技术动作所需力量的表现能力。
>
> 呼吸:动作与呼吸协调配合的方法。
>
> 节奏:演练武术套路时,对整套动作的速度与力量交替出现的有规律变化的处理技巧。

(2)右腿微屈,重心后移。左掌经胸前从右臂上向前穿出伸直;右臂屈肘,右掌收至腰侧,掌心向上,目视左掌,如图12-54中③所示。

(3)重心继续后移,左脚稍向右移,脚尖点地,呈左虚步。左臂内旋向左、向后画弧呈勾手,勾尖向上;右手继续向后、向右、向前上画弧,屈肘抖腕,在头前上方呈亮掌(横掌),掌心向前,掌指向左,目视左方,如图12-54中④所示。

① ② ③ ④

图12-54

(三)并步对拳

(1)右腿蹬直,左腿提膝,脚尖里扣,上肢姿势不变,如图12-55中①所示。

(2)左脚向前落步,重心前移。左臂屈肘,左勾手变掌经左肋前伸;右臂外旋向前下落于左掌右侧,两掌同高,掌心均向上,如图12-55中②所示。

(3)右脚向前上一步,两臂下垂后摆,如图12-55中③所示。

（4）左脚向右脚并步，两臂向外向上经胸前屈肘下按，两掌变拳，拳心向下，停于小腹前，目视左侧，如图12-55中④所示。

图12-55

二、第一段

（一）弓步冲拳

（1）左脚向左上一步，脚尖向斜前方；右腿微屈，呈半马步。左臂向上向左格打，拳眼向后，拳与肩同高；右拳收至腰侧，拳心向上，目视左拳，如图12-56中①所示。

（2）右腿蹬直呈左弓步。左拳收至腰侧，拳心向上；右拳向前冲出，高与肩平，拳眼向上，目视右拳，如图12-56中②所示。

（二）弹腿冲拳

重心前移至左腿，右腿屈膝提起，脚面绷直，猛力向前弹出伸直，高与腰平。右拳收至腰侧，左拳向前冲出，目视前方，如图12-56中③所示。

（三）马步冲拳

右脚向前落步。脚尖里扣，上体左转。左拳收至腰侧，两腿下蹲呈马步；右拳向前冲出，目视右拳，如图12-56中④所示。

③　　　　　　　　　　　　　④

图12-56

（四）弓步冲拳

（1）上体右转90°，右脚尖外撇向斜前方，呈半马步。右臂屈肘向右格打，拳眼向后，目视右拳，如图12-57中①所示。

（2）左腿蹬直呈右弓步。右拳收至腰侧，左拳向前冲出，目视左拳，如图12-57中②所示。

（五）弹腿冲拳

重心前移至右脚，左腿屈膝提起，脚面绷直，猛力向前弹出伸直，高与腰平。左拳收至腰侧，右拳向前冲出，目视前方，如图12-57中③所示。

①　　　　　　　　　　②　　　　　　　　　　③

图12-57

（六）大跃步前穿

（1）左腿屈膝。右拳变掌内旋，以手背向下挂至左膝外侧，上体前倾，目视右手，如图12-58中①所示。

（2）左脚向前落步，两腿微屈。右掌继续向后挂，左拳变掌，向后向下伸直，目视右掌，如图12-58中②所示。

（3）右腿屈膝向前提起，左腿立即猛力蹬地向前跃出。两掌向前向上画弧摆起，目视左掌，如图12-58中③所示。

（4）右腿落地全蹲，左腿随即落地向前铲出呈仆步。右掌变拳抱于腰侧，左掌由上向右向下画弧呈立掌，停于右胸前，目视左脚，如图12-58中④所示。

① ② ③ ④

图12-58

（七）弓步推掌

右腿猛力蹬直呈左弓步。左掌经左脚面向后画弧至身后呈勾手，左臂伸直，勾尖向上；右拳由腰侧变掌向前推出，掌指向上，掌外侧向前，目视右掌，如图12-59中①所示。

（八）马步上架

（1）重心移至两腿中间，左脚脚尖里扣呈马步，上体右转。右臂向左侧平摆，稍屈肘；同时左勾手变掌由后经左腰侧从右臂内向前上穿出，掌心均朝上，目视左手，如图12-59中②所示。

（2）右掌立于左胸前，左臂向左上屈肘抖腕亮掌于头部左上方，掌心向前，目右转视，如图12-59中③所示。

① ② ③

图12-59

三、第二段

（一）虚步截拳

（1）右脚蹬地，屈膝提起，左腿伸直，以前脚掌为轴向右后转体180°。右掌由左胸前向下经由右腿外侧向后画弧呈勾手；左臂随体转动并外旋，使掌心朝右，目视右手，如图12-60中①所示。

（2）右脚向右落地，重心移至右脚上，下蹲呈左虚步。左掌变拳下落于左膝上，拳眼向里，拳心向后；右勾手变拳，屈肘向上架于头右上方，拳心向前，目视左方，如图12-60中②所示。

（二）提膝穿掌

（1）右腿稍伸直。右拳变掌收至腰侧，掌心向上；左拳变掌由下向左向上画弧压于头上方，掌心向前，如图12-60中③所示。

（2）右腿伸直，左腿屈膝提起，脚尖内扣。右掌从腰侧经左臂内右前上方穿出，掌心向上；左掌收至右胸前成立掌，目视右掌，如图12-60中④所示。

① ② ③ ④

图12-60

（三）仆步撩掌

右腿全蹲，左腿向左后方铲出成左仆步。右臂不动。左掌由右胸前向下经左腿内侧，向左脚面穿出，目随左掌转视，如图12-61中①所示。

（四）虚步挑掌

（1）右腿蹬直，重心前移至左腿，呈左弓步。右掌稍下降，左掌随重心前移向前挑起，如图12-61中②所示。

（2）右脚向左前方上步，左腿半蹲，呈右虚步。身体随上步左转180°。在右脚上步的同时，左掌由前向上向后画弧呈立掌，右掌由后向下向前上挑起呈立掌，指尖与眼平，目视右掌，如图12-61中③所示。

① ② ③

图12-61

（五）马步击掌

（1）右脚落实，脚尖外撇，重心稍升高并右移，左掌变拳收至腰侧；右掌俯掌向外掳手，如图12-62中①所示。

（2）右脚向前一步，以右脚为轴向右后转体180°，两腿下蹲呈马步。左掌从右臂上呈立掌向左侧击出；右掌变拳收至腰侧，目视左掌，如图12-62中②所示。

（六）叉步双摆掌

（1）重心稍右移，同时两掌向下向右摆，掌指头均向上。目视右掌，如图12-62中③所示。

（2）右脚向左腿后叉步，前脚掌着地。两臂继续由右向上向左摆，停于身体左侧，均呈立掌，右掌停于左肘窝处。目随双掌转视，如图12-62中④所示。

① ②

③　　　　　　　　　　　　　④

图12-62

（七）弓步推掌

（1）两腿不动。左掌收至腰侧，掌心向上；右掌向上向右画弧，掌心向下，如图12-63中①所示。

（2）左腿后撤一步，呈右弓步。右掌向下向后伸直摆动，呈勾手，勾尖向上，左掌呈立掌向前推出，目视左掌，如图12-63中②所示。

①　　　　　　　　　　　　　②

图12-63

（八）马步架掌

（1）两脚以前脚掌为轴向左后转体180°。在转体的同时，左臂向上向前画半立圆，右臂向下向后画半圆，如图12-64中①所示。

（2）上动不停，两脚不动，右臂由后向上向前画半立圆，左臂由前向下向后画半立圆，如图12-64中②所示。

（3）上动不停，右臂向下成反臂勾手，勾尖向上；左臂向上呈亮掌，掌心向前上方。右腿伸直，脚尖勾起，向额前踢，如图12-64中③所示。

（4）右脚向前落地，脚尖里扣右手不动，左臂屈肘下落至胸前，左掌心向下，目视左掌，如图12-64中④所示。

（5）上体左转90°，两腿下蹲呈马步。同时左掌向前向左平掳变拳收至腰侧，右勾手变拳，右臂伸直，由体后向右向前平摆，至体前时屈肘，肘尖向前。高与肩平。拳心向下，目视肘尖，如图12-64中⑤所示。

① ② ③

④ ⑤

图12-64

四、第三段

（一）歇步抡砸拳

（1）重心稍升高，右脚尖外撇。右臂由胸前向上向右抡直；左拳向下向左，使臂抡直，目视右拳，如图12-65中①所示。

（2）上动不停，两脚以前脚掌为轴，向右后转体180°。右臂向下向后抡摆，左臂向上向前随身体转动，如图12-65中②所示。

（3）紧接上动，两腿全蹲呈歇步。左臂随身体下蹲向下平砸，拳心向上，臂部微屈；右臂伸直向上举起，目视左拳，如图12-65中③所示。

① ② ③

图12-65

（二）仆步亮拳

（1）左脚由右腿后抽出上前一步，左腿蹬直，右腿半蹲，呈右弓步。上体微向右转。左拳收至腰侧，右拳变掌向下经胸前向右横击掌，目视右掌，如图12-66中①所示。

（2）右脚蹬地屈膝提起，上体右转。左拳变掌从右掌上向前穿出，掌心向上；右掌平收至左肘下，如图12-66中②所示。

（3）右脚向右落步，屈膝蹲，左腿伸直，呈仆步。左掌向下向后画弧呈勾手，勾尖向上；右掌向右向上画弧微屈，抖腕呈亮掌，掌心向前。头随右手转动，至亮掌时，目视左方，如图12-66中③所示。

① ② ③

图12-66

（三）弓步劈拳

（1）右腿蹬地立起；左腿收回并向左前方上步。右掌变拳收至腰侧，左勾手变掌由下向前上经胸前向左做搂手，如图12-67中①所示。

（2）右腿经左腿前方向左绕上一步，左腿蹬直呈右弓步。左手向左平搂后再向前挥摆，虎口朝前，如图12-67中②所示。

（3）在左手平捋的同时，右掌向后平摆，然后再向前向上做抡劈拳，拳高与耳平，拳心向上，左掌外旋接扶右前臂，目视右拳，如图12-67中③所示。

① ② ③

图12-67

（四）换跳步弓步冲拳

（1）重心后移，右脚稍向后移动。右拳变掌臂内旋以掌背向下画弧挂至右膝内侧；左掌背贴靠右肘外侧，掌指向前，目视右掌，如图12-68中①所示。

（2）右腿自然上抬，上体稍向左扭转。右掌挂至体左侧，左掌伸向右腋下，目随右掌转视，如图12-68中②所示。

（3）右脚以全脚掌用力向下震跺，与此同时，左脚急速离地抬起。右手由左向上向前掳盖而后变拳收至腰侧；左掌伸直向下、向上、向前屈肘下按，掌心向下。上体右转，目视左掌，如图12-68中③所示。

（4）左脚向前落步，右腿蹬直呈左弓步。右拳向前冲出，拳高与肩平；左掌藏于右腋下，掌背贴靠腋窝，目视右拳，如图12-68中④所示。

① ② ③ ④

图12-68

（五）马步冲拳

上体右转90°，重心移至两腿中间，呈马步。右拳收至腰侧，左掌变拳向左冲出，拳眼向上，目视左拳，如图12-69中①所示。

（六）弓步下冲拳

右脚蹬直，左腿弯曲，上体稍向左转，呈左弓步。左拳变掌向下经体前向上架于头左上方，掌心向上；右拳自腰侧向左前斜下方冲出，目视右拳，如图12-69中②所示。

① ②

图12-69

（七）叉步亮掌侧蹬腿

（1）上体稍右转。左掌由头上下落于右手腕上，右拳变掌，两手交叉呈十字，目视双手，如图12-70中①所示。

（2）右脚蹬地并向左腿后插步，以前脚掌着地。左掌由体前向下向后画弧呈勾手，勾尖向上，右掌由前向右向上画弧抖腕亮掌，掌心向前，目视左侧，如图12-70中②所示。

（3）重心移至右腿，左腿屈膝提起，向左上方猛力蹬出。上肢姿势不变，目视左侧，如图12-70中③所示。

① ② ③

图12-70

（八）虚步挑拳

（1）左脚在左侧落地。右掌变拳稍后移，左勾手变拳由体后向左上挑，拳背向上，如图12-71中①所示。

（2）上体左转180°，微含胸前俯。左拳继续向前向上画弧上挑，右拳向下向前画弧挂至右膝外侧，同时右膝提起，目视右拳，如图12-71中②所示。

（3）右脚向左前方上步，脚尖点地，重心落于左脚，左腿下蹲呈右虚步。左拳向后画弧收至腰侧，拳心向上；右拳向前屈臂挑出，拳眼斜向上，拳与肩同高，目视右拳，如图12-71中③所示。

① ② ③

图12-71

五、第四段

（一）弓步顶肘

（1）重心升高，右脚踏实。右臂内旋向下直臂画弧以拳背下挂至右膝内侧，左拳不变，目视前下方，如图12-72中①所示。

（2）左腿蹬直，右腿屈膝上抬。左拳变掌，右拳不变，两臂向前向上画弧摆起，目随右拳转视，如图12-72中②所示。

（3）左脚蹬地起跳，身体腾空，两臂继续画弧至头上方，如图12-72中③所示。

（4）右脚先落地，右腿屈膝，左脚向前落步，以前脚掌着地。同时两臂向右向下屈肘停于右胸前，右拳变掌，左掌变拳，右掌心贴靠左拳面，如图12-72中④所示。

（5）左脚向左上一步，左腿屈膝，右腿蹬直呈左弓步，右掌推左拳，以左肘尖向左顶出，高与肩平，目视前方，如图12-72中⑤所示。

① ② ③

④ ⑤

图12-72

(二) 转身左拍脚

(1) 以两脚前脚掌为轴向右后转体180°。随着转体,右臂向上向右向下画弧抡摆,同时左拳变掌向下向后向前上抡摆,如图12-73中①所示。

(2) 左腿伸直向前上踢起,脚面绷平,左掌变拳收至腰侧,右掌由体后向上向前拍击左脚面,如图12-73中②所示。

(三) 右拍脚

(1) 左脚向前落地,左拳变掌向下向后摆,右掌变拳收至腰侧,如图12-73中③所示。

(2) 右腿伸直向前上踢起,脚面绷平。左拳变掌由后向上向前拍击右脚面,如图12-73中④所示。

①　　　　　　　　②　　　　　　　　③　　　　　　　　④

图12-73

（四）腾空飞脚

（1）右脚落地，如图12-74中①所示。

（2）左脚向前摆起，右脚猛力蹬地跳起，左腿屈膝继续前上摆。同时，右拳变掌向前向上摆起，左掌先上摆而后下降拍击右掌背，如图12-74中②所示。

（3）右腿继续上摆，脚面绷平。右手拍击右脚面，左掌由体前向后上举，如图12-74中③所示。

①　　　　　　　　②　　　　　　　　③

图12-74

（五）歇步下冲拳

（1）左、右脚先后相继落地，左掌变拳收至腰侧，如图12-75中①所示。

（2）身体右转90°。两腿全蹲呈歇步。右掌抓握，外旋变拳收至腰侧；左拳由腰侧向前下方冲出，拳心向下。目视左拳，如图12-75中②所示。

① ②

图12-75

（六）仆步抡劈拳

（1）重心升高，右臂由腰侧向体后伸直，左臂随身体重心升高向上摆起，如图12-76中①所示。

（2）以右脚前脚掌为轴，左腿屈膝提起，上体左转270°。左拳由前向后下画立圆一周，右拳由后向下向前上画立圆一周，如图12-76中②所示。

（3）左腿向后落一步，屈膝全蹲，右腿伸直，脚尖里扣呈右仆步。右拳由上向下抡劈，拳眼向上；左拳后上举，拳眼向上。目视右拳，如图12-76中③所示。

① ② ③

图12-76

（七）提膝挑掌

（1）重心前移呈右弓步，同时，右拳变掌由下向上抡摆，左拳变掌稍下落，右掌心向左，左掌心向右，如图12-77中①所示。

（2）左、右臂在垂直面上由前向后各画立圆一周，右臂伸直停于头上，掌心向左，掌指向上，左臂伸直停于身后呈反勾手，右腿屈膝提起，左腿挺膝伸直独立，目视前方，如图12-77中②所示。

① ②

图12-77

（八）提膝劈掌弓步冲拳

（1）下肢不动，右掌由上向下猛劈伸直，停于右小腿内侧，用力点在小指一侧，左勾手变掌，屈臂向前停于右上臂内侧，掌心向左，目视右掌，如图12-78中①所示。

（2）右脚向右后落地，身体右转90°，左掌变拳收至腰侧，右臂内旋向右画弧做劈掌，如图12-78中②所示。

（3）上动不停，左腿蹬直呈右弓步，右手抓握变拳收至腰侧，左拳由腰侧向左前方冲出，目视左拳，如图12-78中③所示。

① ② ③

图12-78

六、结束动作

（一）虚步亮掌

（1）右脚扣于左膝后，两拳变掌，两臂右上左下屈肘交叉于体左前，目视右掌，如图12-79中①所示。

（2）右脚向右后落步，重心后移，右腿半蹲，上体稍右转，右掌向上向右向下画弧停于左腋下，左掌向左向上画弧停于右臂上与左胸前，两掌心左下右上，目视左掌，如图12-79中②所示。

（3）左脚尖稍向右移，右腿下蹲呈左虚步，左臂伸直向左向后画弧呈反勾手，右臂伸直向下向右向上画弧抖腕亮掌，掌心向前，目视左方，如图12-79中③所示。

① ② ③

图12-79

（二）并步对拳

（1）左腿后撤一步，同时两掌从两腰侧向前穿出伸直，掌心向上，如图12-80中①所示。

（2）右腿后撤一步，同时两臂分别向体后下摆，如图12-80中②所示。

（3）左脚后退半步向右脚并拢，两臂由后向上经体前屈臂下按，两掌变拳，停于腹前，拳心向下，拳面相对，目视左方，如图12-80中③所示。

（三）还原

两臂自然下垂，目视正前方，如图12-80中④所示。

① ② ③ ④

图12-80

作业与思考题

1. 武术运动有哪些锻炼价值？
2. 你能按顺序说出简化太极拳的动作名称吗？
3. 你能流畅地独立打完初级长拳吗？试一试！

网站链接

1. 中国武术协会 http://wushu.sport.org.cn/
2. 中国太极拳网 http://www.cntaijiquan.com/
3. 太极网 http://www.taiji.net.cn/

CHAPTER 13
游泳运动

早起活活腰,一天精神好。

佚名

学海导航

游泳运动可分为竞技游泳和实用游泳。竞技游泳分为蛙泳、自由泳、仰泳、蝶泳；实用游泳又分为侧泳、潜泳、反蛙泳、踩水、救护、武装泅渡。本章向大家介绍游泳的一些基本知识和技术。

知识目标

1. 了解关于游泳的一些基本知识。
2. 掌握游泳的基本技术。

能力目标

1. 在游泳实践中体会游泳的基本技术和基本动作，掌握一种常见的游泳方法。
2. 努力提高水性，掌握和游泳相关的急救知识和技能。

第一节　游泳运动概述

一、游泳运动的起源与发展

游泳运动是男女老幼都喜欢的体育项目之一。古代游泳，根据现有史料的考证，国内外较一致的看法是产生于居住在江、河、湖、海一带的古代人。他们为了生存，必然要在水中捕捉水鸟和鱼类作食物，通过观察和模仿鱼类、青蛙等动物在水中游动的动作，逐渐学会了游泳。

自古至今，随着历史的发展，无论是为了捕猎、逃避猛兽或是遇上海难时得以自救，游泳都是一门重要的求生技能。远在公元前2500年，古埃及已有类似游泳的活动。古罗马人兴建的巨大浴池，更是上流社会人士作为余暇游泳及社交活动的场所。早期的游泳活动，只被视为贵族子女教育及士兵训练的一个重要部分，直至18世纪末期，工人阶级参与游泳的时间及机会增多后，游泳才开始成为一种普及的活动。

1828年，英国在利物浦乔治码头修造了第一个室内游泳池，到19世纪30年代，这种泳池在英国各大市城相继出现。

1837年，在英国伦敦成立了第一个游泳组织，同时举办了英国最早的游泳比赛。

1869年1月，在伦敦成立了大城市游泳俱乐部联合会（现英国业余游泳协会前身），游泳作为一个专门的运动项目被正式固定下来，并随之传入各英殖民地，继而传遍全世界。

我国历史悠久，水域辽阔。据文献记载，游泳始于5000年前，但游泳作为一个体育项目得以发展还是近几十年的事。

二、竞技游泳介绍

竞技游泳包括蛙泳、自由泳、仰泳、蝶泳，源于英国，后来传入其他国家。19世纪中叶至20世纪初，世界各国的游泳比赛开始普遍起来，游泳总会亦相继成立。英国业余游泳总会（前身为都会游泳总会）于1869年成立，是第一个成立的国家游泳总会。在1850年至1860年间，英国与澳大利亚已有国际游泳比赛。当国际奥林匹克委员会于1894年6月23日在巴黎成立时，游泳已被列为1896年的奥运项目之一。国际业余游泳联会（FINA）则成立于1908年。

蛙泳是第一个被列为比赛项目的泳式，自由泳及蝶泳也是从中发展而来的。在20世纪四五十年代，由于很多日本泳手利用规则的漏洞在长距离比赛中潜泳，从而获取利益，于是游泳规则便于1956年有所更改，泳手在起跳及转池后，在水面下只可做一次划手及蹬腿动作。为了减低水的阻力及加强推进力，胸泳（蛙泳或俯泳的旧称）的划手及蹬腿动作曾有过多次的改革，不过，基本泳姿一直都没有太大的出入。

自由泳，严格来说它不是一种游泳姿势，其竞赛规则几乎没有任何的限制，大多数游泳运动员在自由泳比赛时选择使用这种泳姿。这种泳姿结构合理，阻力小，速度均匀、快速，是最省力的一种游泳姿势。比赛时对技术没有规则限制，运动员往往多采用最快的爬泳技术，因此，人们亦将爬泳称为自由泳。1896年第一届奥运会自由泳被列为正式的比赛项目。

仰泳，早期的背泳只是仰浮在水面上，然后再用胸泳的踢腿推进。1900年的奥林匹克运动会，开始有泳员使用手部在水面上过头前移的泳式。踩踏式的踢腿方式，则要到1912年的奥运会才开始出现。

蝶泳，蝶泳的划手方法由德国泳手Erich Rademacher首次在1926年的胸泳比赛中使用，当时，他仍使用胸泳的踢腿方式。1952年的奥林匹克运动会之后，国际业余游泳联会决定将此泳式与胸泳分开，因而增加了蝶泳，而且泳员可以采用海豚式的踢腿方法。

本章主要介绍蛙泳和自由泳。

三、比赛设施介绍

（一）比赛场地

国际标准游泳池长50m，宽至少25m，深2m以上。设8条泳道，每条泳道宽2.5m，第一和第八泳道的外侧分道线距离池壁为2.5m。

（二）分道线

分道线长度应和赛道长度一致，固定在凹进两端池壁的挂钩上。挂钩的位置应该保证分道线两端的浮标能够浮在水面上。分道线浮标直径为0.05~0.15m。

（三）计时装置

游泳比赛中主要通过自动计时系统来记录每位运动员的成绩，确定运动员的名次。自动计时系统由发令装置、触板和计时器3部分组成。奥运会和世界锦标赛中，自动计时系统还应该包括大型电子显示屏和终点录像系统。

发令装置包括话筒和电笛（如果使用发令枪，必须带换能器）。发令装置与各出发台的扬声器相连，以便使每位运动员都能同时听到发令员的口令和出发信号。

触板的尺寸应不小于2.4m宽、0.9m高，厚度0.01m±0.002m，应安装在泳道两端中心的固定位置上。运动员在每次转身或到达终点时接触触板即可记录比赛成绩或分段成绩。

计时器应安装在距离游泳池终点端3~5m处装有空调的控制室内，控制室面积不小于6m×3m。在比赛期间，控制室与游泳池间的视线不能受到阻碍。

> **名人堂**
>
> 迈克尔·菲尔普斯，1985年6月30日出生于美国马里兰州巴尔的摩市，游泳运动员，18个奥运冠军得主，罕见的游泳奇才。他已经被一些人视为他所从事的运动历史上最伟大的全能运动员。在2004年奥运会上，他获得了6枚奥运会金牌、2枚铜牌。在2008年北京奥运会上他又破纪录地独揽8枚金牌而震惊世界。2011年7月27日，菲尔普斯夺得上海世锦赛200米蝶泳冠军。2012年伦敦奥运会中他获得男子200米蝶泳银牌，并带领美国游泳队获得男子4×200米自由泳接力金牌。2012年8月4日，他在伦敦奥运会男子100米蝶泳决赛中获得金牌。

按照规则要求，游泳比赛计时器应精确到1/100秒，除记录和处理运动员比赛成绩外还能够自动记录运动员游进趟次，以及在接力比赛中判断运动员是否交接棒犯规。

大型电子显示屏在比赛过程中将显示运动员的比赛成绩、名次以及其他信息。电子显示屏应至少可显示10行，每行显示32个字符，每个字符的位置上均能显示字母和数字。

在奥运会和世界锦标赛中，终点录像系统将作为自动计时系统的一部分来记取运动员比赛成绩。在其他赛事中，需要配备半自动计时装置作为补充。半自动计时装置要求每条泳道有3名裁判员独立操作与计时器相连接的按钮，在运动员到达终点时，裁判员按下按钮来记取运动员成绩。

（四）出发台

出发台应设于泳池两端每条泳道的中央位置上，其前缘高出水面50~75cm，表面面积为50cm×50cm并覆盖防滑材料，倾斜度不超过10°。出发台应保证能让使用前倾式出发姿势的运动员能够在前方或两侧抓住平台。如果出发台的厚度大于0.04m，建议两侧有不小于0.1m宽、前端有不小于0.4m宽、深入台体0.03m的握手槽。前倾式出发把手应该安装在出发台两侧。仰泳出发把手应该安装在水面上方0.3~0.6m处，既可以与水面平行安装，也可以与水面垂直安装，和池壁表面平行不突出池壁。

第二节 游泳技术介绍

一、蛙泳动作要点及示范

蛙泳是一种模仿青蛙游泳动作的游泳姿势，也是一种最古老的泳姿。蛙泳时，游泳者可以方便观察前方是否有障碍物，避免撞上障碍物。

蛙泳是竞技游泳姿势之一。人体俯卧水面，两臂在胸前对称直臂侧下屈划水，两腿对称屈伸蹬夹水，似青蛙游水。蛙泳较省力，易持久，实用价值大，常用于渔猎、泅渡、救护、水上搬运等，同时，也是游泳初学者的学习项目。比赛项目有男女100m、200m等。

由于蛙泳的速度比较慢，在20世纪初期的自由泳比赛中（不规定姿势的自由游泳），蛙泳不如其他姿势快，使得蛙泳技术受到排挤。随后国际泳联规定了泳姿，蛙泳技术才得以发展。

（一）手部动作

1. 向外划水

手肘伸直，手掌由向下转为向外，边转手掌边将全臂向外伸出。整个划水动作双手必须用力向前伸，双手前伸时会将身体拉长，将双肩阔度缩窄，加强流线型，如图13-1。向外划水将水推向两面，是没有向前推进力的，一切没有推进力的动作切勿发力，浪费体力。由图13-2可见双手完成向外划水动作时，双肘仍是伸直的，而且双手的距离很阔。

常见错误：手肘弯曲，阻水；用力划水会浪费体力，并且制造了波浪，波浪虽小，但对0.01s定胜负的比赛就有影响了。

图13-1　　　　　　　　　　图13-2

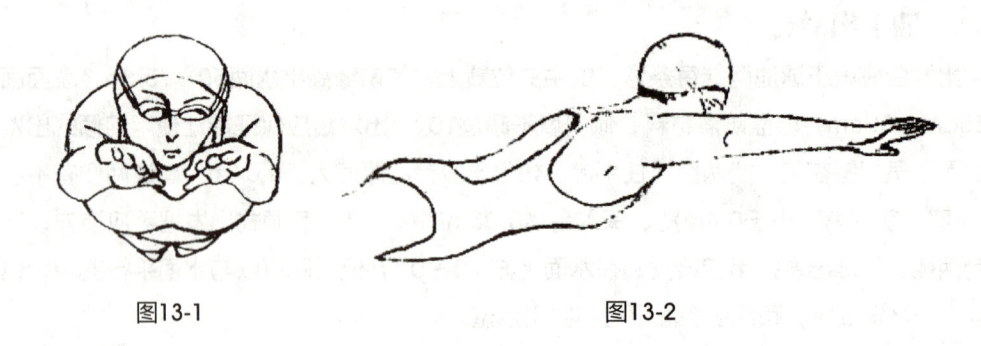

2 ■ 抓水

高肘抓水，是抓水推进力的关键，如图13-3、图13-4所示。

常见错误：沉肘抓水及拖肘抓水，是自学蛙式的常见问题，这种蛙式的手腕必然是弯曲的。过早抓水，未到抓水位置就抓水，会缩短后面的向内划水距离。

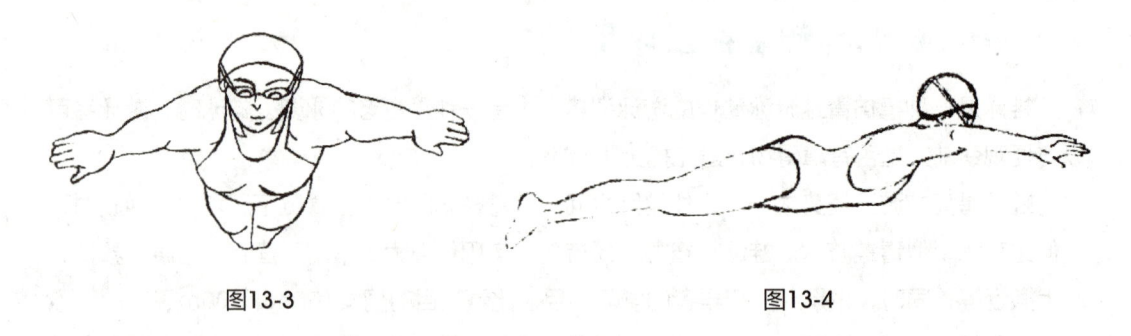

图13-3　　　　　　　　　　图13-4

3 ■ 向内划水

抓水动作向后推，会有推进力，向内划水时双手前臂向内挟，将水向内推，可将上半身向上推高，令身体处于高位，可减低阻力，并且有助于脚踢水时的速度，如图13-5所示。此动作完成时双肘在腋下，并且贴近胸膛，以减低水阻，如图13-6所示。

常见错误：很多人因为这个向内的动作没有推进力而不发力划水，令身体位置太低。

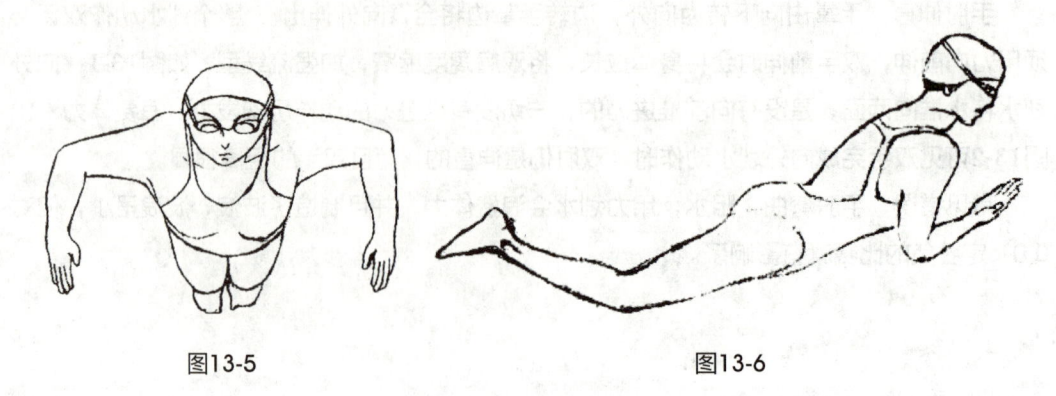

图13-5　　　　　　　　　　图13-6

4 ▪ 双手前伸

双手快速向前伸，手肘要伸直，伸直之后再用阴力向前伸，拉长上半身，缩窄肩宽，创造流线型。手向前伸时，手掌由向上转为向内再转为向下，如图13-7所示。前伸动作必须向水中进行，而且手掌及手指要伸直，尽快将双手在水中形成流线型，将水破开，如图13-8所示。

常见错误：有些人看见奥运冠军双手前伸时露出水面，便跟着做，冠军因为力量大，身体位置高，双手才会露出水面，前伸时如果双手出水，会降低流线型的阻力。

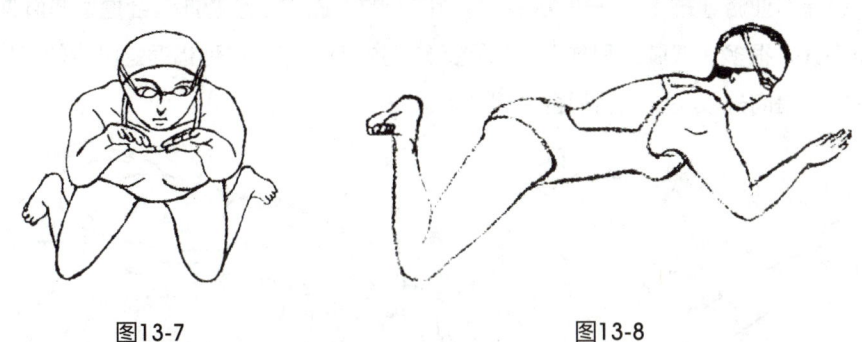

图13-7   图13-8

（二）腿部动作

1 ▪ 收腿

收腿动作是没有推进力的，切记不可用力。收腿时双膝不可分开，也不需要夹实。收腿完成时，大腿与躯体的角度为100°～130°，身体肥胖、下肢过浮的人甚至接近90°。收腿完成时，脚掌必须尽量贴近臀部，以增加踢水距离，如图13-9所示。

常见错误：收腿时脚板反起，将水向前推，减低速度。大腿向前收得越多，阻力越大，而且收腿时水向前推，将人向后送，减慢速度，严重时甚至令人停顿。

2 ▪ 反脚板

勾起脚板，脚趾朝外，双膝距离约与双肩宽度相同，如图13-10所示。膝关节僵硬者须按实际情况拉开双膝距离，要知道双膝距离越大越阻水，所以必须充分收腿，以增加踢水距离。

常见错误：很多人将双膝距离撑得很大，非常阻水。

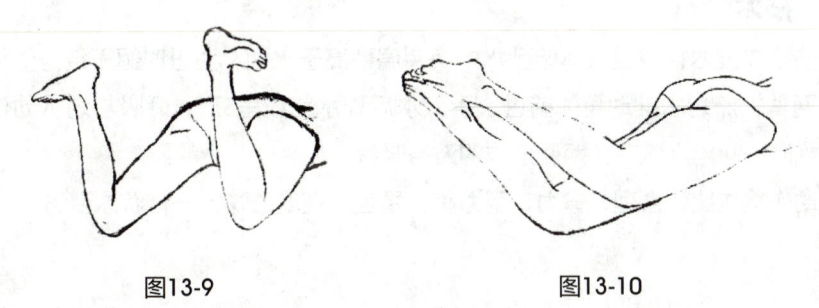

图13-9   图13-10

3 ▪ 踢水

向身体的后方踢水，如图13-11所示。

常见错误：向上踢或者向下踢都是错误的，向上踢的时候人向下沉一下才会向上浮；向下踢的时候水会将人向上推，减弱推进力。非向后踢的蛙脚肯定不去水。

4 ▪ 继续踢水

踢水至双膝伸直时，双脚位置差不多与肩同宽，图13-12的脚板仍是反起的，业余者必须注意，这是专业游泳技术，一般人是不容易控制的，通常业余游泳者会提早伸直脚板。

常见错误：很多人双膝太早伸直，以致双脚向外面踢出，这种错误蛙脚会使速度很慢，因为踢水力度是向外损失，而且很容易踢到人。

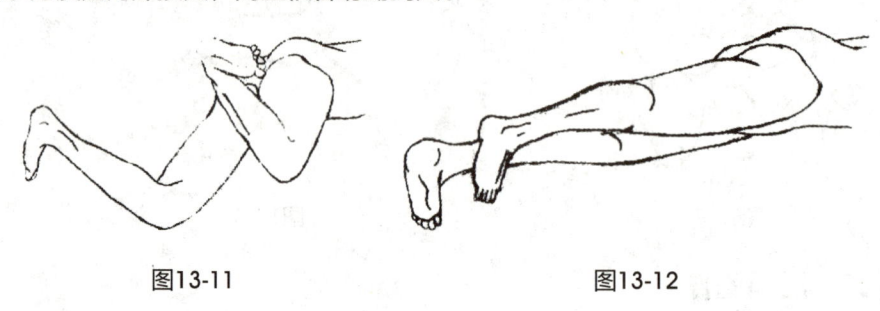

图13-11　　　　　　图13-12

5 ▪ 双脚并拢

双脚并起来，将脚板伸直，如图13-13所示。

常见错误：很多业余者动作不到位，没有将双脚伸直并拢，以为可以省力，实则因为阻水而更浪费力气。

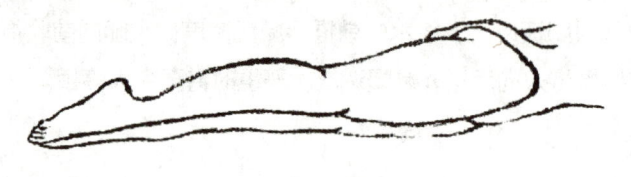

图13-13

二、自由泳动作要点及示范

（一）技术特点

自由泳的基本技术特点是人体俯卧水中，头肩稍高于水面，游进时躯干绕身体纵轴适当左右滚动，两臂轮流划水推动身体前进。手入水后划水路线呈S形，呼吸与划水动作协调。当臂用力划水时，利用水流在头两侧形成的波谷吸气。

自由泳动作结构比较合理、省力、阻力小，是当前速度最快的一种游泳姿势。

（二）身体姿势

自由泳时身体俯卧在水面成流线型，背部和臀部的肌肉保持适当的紧张度，在游进中保持头部平稳，躯干围绕身体纵轴有节奏地自然转动35°~45°。

（三）腿部动作

自由泳腿部动作虽有一定的推进力，但主要起平衡作用，保持身体的稳定和协调，双臂做有力地划水。要求两腿自然并拢，脚稍内旋，踝关节放松，以髋关节为轴，由大腿带动小腿和脚掌，两腿交替做鞭打动作，两脚尖上下最大幅度为30~40cm，膝关节最大屈度约160°，如图13-14所示。

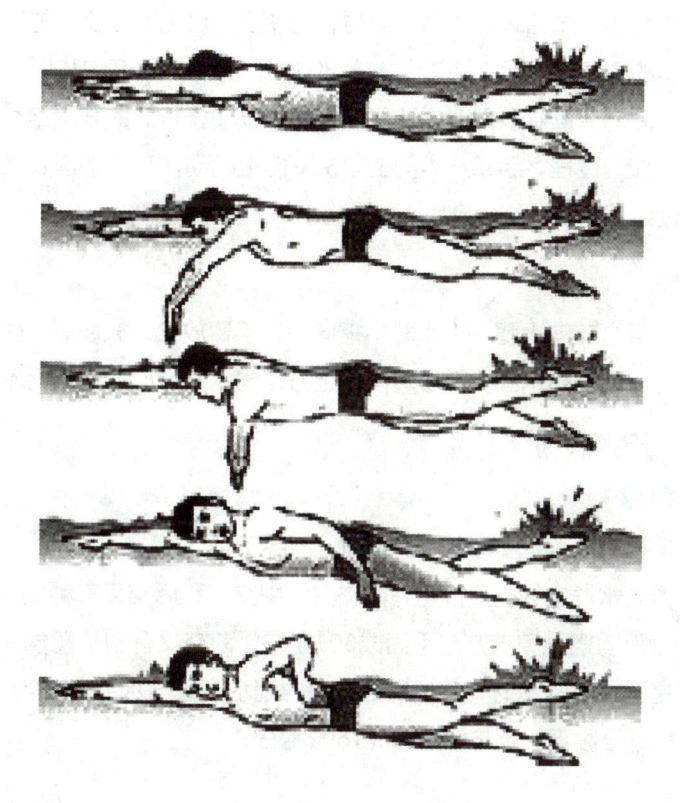

图13-14

（四）臂部动作

自由泳，臂部动作是推动身体前进的主要动力。按一个周期分为入水、抱水、划水、出水和空中移臂五个不可分割的阶段。

1. 入水

完成空中移臂后，手在控制下自然放松入水。手的入水点一般在身体纵轴和肩关节的前后延长线之间。入水时手指自然伸直并拢，臂内旋使肘关节抬高处于最高点，手掌斜向外下方，使手指首先触水，然后是小臂，最后是大臂自然插入水中。

2 ■ 抱水

臂入水后，在积极向下方插入的过程中，手掌从向斜外下方转向斜内后方并开始屈腕、屈肘，肘高于手，以便能迅速过渡到较好的划水位置。抱水结束，手掌已经接近水面，肘关节屈至150°左右，整个手臂像抱着一个大圆球似的为划水做准备。

3 ■ 划水

划水是发挥最大推进作用的主要阶段，其动作过程可分为拉水和推水两个部分。紧接抱水阶段进入拉水，这时要保持抬肘，并使大臂内旋，同时继续屈肘，使手的动作迅速赶上身体的前进速度，给划水一个合理的路线，同时，也使主要肌肉群在良好的工作条件下进入推水动作，拉水至肩的垂直平面后，即进入推水部分。这时肘的屈度约100°，大臂保持内旋姿势，带动小臂，用力向后推水。同时，使肩部后移，以加长有效的划水路线。向后推水有一个从屈臂到伸臂的加速过程，手掌从内向上，从下向上的动作路线加速划至大腿旁。整个划水动作，手的轨迹始于肩前，继之到腹下，最后到大腿旁，呈S形。

4 ■ 出水

划水结束时，掌心转向大腿，出水时小指向上，手臂放松，微屈肘。由上臂带动，肘部向外上方提拉带前臂和手出水面，掌心转向后上方。出水动作必须迅速而不停顿，同时应该柔和、放松。

5 ■ 空中移臂

紧接出水不停顿地进入空中移臂，移臂时，肘高于手。

自由泳时两臂划水发生的交叉位置有前交叉、中交叉和后交叉三种类型。前交叉是指一臂入水时，另一臂已前摆至肩前方与平面成30°左右。前交叉有利于初学者掌握自由泳动作和呼吸。中交叉是指一臂入水时，另一臂处在向内划水阶段与水平面成90°。后交叉是指一臂入水时，另一臂划至腹下，手与水平面成150°左右。

（五）臂腿呼吸配合

在自由泳时，一般是在两臂各划水一次的过程中进行一次呼吸，以向右边吸气为例：右手入水后，嘴和鼻开始慢慢呼气。右臂划水至肩下，开始向右侧转头和增大呼气量。右臂推水即将结束，则用力呼气。右臂出水时，张嘴吸气，至空中移臂的前半部为止，并开始转头还原。然后，直至臂入水结束，有一个短暂的闭气过程，脸部转向前下。头部稳定时，右臂入水，再开始下一轮慢慢呼气的过程。

自由泳的呼吸与臂、腿配合，初学者一般采用6－2－1的方法，即呼吸一次、臂划两次、腿打6次，这种配合方法易保持平衡和协调掌握自由泳技术。

第三节　溺水的应对与施救

一、遇到溺水时的自救

（一）溺水时的自救方法

（1）不要慌张，发现周围有人时立即呼救。

（2）放松全身，让身体漂浮在水面上，将头部浮出水面，用脚踢水，防止体力丧失，等待救援。

（3）身体下沉时，可将手掌向下。

（4）如果在水中突然抽筋，又无法靠岸时，立即求救。如周围无人，可深吸一口气潜入水中，伸直抽筋的那条腿，用手将脚趾向上扳，以解除抽筋。

（二）水中抽筋自救法

抽筋的主要部位是小腿和大腿，有时手指、脚趾及胃部等部位也会发生。抽筋原因主要是下水前没有做准备活动或准备活动不充分，身体各器官及肌肉组织没活动开，下水后突然做剧烈的蹬水和划水动作或因水凉刺激肌肉突然收缩而出现抽筋。游泳时间长，过分疲劳及体力消耗过多，在肌体大量散热或精神紧张、游泳动作不协调等情况下也会出现抽筋。

（1）对于手脚抽筋者，若是手指抽筋，则可将手握拳，然后用力张开，迅速反复多做几次，直到抽筋消除为止。

（2）若是小腿或脚趾抽筋，先吸一口气仰浮于水上，用抽筋肢体对侧的手握住抽筋肢体的脚趾，并用力向身体方向拉，同时用同侧的手掌压在抽筋肢体的膝盖上，帮助抽筋腿伸直。

（3）要是大腿抽筋的话，可同样采用拉长抽筋肌肉的办法解决。

（三）水草缠身自救法

江、河、湖、泊近岸边或较浅的地方，一般常有杂草或淤泥，游泳者应尽量避免到这些地方去游泳。如果不幸被水草缠住或陷入淤泥该怎么办呢？首先要镇静，切不可踩水或手脚乱动，否则就会使肢体被缠得更难解脱或在淤泥中越陷越深。其次要用仰泳方式（两腿伸直、用手掌倒划水）顺原路慢慢退回或平卧于水面，使两腿分开，用手解脱。如随身携带小刀，可把水草割断，不然试试把水草踢开或像脱袜那样把水草从手脚上捋下来。自己无法摆脱时，应及时呼救。最后摆脱水草后，轻轻踢腿而游，并尽快离开水草丛生的地方。

（四）身陷漩涡自救法

河道突然放宽、收窄处和骤然曲折处，水底有突起的岩石等阻碍物，凹陷的深潭，河床高低不平等的地方，都会出现漩涡。山洪暴发、河水猛涨时，漩涡最多。海边也常有漩涡，要多加注意。

有漩涡的地方，一般水面常有垃圾、树叶杂物在漩涡处打转，应尽量避免接近。如果已经接近，切勿踩水，应立刻平卧于水面，沿着漩涡边，用爬泳快速地游过。因为漩涡边缘处吸力较弱，不容易卷入面积较大的物体，所以身体必须平卧水面，切不可直立踩水或潜入水中。

（五）疲劳过度自救法

过度疲劳后游泳或游泳过度后，都容易造成抽筋或因体力不支而溺水。遇到这种情况该怎么办呢？

首先，觉得寒冷或疲劳时，应马上游回岸边。如果离岸甚远或过度疲乏而不能立即回岸，就仰浮于水上以保留力气。其次，举起一只手，放松身体，等待让对方拯救。被救时要注意不要紧抱着拯救者不放。如果没有人来，就继续浮在水上，等到体力恢复后再游回岸边。

二、对溺水者的救护

（一）遇到水中有溺水者的应对方法

方法一：可将救生圈、竹竿、木板等物抛给溺水者，再将其拖至岸边。

方法二：若没有救护器材，可入水直接救护。接近溺水者时要转动他的髋部，使其背向自己然后拖运。拖运时通常采用侧泳或仰泳拖运法。

特别强调：未成年人发现有人溺水时，不能贸然下水营救，应立即大声呼救或利用救生器材救护。

（二）岸上急救

（1）迅速清除溺水者口、鼻中的污泥、杂草及分泌物，保持呼吸道通畅，并拉出舌头，以避免堵塞呼吸道。

（2）将溺水者举起，使其俯卧在救护者肩上，腹部紧贴救护者肩部，头脚下垂，以使呼吸道内积水自然流出。但不要因为呛水而耽误了进行心肺复苏的时间。

（3）进行口对口人工呼吸及心脏按压。

（4）尽快联系急救中心或送去医院。

作业与思考题

1. 简述竞技游泳各个类别的主要特点。

2. 你了解哪些游泳名人，讲一下他们的主要事迹。
3. 了解我国在游泳项目方面的现状，提出一些提高中国游泳成绩的建议。

网站链接

1. 中国游泳网 http://www.goswimming.cn/
2. 中国游泳协会官方网站 http://swimming.sport.org.cn/

CHAPTER 14

形体健身运动

世界上没有任何一件衣衫能比健康的皮肤和发达的肌肉更美丽。

马雅可夫斯基

> **学海导航**
>
> 古希腊人认为，在世界万物之中，只有人体的健美才是最匀称、最和谐、最庄重、最有生气和最完美的，并提出了"体操锻炼身体，音乐陶冶精神"的主张。随着时代的发展，这一主张已被世人普遍接受。健美、健美操、体育舞蹈、瑜伽等运动形式是具有良好塑身美体效果，而且充满浓郁文化气息的典型代表，本章向大家介绍这些项目的基本知识与方法。

知识目标

1. 了解健美、健美操的基本知识，形成健美操各基本动作的正确概念。
2. 了解体育舞蹈的基本术语，以及华尔兹舞和恰恰恰舞的基本特点。
3. 了解瑜伽的练习方法。

能力目标

1. 掌握健美基本动作技术并能自主进行锻炼。
2. 正确掌握操化动作，并能和着音乐完成整套动作。
3. 掌握华尔兹舞和恰恰恰舞的基本舞步，并能和着音乐自如起舞。
4. 掌握瑜伽的基本呼吸方法，能较规范地完成主要瑜伽体位动作。

第一节 健美

一、健美运动概述

健美运动是根据人体生理解剖的特点，运用体育的手段、艺术的观点塑造健美的体型。它融体育与美育为一体，既能有效地增进健康、增强体质，又能培养人们对美的感受、认识和爱好。健美锻炼可以使男子体格健壮、肌肉发达、挺拔匀称，具有阳刚之美，使女子体态丰满，线条优美、流畅，具有端庄柔和之美。

不同年龄、性别、体质的人，不管是为了增强体质、增加力量，还是为了减肥、矫正畸形或是塑造优美的体形，都可以根据自身体质和需要有选择地进行健美运动。健美运动有广泛的适应性，并可因人而异，根据不同的需要合理地安排锻炼的重量、组数、次数，形成一套科学的锻炼方法。

健美运动根据不同的目的和任务，可分为普及性（群众性）健美运动和竞技性健美运动两大类。普及性健美运动的主要目的是增进练习者的健康，培养正确体态，塑造美的形体，陶冶美的情操。普及性健美运动可徒手或用轻器械练习健美操，也可用器械做发展全身各部位的练习。动作简单易学，条件要求不高，不受场地、气候、时间、人数及年龄、性别和素质水平的限制，适合在群众中广泛开展。竞技性健美运动是比普及性健美运动更精确、更优美的徒手和器械练习。它是有一定的时间、难度、场地等条件要求，在音乐伴奏下进行的个人及团体的一种竞赛。

> **知识窗**
>
> **健美与健身**
>
> 健美和健身是两个不同的概念。健身是健美的初级阶段，要求简单：身体健康，身姿端正，动作协调等就可以了。健身大多数人能够做到，而健美，不仅要达到健身的目的，还需要具有超常的健康和超常的毅力来进行训练，以使身体各肌肉群的肌肉饱满、形状美观，肌肉线条清晰，全身匀称，并且运动员的肩、背、腹、腿等各个肌肉的围度也是审美的参考依据。健美对于腿部力量和肌肉的分离度与质感要求比较严格；而健身往往要求体现一种综合素质，不光是发达的肌肉，而且要求整体的线条美。

二、健美的锻炼方法

（一）颈部练习

颈部练习主要发展胸锁乳突肌、斜方肌等颈部肌群的力量。

1. 徒手练习

（1）加阻颈前屈，如图14-1所示。站立或坐式，双手掌撑前额，颈前屈时两手掌稍加上顶力量。做15～20次，也可分两组做，每组10～15次。

（2）抱头颈后屈，如图14-2所示。站立或坐式，两手抱头稍加压力，颈后屈紧收后稍停为1次，做15～20次，也可分两组做，每组10～15次。

（3）仰卧低头，如图14-3所示。仰卧于长凳上，头颈部露于凳外，双手交叉手掌贴于前额上。低头时双手稍加压力，低头紧收后稍停为1次，做15～20次。也可分两组完成，每组10～15次（适于女子或缺少器材时用）。

（4）俯卧抬头，如图14-4所示。俯卧于长凳上，头颈部露于凳外，双手交叉抱头。双手抱头稍加压力，用力抬头向后屈颈抬头，然后低头放松颈后肌肉再做第2次。做15～20次，也可分两组完成，每组10～15次。

（5）加阻颈侧屈。站立或坐式，两手掌贴于头上部两侧，颈向左侧屈时，左手稍加推抵之力，向右屈颈时亦同。左、右各屈1次为1次，做15～20次，或分两组完成，每组10～15次。

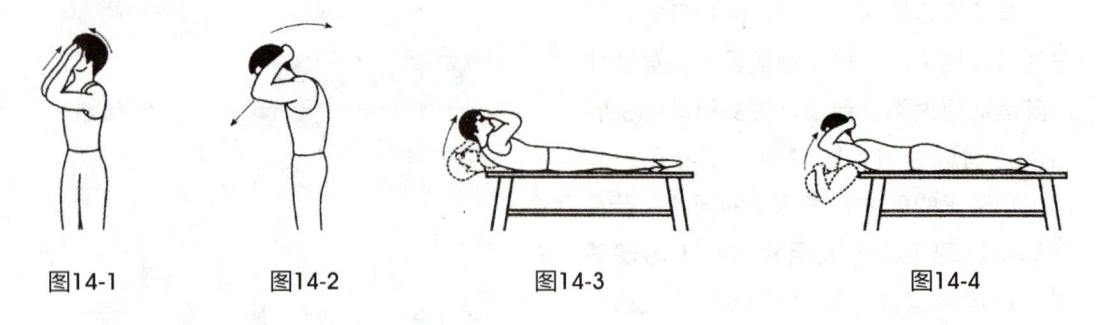

图14-1　　　　图14-2　　　　　　图14-3　　　　　　　　图14-4

2. 器械练习与自制器材练习

（1）耸肩提杠铃，如图14-5所示。站立，双手握杠铃用力耸肩时下颌用力内收，杠铃要贴身，提起后稍停再还原。男子用体重2/3的重量，女子用体重1/3的重量，每组6~8次，做3~4组。

（2）负重抬头（自制器材），如图14-6所示。头上负枕头、沙袋或吊重物，双手撑膝半蹲或采用坐式。负重后用力向后上方抬头，直至完全收紧颈后侧肌肉，紧收后稍停，然后还原至低头状态再做第2次，每组10~15次，做3~5组。

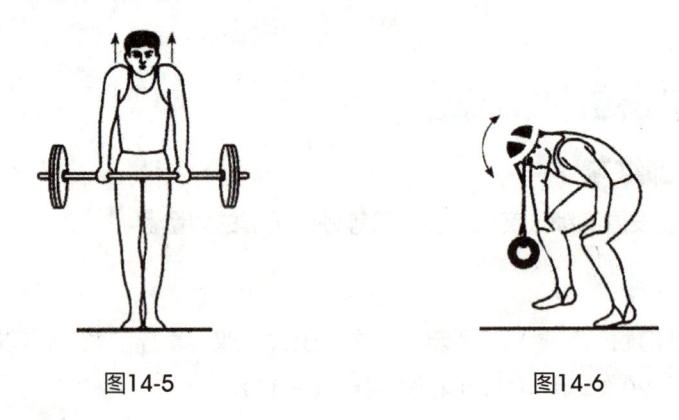

图14-5　　　　　　　　　　　图14-6

（二）上肢练习

1. 徒手练习

（1）指屈伸空抓。

作用：主要发展屈手肌群和伸手肌群力量。

方法：站立或坐式或卧式，两手下垂，屈肘，两臂前平举、上举或侧平举均可。自指尖卷屈每一关节至将拳握紧，拇指弯曲压于食指及中指的第2指节上。尽量用力攥紧拳头，快速放开拳头，五指伸直。每组30~50次，做3~5组，或按需要增加。每组女子不少于30次，男子不少于50次。

（2）俯卧撑，如图14-7所示。

作用：主要发展肱三头肌、胸大肌和腰背肌的力量。

方法：身体俯卧两手撑地，两臂距离（按锻炼部位需要）与肩同宽或比肩宽或比肩窄。屈肘使身体下降至最低位置，再用力撑起身体，伸直两臂，动作不宜太快，身体要平直，不可塌腰，思想集中在用力部位。每组10～15次，做3～5组。

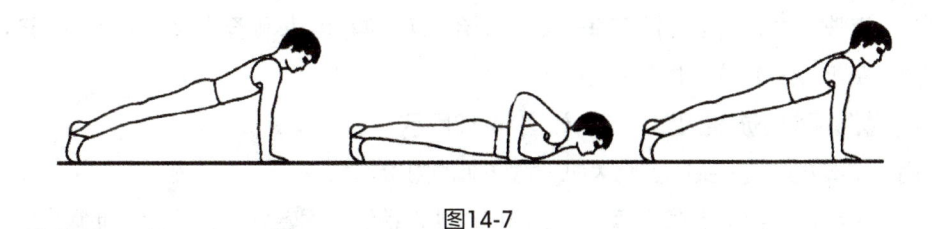

图14-7

（3）前挺俯卧撑——铁牛耕地，如图14-8所示。

作用：主要发展肩、胸、背肌群的力量。

方法：从俯撑开始，俯撑后提臀弓身，两手推地使上体随身体重心后移、抬头，然后屈臂低头使面部靠近地面，并推臂使面部尽量靠近地面前移，抬头挺胸，至两臂完全推直为1次。胸部和背部要有上下起伏。初学者每组4～5次，做3～4组。

图14-8

（4）俯背撑转换。

作用：主要发展肩周肌群及韧带、腰背肌力量。

方法：从俯撑开始，向左或右翻转呈背撑（亦称仰撑），接着再转成俯撑，如此连续下去。转时单臂撑地，另一臂向上画圆至背后撑地。身体在翻转中要保持平直，特别是在仰撑时不能收腹屈髋。向左或右翻转6～8次为1组，然后再向回做相同数为1组，做4～6组。

2. 器械练习与自制器材练习

（1）持哑铃弓身两臂侧平举，如图14-9所示。

作用：主要发展三角肌、斜方肌的力量。

方法：两脚开立，两腿伸直，上体前屈，两臂下垂，两手握哑铃，两臂伸直向两侧平举，同时吸气。稍停后放下，还原时呼气。每组8～12次，做4～6组。

（2）弯举，如图14-10所示。

作用：主要发展肱二头肌的力量。

方法：身体直立，两臂下垂正握或反握杠铃，握距同肩宽，做体前臂屈伸动作。做时上体保持不动，上臂固定在体侧。每组8～10次，做3～5组。

（3）持哑铃直臂侧上举，如图14-11所示。

作用：主要发展三角肌、斜方肌、前锯肌的力量。

方法：两脚开立，两手握铃下垂于体侧开始，两臂伸直经体侧至上举，而后稍慢还原成开始姿势。每组12～15次，做3～5组。

（4）双臂屈伸与加重双臂屈伸，如图14-12所示。

作用：主要发展肱三头肌、胸大肌、背阔肌的力量。

方法：两手握双杠呈支撑呼气，向下屈肘时动作稍慢，屈臂到最大幅度，使胸大肌充分拉长，随即吸气，推直两臂。能连续做15次不感到很费力时，可在脚上加上沙袋或重物，以增强效果（适于男子做）。每组4～6次，做3～4组。

（5）直臂握杠吊重腕屈伸（自制器材），如图14-13所示。

作用：主要发展屈手、伸手肌群力量。

方法：身体直立，用直径4cm、长35～40cm的一根木棒，中间拴绳子吊以重物（自制），直臂持棒前平举。可以反握或正握，手腕下垂内扣。两手用力向上抬起直至手背（或手心）接近或垂直于前臂，然后慢慢放下。每组15次左右，做3～5组。

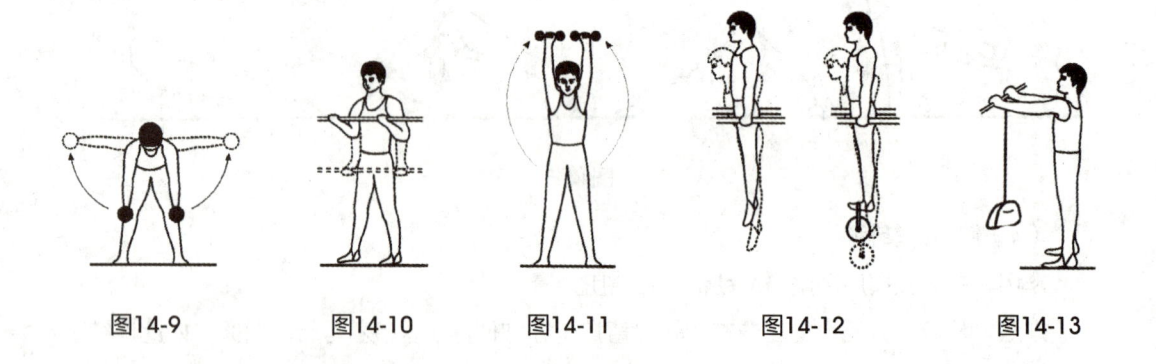

图14-9　　　图14-10　　　图14-11　　　图14-12　　　图14-13

（6）沙袋抛接（用细帆布或软皮制成）。

作用：发展腕屈肌、指伸肌的力量。

方法：站立或移动中做。向沙袋抛来方向迅速伸单手，当手指接住沙袋瞬间屈指抓住沙袋。手随沙袋前冲方向收臂回摆、退步转身并随之抛出。重量可根据需要自定并不断增加。

（三）躯干力量练习

1. 徒手练习

（1）仰卧举腿，如图14-14所示。

作用：主要发展腹直肌、腹外斜肌的力量。

图14-14

方法：仰卧举腿时，由两臂上举、两腿并拢伸直的仰卧姿势开始，吸气，两腿上举，稍停还原。也可以两腿伸直轮换上举。

（2）仰卧起坐，如图14-15所示。

作用：同仰卧举腿。

图14-15

方法：仰卧屈腿在地上，由两臂上举、两腿弯曲（约70°夹角）的仰卧姿势开始，吸气收腹，头部前倾，身体向上抬起。当上体前屈约40°时，两臂前举，然后两臂上举后倒还原。做此动作的方法较多，可双臂交叉做，也可双手抱头做。每组20～30次，做3～5组。

（3）两头起，如图14-16所示。

作用：发展腹直肌、腹内外斜肌力量。

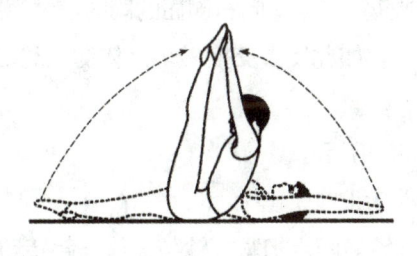

图14-16

方法：身体仰卧，手臂向头上方自然伸直。用腹部和上下肢力量使手臂、上体和腿同时上抬至手接触脚尖，身体完全折起，然后还原。注意，在动作过程中，手臂和腿部都要尽量保持平直，上体在抬起时要尽量贴近脚面。每组15～20次，做3～5组。

2. 器械练习与自制器材练习

（1）悬垂举腿，如图14-17所示。

作用：发展腹直肌、腹内外斜肌的力量。

方法：两手正握单杠，握距同肩宽，两臂伸直，两腿并拢呈悬垂，吸气收腹举腿，然后下摆还原。开始练习者可先练习屈膝举腿，有较强腹肌力量者，可练悬垂举腿两脚触杠，每组10~15次，做3~5组。

（2）侧卧体侧屈，如图14-18所示。

作用：主要发展同侧腹内外斜肌、腹直肌、臂部肌群的力量。

方法：侧坐于山羊上，两脚挂于肋木上。两手抱头后使上身下垂，将身体上面的一侧尽量拉长，然后收缩将上体拉至侧坐位置，连续做。要保持身体侧面向上，可负重于两手或头后。每组8~10次，做3~5组。

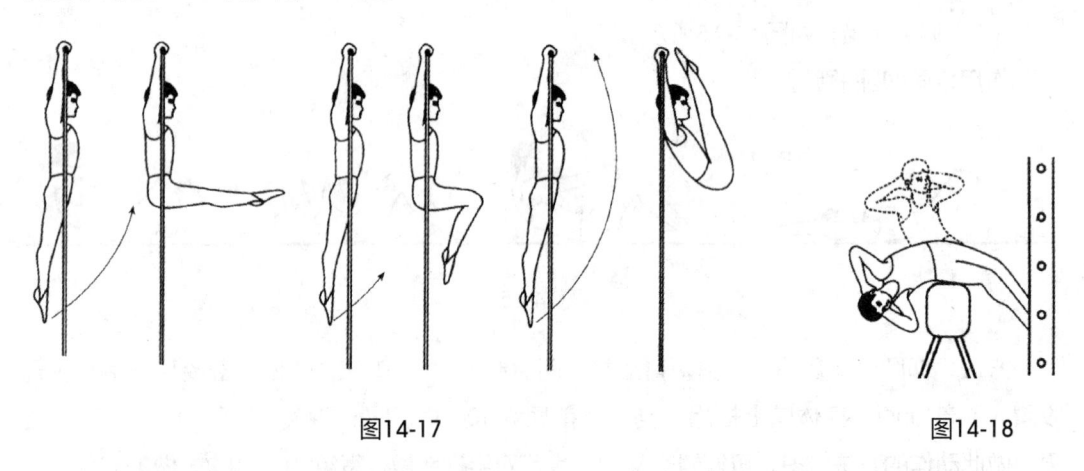

图14-17

图14-18

（3）持哑铃或壶铃侧拉，如图14-19所示。

作用：发展腹内、外斜肌及腰肌力量。

方法：站立，手持哑铃或壶铃，身体向右侧屈的同时左臂屈肘尽量上提重物，然后身体再向左侧屈同时右臂上提重物，如此反复交换做。上体侧屈时勿转体。每组10~15次，做3~5组。

（4）负重转体，如图14-20所示。

作用：主要发展腹内、外斜肌的力量。

方法：两脚开立，肩负杠铃。两手扣紧杠铃与上体一起转动。尽可能转至90°（与原站方向）时把杠铃控制停住。然后再向回转体，每转至90°都要控停。左、右各1次为1次，每组5~10次，做3~5组。

（5）负重弓身，如图14-21所示。

作用：主要发展腰背肌群的力量。

方法：两足开立稍宽于肩，两手持自制石担固定在颈后，身体慢速前屈，臀部后移，当上体前屈约90°时，再挺身直立，每组10~15次，做3~5组。

图14-19 　　　　　　　　图14-20 　　　　　　　　图14-21

（四）下肢力量练习

1. 徒手练习

（1）立定三连跳。

作用：主要发展腿部力量和趾伸肌的力量。

方法：从站立开始，跳前适度屈腿，两臂后摆，上体前倾，然后双脚蹬地向前跳出，收腿落地后接着做第2次、第3次连续跳，然后停住。每组3~5次，做3~5组。

（2）纵跳或连续纵跳。

作用：发展弹跳力和腿部肌肉的力量。

方法：站立、屈膝半蹲，然后向上跳起。可用力一次高跳，也可适当用力做连续跳，两臂配合自然摆动。每组3~5次，做3~5组。

（3）直腿后摆。

作用：发展臀大肌、股二头肌、半腱肌、半膜肌、屈髋肌群的力量。

方法：身体直立，两手叉腰，一腿用力向后摆动至最大程度，然后放下腿还原。完成一组（10~15次）后，换另一腿做。可练习3~5组。

2. 器械练习与自制器材练习

（1）负重提踵，如图14-22所示。

作用：主要发展小腿肌群、腓肠肌、屈足肌群的力量。

方法：身体直立，肩负杠铃，两脚前掌踩在垫木上，然后提踵立起，稍停，还原再做。每组20~30次，做3~5组。

（2）俯卧屈小腿，如图14-23所示。

作用：主要发展股二头肌、小腿三头肌的力量。

方法：俯卧在专门的屈小腿练习器或长凳上，两手扶凳头，将拉力带挂在脚跟上部，拧紧后用力屈膝收小腿，小腿后屈不小于90°。每组15次，做3~5组。

图14-22　　　　　　　　　　图14-23

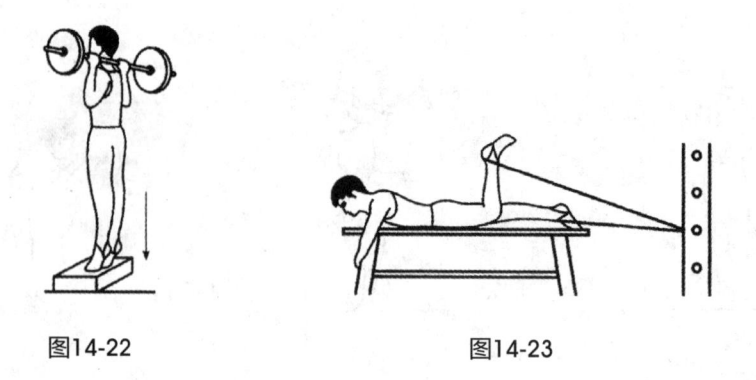

（3）负重箭步蹲，如图14-24所示。

作用：主要发展股四头肌、屈足肌群的力量。

方法：胸前或颈后持杠铃，做弓箭步，然后站立，弓箭步应左、右腿交替做，开始练时步子可小些。

图14-24

（4）负重蹲跳，如图14-25所示。

作用：发展大腿肌、小腿肌群、足肌群力量。

方法：两脚开立，颈后或胸前持杠铃，屈膝半蹲，然后伸髋、蹬腿、展体、立踵跳起，起跳时两手握好杠铃后固定。落地要屈膝缓冲，也可持壶铃蹲跳。每组6~8次，做3~4组。

图14-25

（5）负重深蹲，如图14-26所示。

作用：主要发展股四头肌、臀大肌、小腿肌力量。

方法：两脚开立同肩宽，杠铃可置胸前（前蹲），也可置颈后。下蹲时，挺胸紧腰，收臀、屈膝慢慢蹲至大腿和小腿角度小于90°时吸气，然后用力伸腿立起。初练时，以中、小重量每组做5次左右，做两组，以后逐渐增重、增组、增次。女子可不做或只做半蹲。

（6）单腿深蹲，如图14-27所示。

作用：主要发展股四头肌、股二头肌、小腿三头肌的力量。

方法：身体直立，单臂下垂持哑铃做单腿屈膝下蹲，另一腿伸直，然后伸腿起立，两腿交替进行，每组10～15次，做3～5组。

以上介绍以男子健美为主体进行，女子健美练习主要是改善体形，提高健康水平，应以走、跑、跳、徒手操、垫上运动或轻器械练习为主。消瘦型的人多做轻器械练习，肥胖型的人多做跑、跳、腰腹部运动。

图14-26 　　　　　　　　　　图14-27

三、健美比赛简介

（一）健美比赛的项目、分组、级别

（1）男子个人、女子个人、男女混双。

（2）按年龄可分为21岁以下的青年组、21岁以上的成年组和40岁以上的"元老"组。

（3）按团体单位可分为"集体造型"和"团体名次"的比赛。"团体名次"是指对参加比赛各个队的运动员在各级别的比赛中所得名次进行综合评比。

（二）健美比赛的内容

1. 自然站立的"4个转向"

自然站立的"4个转向"是指运动员在预赛初审中首先要做的动作。在自然站立的情况下向右转4次，使裁判员和观众能够看清楚参赛运动员每个转向的体姿，然后退场。

2. 规定动作

（1）男子个人比赛项目共7个：①前展双肱二头肌，如图14-28所示；②前展双背阔肌，如图14-29所示；③侧展胸部，如图14-30所示；④后展双肱二头肌，如图14-31所示；⑤后展双背阔肌，如图14-32所示；⑥侧展肱三头肌，如图14-33所示；⑦正展腹部和大腿，如图14-34所示。

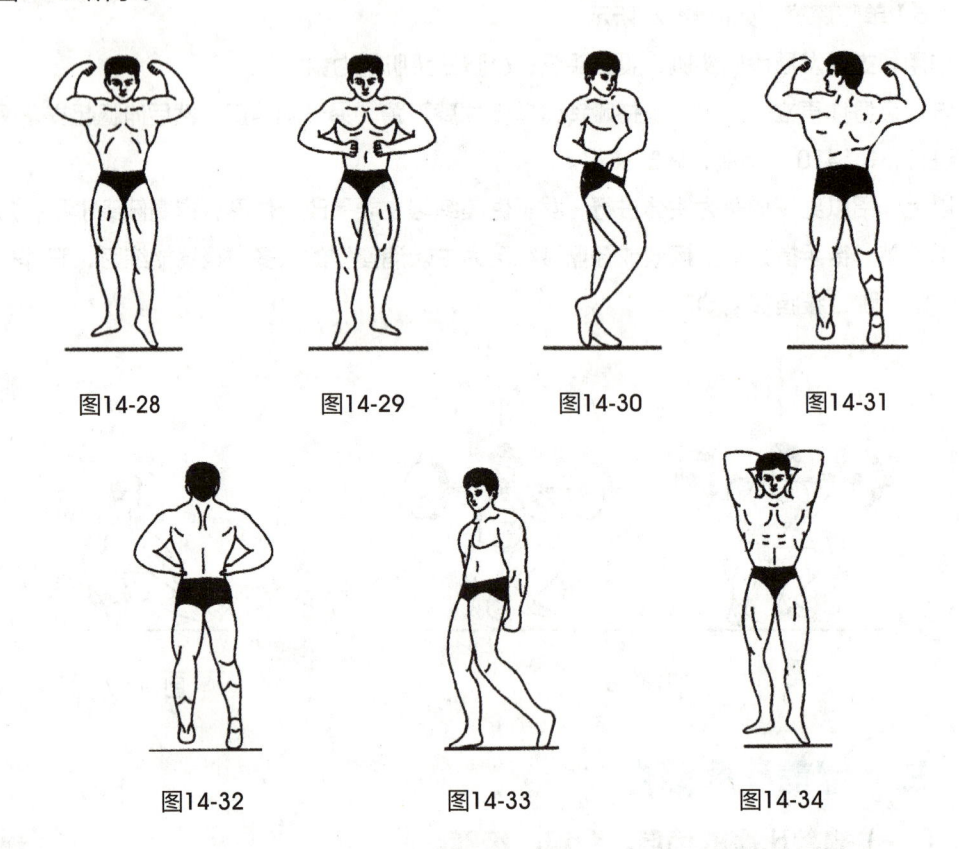

图14-28　　　　图14-29　　　　图14-30　　　　图14-31

图14-32　　　　图14-33　　　　图14-34

（2）女子个人比赛项目共5个：①前展双肱二头肌，如图14-35所示；②侧展胸部，如图14-36所示；③后展双肱二头肌，如图14-37所示；④侧展肱三头肌，如图14-38所示；⑤正展腹部和大腿，如图14-39所示。

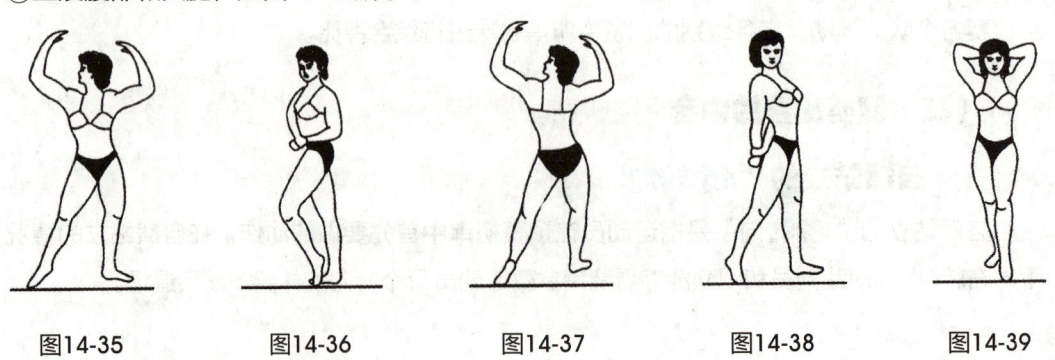

图14-35　　　图14-36　　　图14-37　　　图14-38　　　图14-39

（3）男女混双项目有5个规定动作，其名称和女子个人比赛的5个规定动作相同。

（4）自选动作是根据个人特点和时间、规则的要求，自编一套既能表现个人特长，又能表现各部肌肉及其特点的富有青春活力的成套动作。

第二节 健美操

一、健美操运动简介

健美操属于体操运动体系，是一项以健身、健心和健美为目标，融运动、音乐、舞蹈为一体，以协调多变的身体动作伴随音乐的节奏和韵律进行的体育项目。根据不同的目的和要求，健美操可分为大众健美操（也称健身健美操）和竞技健美操两大类。大众健美操以锻炼身体、增进健康、端正体态、陶冶情操为主要目的，并以操化动作为主进行身体各部位的练习，其动作素材可易可难，不受年龄、性别、场地、气候等条件的限制，容易开展，且练习趣味浓厚，因而深受人们的喜爱。竞技健美操以提高运动技术水平和参加比赛为主要目的，它既有规定的比赛项目，也有特定的竞技规则和评分方法，还有比赛形式和内容的特殊要求。比赛时，通过运动员连续表演复杂和高强度的动作来展示健与美，通过动作与音乐的完美融合，体现创造性、艺术性。

二、健美操基本动作

（一）头部运动

1. 屈

头颈关节做前后、左右的弯曲动作。

2. 转

头颈部绕身体垂直轴做转动动作。

3. 绕及绕环

以头颈部中心为轴做弧形或圆形运动的动作。

（二）肩部动作

1. 提沉肩

肩部做由上向下的动作或向上运动的动作。

> **知识窗**
>
> **搏击健美操**
>
> 搏击健美操又称搏击操，是一种有氧操，是有氧健美操的又一创新。它是结合了拳击、泰拳、跆拳道、散手、太极的基本动作，遵循健美操最新编排方法，在强有力的音乐节拍下完成的一种身体锻炼方式。有氧搏击操英文名为kickboxing，最早是由欧洲的搏击选手与职业健身操运动员推出的，其具体形式是将拳击、空手道、跆拳道功夫，甚至一些舞蹈动作混合在一起，并配合强劲的音乐，成为一类风格独特的健身操。

2. 肩的绕及绕环

以肩关节为轴做弧形或圆形运动的动作。

3. 移动肩

固定胸部，肩做急速地向前或向后移动的动作。

（三）上肢动作

1. 手形（图14-40）

掌式：

（1）并拢式：五指并拢，大拇指微屈。

（2）分指式：五指用力伸直，充分张开。

（3）芭蕾手位：五指微屈，后三指并拢，稍内收，拇指内扣。

（4）拳式：四指屈于手心，拇指扣在食指和中指上，拳要握紧。

（5）立掌式：五指用力伸直，相互并拢，手掌用力上翘。

（6）西班牙舞手形：五指用力，小指、无名指、中指自掌关节处依次屈，拇指稍内扣。

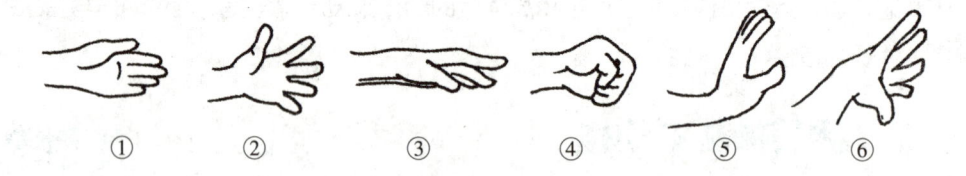

图14-40

2. 手臂基本部位（图14-41）

（1）上举：两臂向上同肩宽，手心相对。

（2）前平举：两臂前举与肩平，手心向下。

（3）前上举：臂前举与上举之间45°的方向，手心向前。

（4）前下举：臂前举与下垂之间45°的方向，手心向下。

（5）后上举：臂后举与上举之间45°的方向，手心向下。

（6）后下举：臂后举与下垂之间45°的方向，手心向下。

（7）侧平举：两臂侧平举，手心向下。

（8）侧上举：臂侧举与上举之间45°，手心相对。

（9）侧下举：臂侧举与下垂之间45°，手心向下。

图14-41

3. 手臂基本动作

（1）屈伸臂：臂部肌肉群收缩，做关节的屈和伸的动作。
（2）摆臂：以肩为轴完成手臂摆动动作。
（3）振臂：以肩为轴做臂的快速振动动作。
（4）臂的绕及绕环：以肩或肘为轴做弧形或圆形运动的动作。
（5）旋臂：以肩为轴做臂的内旋或外旋动作。

（四）躯干动作

1. 胸部动作

（1）含展胸：含胸，两肩内合，胸廓内收；展胸，挺胸肩向后合。
（2）振动胸：胸急速前挺后含做振动动作。

2. 腰部动作

（1）体屈：固定下肢，上体做体前、体下、体侧、体后屈动作。
（2）体转：固定下肢，上体沿垂直轴做扭转的动作。

3. 髋部动作

（1）顶髋：髋关节做急速的移动动作。
（2）提髋：髋关节向某一方向做向上提的动作。
（3）摆髋：髋部做钟摆式的移动动作。
（4）髋的绕及绕环：髋关节做弧形或圆形运动的动作。

（五）下肢运动

1. 站立

上体正直，两腿并拢，立腰收腹，平视前方。

2. 蹲

脚尖向前,大腿小腿约呈90°为半蹲,小于90°为微蹲,可并腿或分腿做。

3. 弓步

一腿屈膝,膝关节弯曲呈90°左右,另一腿伸直,有前弓步、侧弓步等。

4. 移重心

两脚开立,一侧重心通过半蹲移向另一侧,分前后、左右移动重心。

5. 基本步伐

（1）踏步：摆动腿膝关节向前,提脚适度离开地面,落地时由前脚掌着地并迅速过渡到全掌,两脚交替进行。收腹立腰,屈臂握拳自然摆动,如图14-42中①所示。

（2）后踢腿跳：支撑腿踏地的同时摆动腿屈膝,小腿后摆（脚面伸直）,然后缓冲落地,两腿交替进行。收腹立腰,两手叉腰,如图14-42中②所示。

（3）开合跳：原地跳起左右分腿,两脚同时落地,间距稍比肩宽,脚尖稍外开,并向脚尖方向屈膝缓冲,跳还原时两脚跟并拢。收腹立腰,两手叉腰,如图14-42中③所示。

（4）弹踢腿跳：支撑腿连跳两次。第一跳摆动腿屈膝,小腿后摆,第二跳摆动腿小腿主动向前弹踢,落地缓冲,两腿交替进行。收腹立腰,两手叉腰,如图14-42中④、⑤所示。

（5）吸腿跳：支撑腿原地蹬跳（前脚掌略离地面）,同时摆动腿屈膝（绷脚面）上抬,至大腿平行地面时稍制动,脚落地缓冲,两腿交替进行。收腹立腰,两手叉腰,如图14-42中⑥所示。

（6）踢腿跳：支撑腿原地蹬跳（前脚掌略离地面）,同时摆动腿直腿（绷脚面）上摆,然后直腿放下,落地缓冲,两腿交替进行。收腹立腰,两手叉腰,如图14-42中⑦所示。

（7）弓步跳：两脚同时跳起,一腿向后迈出一大步,另一腿屈膝成弓步,然后两腿起跳并腿落地缓冲,两腿交替进行。收腹立腰,两手叉腰,如图14-42中⑧、⑨所示。

① ② ③ ④

⑤　　　⑥　　　⑦　　　⑧　　　⑨

图14-42

三、健美操基本动作组合练习

预备姿势：开立，两臂自然下垂，低头。

（一）热身运动

1. 第一个八拍（图14-43）

预备　　1　　～　　4　　5～8

图14-43

1～4拍两臂经侧至上举（五指分开，掌心向前），低头。

5～8拍抬头，同时半蹲，两臂屈肘下落合掌至胸前（五指并拢，指尖向上）。

2. 第二个八拍（图14-44）

1～2　　3～4　　5～8

图14-44

1～2拍重心移至左腿，右脚尖点地，同时左臂经胸前平屈至上举（五指分开掌心向前）。

3～4拍重心移至右腿，左脚尖点地，同时右臂经胸前平屈至上举（五指分开掌心向前）。

5～8拍半蹲，同时两臂屈肘下落合掌至胸前（五指并拢，指尖向上），抬头。

3. 第三个八拍（图14-45）

1拍右脚向左前一步，同时两膝微屈，右臂上举（五指分开，掌心向前），抬头。

2拍左腿侧伸，脚尖点地呈右弓步。

3～4拍腿同1～2拍，方向相反，同时右臂经胸前平屈向下伸直（五指分开，掌心向内），目视前方。

5～6拍腿同1～2拍，同时两臂经前摆至侧举（五指分开，掌心向前）。

7～8拍左脚向右前一步交叉转体360°，同时两臂置于体侧。

图14-45

4. 第四个八拍（图14-46）

1～6拍左脚开始原地踏步，直臂前后摆动，臂与身体夹角约45°。

7拍左脚向左一步，同时两臂置于体侧。

8拍右脚向右一步成开立。

（二）头部运动

1. 第一个八拍（图14-47）

1～2拍半蹲，同时抬头，左臂前举（立腕）。

3～4拍低头。

5拍头左转，同时左臂摆至侧举。

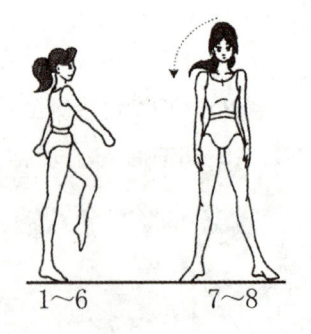

图14-46

6拍两腿伸直，同时头右转180°。

7拍头还原。

8拍左臂还原至体侧。

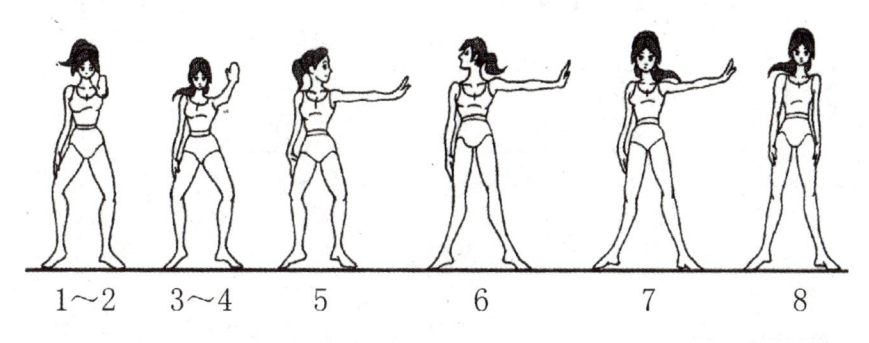

图14-47

2 ■ 第二个八拍

第二个八拍同第一个八拍，方向相反。

3 ■ 第三个八拍（图14-48）

1～2拍半蹲，同时头向左屈。

3～4拍两腿伸直，同时头向右屈。

5～8拍头经后向左绕环一周后还原。

4 ■ 第四个八拍

第四个八拍同第三个八拍，方向相反。

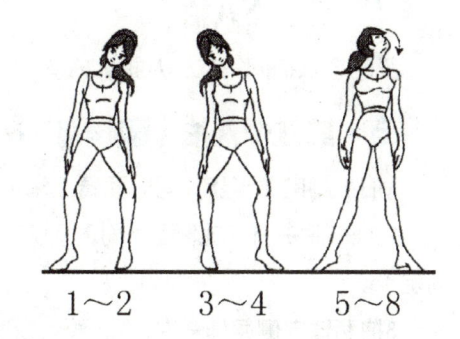

图14-48

（三）肩部运动

1 ■ 第一个八拍（图14-49）

1～2拍左腿向前屈膝。脚跟提起，同时左肩上提。

3～4拍还原。

5～6拍同1～2拍，方向相反。

7～8拍同3～4拍，方向相反。

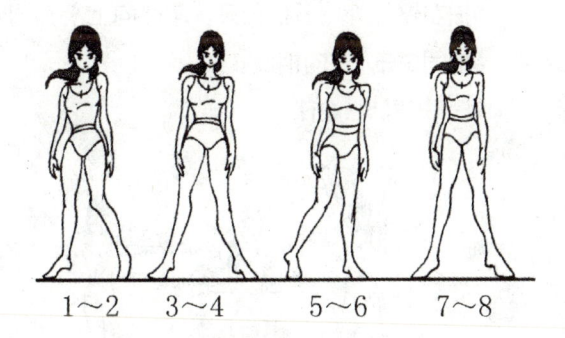

图14-49

2 ■ 第二个八拍（图14-50）

1～2拍左腿屈膝呈弓步，同时双肩向后绕环一周。

3～4拍右腿屈并于左脚，同时双肩向后绕环一周。

5～6拍右脚向侧一步呈半蹲，同时双肩向前绕环一周。

275

7~8拍两腿伸直，同时双肩向前绕环一周。

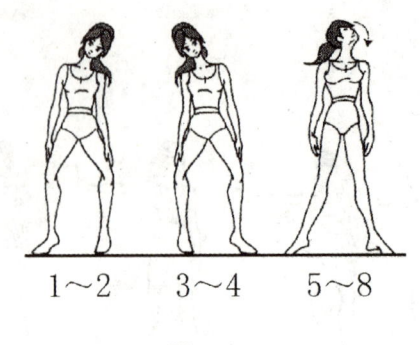

图14-50

3. 第三个八拍

第三个八拍同第一个八拍，方向相反。

4. 第四个八拍

第四个八拍同第二个八拍，方向相反。

5. 第五个八拍（图14-51）

1拍左脚向侧半步，同时两臂上举（五指分开，掌心向前）。

2拍右腿并于左腿后，同时两膝微屈，两臂经后绕于体侧屈肘（五指分开，掌心向前）。

3拍两臂向侧屈伸一次。

4拍两臂向侧伸出至侧举。

5拍左臂旋外（五指分开，掌心向上），同时右臂旋内（五指分开，掌心向下）。

6拍同5拍，方向相反。

7~8拍同5~6拍。

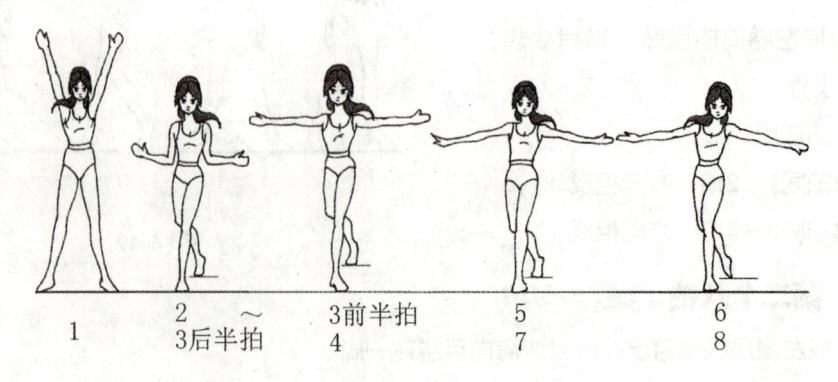

图14-51

6 ▪ 第六个八拍

第六个八拍同第五个八拍,方向相反。

(四)胸部运动

1 ▪ 第一个八拍(图14-52)

1~2拍左腿向左前一步呈半蹲,右腿屈膝并于左腿,同时向左转体45°,两臂体前下举,含胸低头。

3~4拍左脚后蹬呈右后弓步,脚跟着地,同时两臂屈肘后拉收于腰际(握拳,拳心向上),挺胸,头右转。

5~6拍重心移至左腿呈左前弓步,同时两臂伸直经前向侧打开,扩胸。

7拍左腿伸直,重心前移,右脚尖后点地,同时两臂经下、前至上举后振。

8拍向右转体45°呈开立,同时两臂经侧还原至体侧。

图14-52

2 ▪ 第二个八拍

第二个八拍同第一个八拍,方向相反。

3 ▪ 第三至第四个八拍

第三至第四个八拍同第一至第二个八拍。

(五)踢腿运动

1 ▪ 第一个八拍(图14-53)

1拍向左转体90°,同时左腿伸直提踵立,右腿上前弹踢45°,左臂胸前平屈(握拳),右臂侧举(握拳)。

2拍右脚落地,同时左腿屈膝,两臂落于体侧。

3拍同1拍,换左腿向前弹踢,右臂胸前平屈(握拳),左臂侧举(握拳)。

4拍向右转体90°,同时左脚落地,两臂肩侧屈。

5拍左脚提踵立,同时右腿直膝前踢,两臂上举。

6拍左脚落踵，同时右腿落下，两臂向内交叉于腹前。

7拍右腿直膝侧踢（脚面向上），两臂侧举，上体稍前倾。

8拍右腿落至右侧，同时两臂还原。

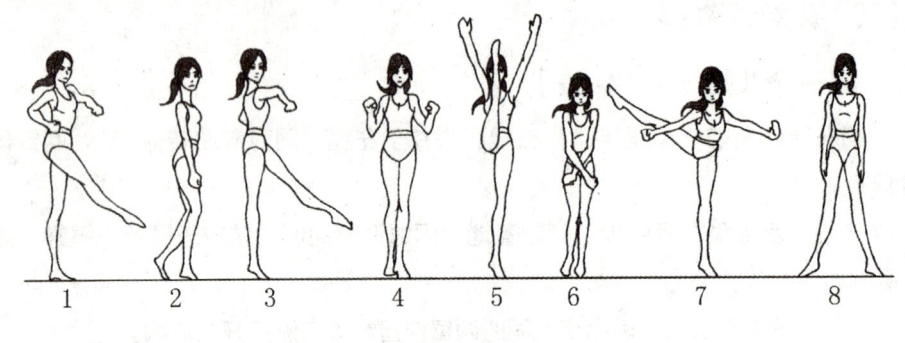

图14-53

2. 第二个八拍

第二个八拍同第一个八拍，方向相反。

3. 第三至第四个八拍

第三至第四个八拍同第一至第二个八拍。

（六）体侧运动

1. 第一个八拍（图14-54）

1~2拍右腿屈膝呈右侧弓步，同时左臂屈肘外张，手扶右膝，右臂后上举，上体左侧屈。

3拍同1~2拍，方向相反。

4拍左腿伸直呈开立，同时右臂肩侧屈，左臂自然落于体侧。

5~6拍上体左侧屈，同时右脚并于左脚旁点地，两膝微屈，右臂伸直上举。

7拍右脚侧出一步呈开立，同时右臂经左下绕至侧举。

8拍上体还原，同时右臂落于体侧。

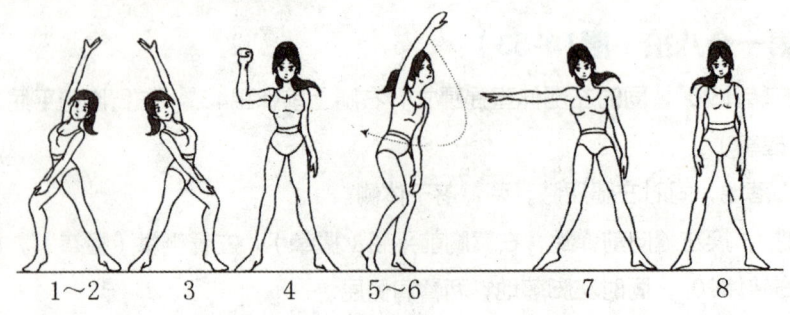

图14-54

2. 第二个八拍

第二个八拍同第一个八拍，方向相反。

3. 第三至第四个八拍

第三至第四个八拍同第一至第二个八拍。

（七）体转运动

1. 第一个八拍（图14-55）

1拍右腿屈膝呈右后弓步，同时上体向左拧转90°，右臂胸前平屈，掌心向下。

2拍右腿伸直，同时上体转回，右臂自然放于体侧。

3～4拍同1～2拍，方向相反。

5拍半蹲，同时上体向左拧转90°，两臂侧下举。

6拍两腿伸直，同时上体转回，两臂自然放下。

7拍同5拍。

8拍同6拍。

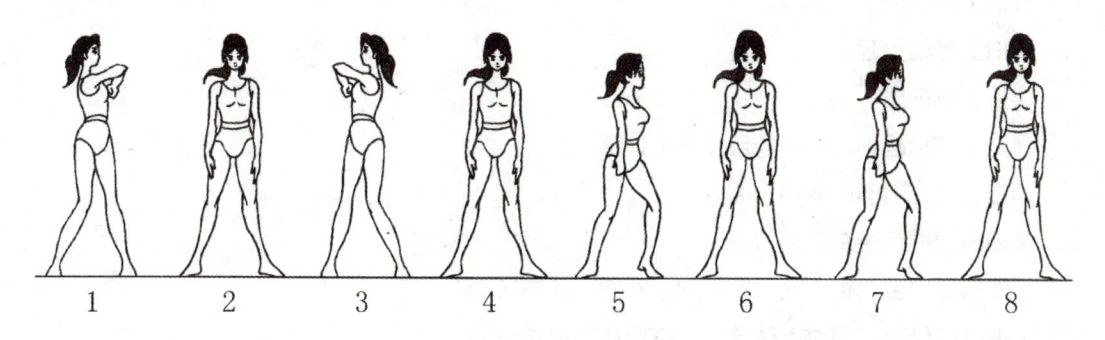

图14-55

2. 第二个八拍

第二个八拍同第一个八拍，方向相反。

3. 第三至第四个八拍

第三至第四个八拍同第一至第二个八拍。

（八）腹背运动

1. 第一个八拍（图14-56）

1～2拍左脚向左侧并步跳呈开立，同时两臂经前至侧举。

3拍两臂内旋，掌心向下。

4拍两臂上举。

5拍上体前屈，同时两臂屈肘经胸前向下伸出。

6拍上体稍抬起。

7拍上体前屈。

8拍上体稍抬起，左转45°，同时两臂侧举。

图14-56

2. 第二个八拍（图14-57）

1拍上体前屈。

2拍上体稍抬起。

3拍上体前屈。

4拍上体抬起，同时两臂自然落于体侧。

5拍右臂经前向后绕环一周。

6拍右臂继续绕至前举。

7拍右腿屈膝内扣，同时右臂向上弯曲，头右转45°。

8拍右腿伸直，同时上体转回，右臂自然落于体侧。

图14-57

3. 第三至第四个八拍

第三至第四个八拍同第一至第二个八拍，方向相反。

4. 第五至第八个八拍

第五至第八个八拍同第一至第四个八拍。

（九）髋部运动

1. 第一个八拍（图14-58）

1~2拍右腿屈膝，同时左腿伸直向左顶髋两次，左臂侧举，目视左手。

3~4拍同1~2拍，方向相反，但右臂保持侧举。

5拍向左顶髋，同时两臂腹前交叉，头转正。

6拍向右顶髋，同时两臂绕至上举。

7拍向左顶髋，同时两臂绕至侧举。

8拍向右顶髋，同时两臂绕至体侧。

图14-58

2. 第二个八拍（图14-59）

1拍左脚向前踏步，同时右腿屈膝后提，右臂摆至胸前平屈，左臂摆至侧举。

2拍右腿屈膝落于左腿后，同时两臂自然落于体侧。

3拍左脚向后踏步，同时右腿自然屈膝，左臂摆至胸前平屈，右臂摆至侧举。

4拍右腿屈膝落于左腿前，同时两臂自然落于体侧。

5拍左脚向前一步内旋（脚尖右转），同时上体右转45°提左髋（重心移至右脚），两手叉腰。

6拍左腿屈膝，同时向右后顶髋。

7拍同5拍。

8拍左脚收至右脚旁呈开立，同时两臂自然落于体侧。

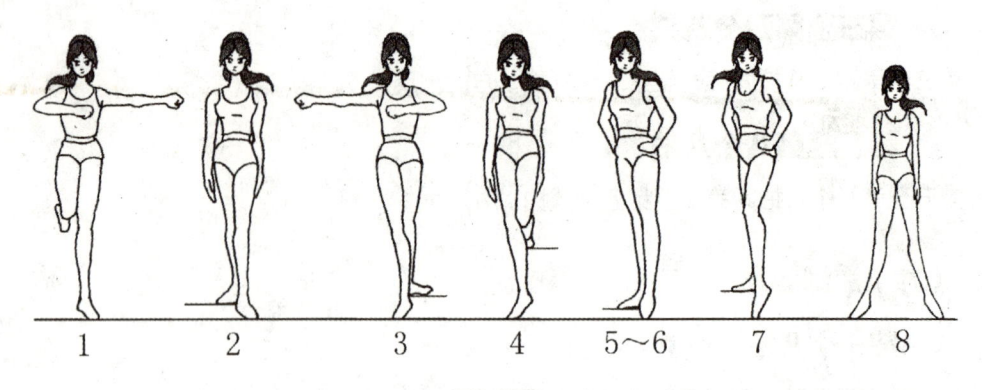

图14-59

3 ▪ 第三个八拍

第三个八拍同第一个八拍，方向相反。

4 ▪ 第四个八拍

第四个八拍同第二个八拍，方向相反。

（十）全身运动

1 ▪ 第一个八拍（图14-60）

1~2拍跳至并腿前蹲，同时两臂屈肘外张，双手扶膝，低头。

3~4拍跳至开立，同时两臂经前至侧举，挺胸，头还原。

5~8拍左脚起步向后退三步，第八拍右脚退到右侧，同时两臂逐渐向前推出，头逐渐抬起。

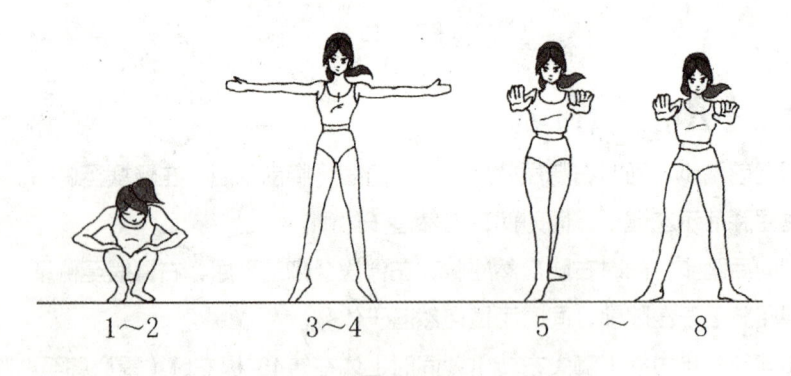

图14-60

2 ▪ 第二个八拍（图14-61）

1拍左腿侧出一步，屈膝呈左点弓步，同时上体稍左转，左臂屈肘收于腰际，右臂前伸。

2拍左腿伸直，同时右脚并于左脚（提踵），右臂由前向右画弧，屈肘收于腰际，上体转回。

3～4拍同1～2拍，方向相反。

5～8拍同1～4拍。

3 ▪ 第三个八拍

第三个八拍同第一个八拍，方向相反。

4 ▪ 第四个八拍

第四个八拍同第二个八拍，方向相反。

图14-61

（十一）跳跃运动

1 ▪ 第一个八拍（图14-62）

1～4拍左脚起步做一次十字跑跳步，两臂自然摆动。

5拍跳至开立，同时两臂胸前平屈上下拉开。

6拍跳至并立，同时两手胸前重叠。

7～8拍同5～6拍。

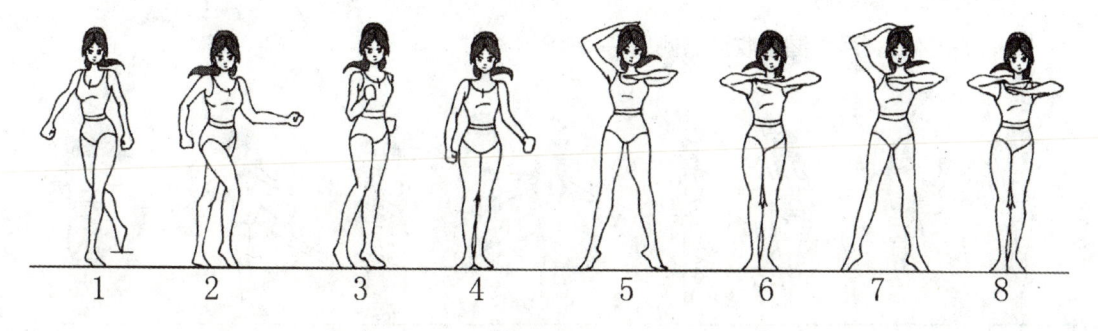

图14-62

2. 第二个八拍（图14-63）

1拍跳至马步，同时右臂前伸冲拳。

2拍双脚跳至并立，同时右臂屈肘收于腰际。

3拍同1拍，换左臂做。

4拍腿同2拍，两臂落于体侧。

5拍双脚蹬跳呈左前弓步，同时向左转体90°，两臂肩侧屈（握拳，拳心相对）。

6拍双脚跳至并立，同时向右转体，两臂落于体侧。

7拍同5拍，方向相反。

8拍双脚跳至并立，同时向左转体90°，两臂屈肘收于腰际。

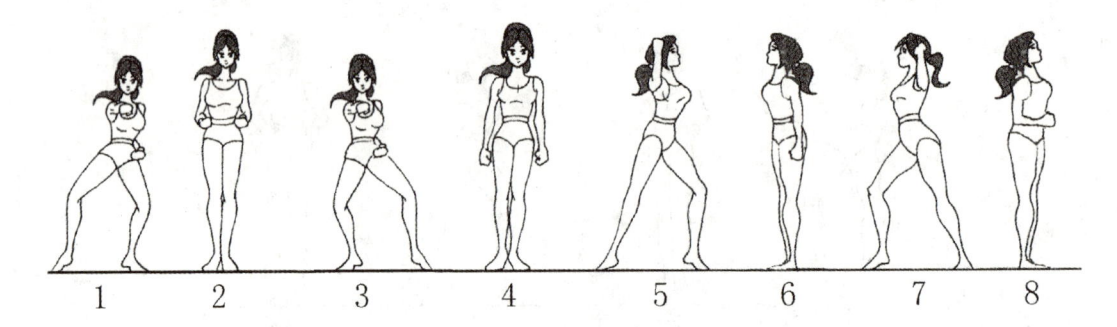

图14-63

3. 第三个八拍（图14-64）

1拍左脚向前弹踢，同时两臂向上伸出。

2拍左脚着地，同时右腿屈膝后提，两手握拳，收至肩侧屈。

3拍同1拍，换腿做。

4拍右脚着地，同时左脚屈膝后提，两臂向内交叉至腹前。

5拍左腿向左侧弹踢，同时两臂向外摆至侧下举。

6拍左脚着地，同时右腿屈膝后提，两臂收至腹前交叉。

7拍同5拍，换腿做。

8拍腿同4拍，两手握拳收至肩侧屈。

图14-64

4 ▪ 第四至六个八拍

第四至第六个八拍同第一至第三个八拍。

（十二）整理运动

1 ▪ 第一个八拍（图14-65）

1~2拍左脚向左并步呈右后点立，同时身体左转45°，左臂经侧至上举（掌心向前）。

3~4拍左腿屈膝，同时右腿屈膝并于左腿，上体放松前屈，左臂屈肘经前自然落下。

5~8拍同1~4拍，方向相反。

图14-65

2 ▪ 第二个八拍（图14-66）

1~2拍左脚侧出一步呈开立，同时上体转回，两臂由腹前向外经侧至上举（掌心相对）。

3~4拍逐渐半蹲，同时两臂屈肘向下按掌（指尖相对，掌心向下）。

5~6拍逐渐立起，臂同1~2拍。

7~8拍同3~4拍。

最后左脚并于右脚，同时两臂落于体侧。

图14-66

第三节 体育舞蹈

一、体育舞蹈概述

舞蹈艺术居艺术之首，它产生于人类的生活、劳动和情感，是一种人体文化，并随着人类的社会演变和文化进程而发展。体育舞蹈是舞蹈与体育的有机结合，它力求按照美的规律去显示高超的技艺，是一门身体与心灵相融合的艺术。体育舞蹈的发展过程经历了原始舞蹈—公众舞—民间舞—宫廷舞—社交舞—新旧国际标准交际舞等发展阶段。体育舞蹈的前身是社交舞，也称交际舞、交谊舞，又称"国际标准交际舞"，共分两大类：一类为摩登舞（现代舞），另一类为拉丁舞。

1924年，英国皇家舞蹈教师协会发起欧美舞蹈界人士，在广泛研究传统宫廷舞、交谊舞及拉美国家的各式土风舞的基础上，对当时社交舞的一部分进行了规范和美化加工，并于1925年正式颁布了华尔兹、探戈、狐步、快步4种舞的步伐，总称摩登舞。此后，此种舞蹈首先在西欧推广并进行了比赛，继而又推广到世界各国和地区，受到了许多国家人民的欢迎和喜爱。摩登舞具有端庄、含蓄、稳重、典雅的风格和绅士风度，舞步流畅，轻柔洒脱，舞姿优美，起伏有序，音乐节奏清晰，舞蹈富于技巧性，是老少皆宜的舞系。

1950年，由英国ICBD（世界舞蹈组织，1994年更名为WDDSC）主办了首届世界性的大赛"Blackpool Dance Festival"（黑池舞蹈节），并把规范后的舞蹈命名为国际标准交谊舞，以后每年的5月底，在英国的黑池举办一届世界性的大赛。随着摩登舞在世界范围内的不断推广，其自身也得到了发展，摩登舞中又增加了维也纳华尔兹。

1960年，在对非洲和拉美一些国家的民间舞进行规范和加工后又增加了拉丁舞的比赛，拉丁舞有5种舞：伦巴、恰恰恰、桑巴、牛仔、斗牛。拉丁舞具有热情、奔放、浪漫的

> **名人堂**
>
> 杨超/谭轶凌，体育舞蹈亚洲冠军组合。杨超，男，1985年出生；谭轶凌，女，1987年出生。1999年，两人开始配对跳舞，之后参加了国内外的各大赛事。2005年，两人在顶级赛事英国黑池大赛中获得21岁以下摩登舞冠军。2006年，两人又获得另外一个顶级赛事英国舞蹈公开赛的业余新星组冠军。2010年11月，他们代表中国出战广州亚运会，夺得体育舞蹈比赛的标准舞—快步及标准5项舞两项冠军。

风格特点，舞蹈动作豪放粗犷，速度多变，手势和脚步内容丰富，充满激情，音乐节奏鲜明强烈，尤为中青年所喜爱。

1964年，国标舞又增加了新的表演和比赛项目——团体舞。团体舞是摩登舞或拉丁舞的混合舞，由8对选手组成，借助音乐的引导，将5种舞蹈在队形变动中编织出丰富多样的图案。它将音乐、舞姿、队形、图案和选手们的和谐配合融为一体，达到了完美统一，使体育舞蹈的风格特点得到了更为鲜明的体现。摩登舞、拉丁舞、团体舞被称为"现代国际标准舞"，每年在国际上都有不同地区、各种级别、不同规模的多种比赛。

二、体育舞蹈的基本术语

（一）舞程向

在同一舞池中，为避免舞者相碰撞而规定的必须按逆时针方向行进。这一行进方向称舞程向。

（二）舞程线

沿舞程向方向行进的路线叫舞程线，如图14-67所示。

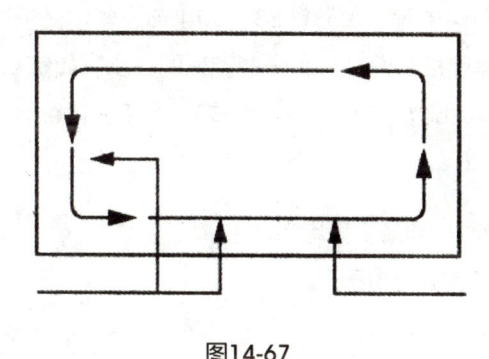

图14-67

（三）舞姿

泛指舞者跳舞的姿态。

（1）合对位舞姿（闭式舞姿）。"合"指男女交手握抱，"对"指男女面对面，泛指男女面对面双手扶握的身体位置。

（2）侧行位舞姿，指男士的右侧与女士左侧身体贴靠，身体的另一侧略向外展开成"V"字形的站立或行进的身体位置。

（3）外侧位舞姿，指在摩登舞中，男女舞伴的一侧脚向舞伴同侧脚的外侧（右外侧或左外侧）前进所形成的身体位置。

（4）并肩位舞姿，指拉丁舞中，男女面对同一方向肩臂相并的身体位置。以男士为基准，男士左肩与女士右肩相并叫"左并肩位"，男士右肩与女士左肩相并叫"右并肩位"。

（5）影子位舞姿，指男女舞伴面向同一方向重叠而立，形影相随的身体位置。以女士居前较常见。

三、体育舞蹈基本技术简介

体育舞蹈技术丰富、复杂，由于篇幅的限制，本书仅介绍比较流行、易学的两种舞蹈：摩登舞中的华尔兹和拉丁舞中的恰恰恰。

（一）华尔兹

华尔兹舞亦称圆舞，是现代舞中历史最悠久，生命力最强的舞蹈形式。"华尔兹"一词最初来自古德文Waltz，意思是"滚动""旋转"或"滑动"。19世纪初传入美国波士顿，当时为了区别于快的维也纳华尔兹舞，将这种慢节奏的华尔兹舞称为波士顿华尔兹。这种舞在20世纪初又重返欧洲，并在英国得到更好的发展和创新，以新的"慢华尔兹"的形式席卷欧洲大陆并延续至今，成为国际标准交际舞的内容之一。

华尔兹的风格特点是舞态雍容华贵，舞步婉转流畅，舞姿飘逸优美、旋转起伏似行云流水，富于抒情浪漫情调。舞蹈时，男伴似王子气宇轩昂，女伴似公主温文尔雅、雍容大方。华尔兹音乐为3/4节拍，节奏中等，每分钟28～30小节。华尔兹没有快、慢步之分，只有平均的1、2、3拍，第1拍是重拍。但是，有一些特殊的舞步，如犹豫步——每小节3拍音乐而只跳2步；并合步或前进和后退步锁步——每小节3拍音乐，可跳4步（1、2、3）。

1. 华尔兹舞基本步

练习华尔兹舞基本步时，准备姿势均为合位。

（1）前进左方步，如图14-68所示。

第1步男：左足前进。

女：右足后退。

第2步男：右足旁步稍靠前。

女：左足旁步稍靠后。

第3步男：左足向右足并步。

女：右足向左足并步。

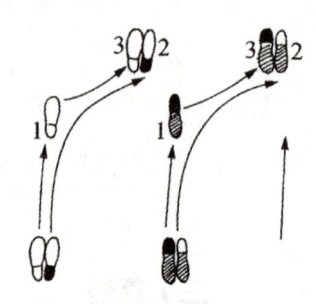

图14-68

（2）前进右方步，如图14-69所示。

第1步男：右足前进。

女：左足后退。

第2步男：左足旁步稍靠前。

女：右足旁步稍靠后。

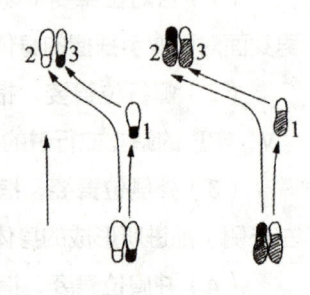

图14-69

第3步男：右足向左足并步。

女：左足向右足并步。

（3）后退左方步，如图14-70所示。

第1步男：左足后退。

女：右足前进。

第2步男：右足旁步稍靠后。

女：左足旁步稍靠前。

第3步男：左足向右足并步。

女：右足向左足并步

（4）后退右方步，如图14-71所示。

第1步男：右足后退。

女：左足前进。

第2步男：左足旁步稍靠后。

女：右足旁步稍靠前。

第3步男：右足向左足并步。

女：左足向右足并步。

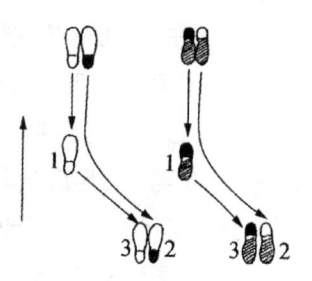

图14-70

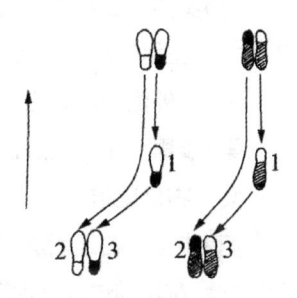

图14-71

（5）右转步，如图14-72所示。

第1步男：右足前进，开始向右转。

女：左足后退，开始向右转。

第2步男：左足旁步，向右转过1/4。

女：右足旁步，向右转过3/8。

第3步男：右足向左足并步，继续右转过1/8。

女：左足向右足并步。

第4步男：左足后退，开始向右转。

女：右足前进，开始向右转。

第5步男：右足旁步，向右转过3/8，身体转动稍滞后。

女：左足旁步，向右转过1/4。

第6步男：左足向右足并步，身体完成转动。

女：右足向左足并步，继续转过1/8。

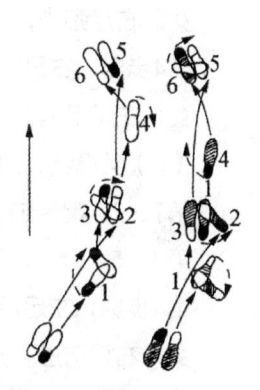

图14-72

（6）左转步，如图14-73所示。

第1步男：左足前进，开始左转。

女：右足后退，开始左转。

第2步男：右足旁步，向左转过1/4。

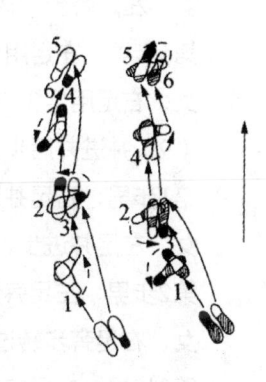

图14-73

女：左足旁步，向左转过1/4。

第3步男：左足向右足并步，再转1/8。

女：右足向左足并步，身体完成转动。

第4步男：右足后退，开始左转。

女：左足前进，开始左转。

第5步男：左足旁步转过3/8，身体转动滞后。

女：右足旁步转过1/4。

第6步男：右足向左足并步，身体完成转动。

女：左足向右足转动，转过1/8。

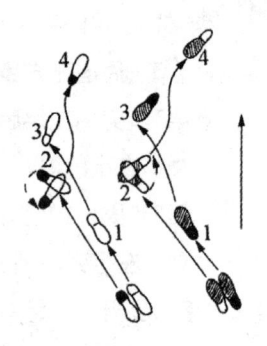

图14-74

（7）外侧换步，如图14-74所示。

第1步男：左足后退。

女：右足前进。

第2步男：右足后退，开始左转。

女：左足前进，开始左转。

第3步男：左足旁步，稍靠前转过1/4，身体转动滞后。

女：右足旁步，稍靠后转过1/4，身体转动滞后。

第4步男：右足向右外侧前进。

女：左足后退。

（8）犹豫步，如图14-75所示。

第1、2、3步与右转步第1、2、3步相同。

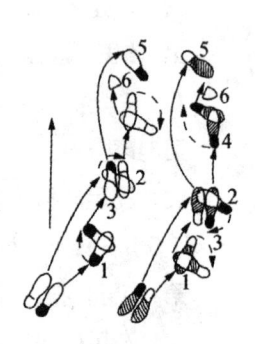

图14-75

第4、5、6步如下：

第4步男：左足后退，开始右转。

女：右足前进，开始右转。

第5步男：右足旁跨一小步（足跟拖动，由足跟→足内缘→全足），转过3/8。

女：左足旁步，转过3/8。

第6步男：左足用足尖内缘刷向右足，虚步。

女：右足用足尖内缘刷向左足，虚步。

（9）并进并后步，如图14-76所示。

第1步男：右足并进步。

女：左足并进步，开始向左转。

第2步男：左足旁步稍靠前。

女：右足旁步转过1/8。

第3步男：右足向左足并步。

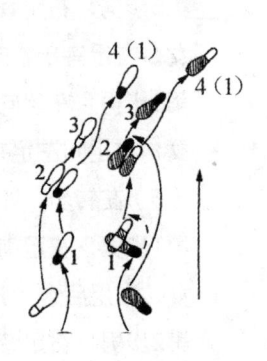

图14-76

女：左足向右足并步转过1/8，身体转动滞后。

第4步男：左足旁步稍靠前。

女：右足旁步稍靠后。

第5步男：右足右外侧前进。

女：左足后退。

2. 组合练习

（1）前进右方步→左转步→前进左方步。

（2）前进左方步→犹豫步→前进左方步。

（3）右转步第1、2、3步→外侧换步→前进右方步。

（4）前进左方步→犹豫步→前进左方步。

（5）后退韦斯步→并进并合步→右外侧右转步。

（二）恰恰恰

恰恰恰舞起源于古巴，原是模仿企鹅在生活中的各种姿态而创造出来的舞蹈。舞蹈时，男女舞伴好似两只企鹅，高兴时相亲相爱、相对而舞；不高兴时，女伴则"转身而去"，男士则"尾随其后""表示和解"。故恰恰恰舞一反男士领舞常态，而多由女士领舞、男士跟跳，而且两人动作不必整齐划一。恰恰恰舞的音乐富于切分音，4/4拍，每分钟32~34小节，4拍跳5步。恰恰恰舞由于名称动听，节奏欢快易记，邦伐斯鼓和沙球的咚咚沙沙声与动作相吻合，舞蹈又有诙谐花哨的风格，所以备受人们的欢迎，是拉丁舞中最流行的舞蹈。

1. 恰恰恰基本舞步

该舞步共10步，音乐2小节，数拍：2、3、4加1，2、3、4加1，如图14-77至图14-78所示。

准备姿势：闭面位置开始，男伴脚分开重心在右脚，女伴脚分开重心在左脚，如图14-77所示。

第1步，数拍：2，如图14-78所示。

男：左脚前进，开始左转。

女：右脚后退，开始左转。

第2步，数拍：3，如图14-79所示。

男：重心移回右脚，继续左转。

女：重心移回左脚，继续左转。

图14-77 　　　　　　图14-78 　　　　　　图14-79

第3~5步，数拍：4加1，如图14-80至图14-82所示。

男：右脚到侧旁并稍向后，跳快滑步右左右，继续转动，在第1~5步上完成向左1/8转（可以做到1/4转）。

女：左脚到侧旁，跳快滑步左右左，继续转动，在第1~5步上完成1/8（可以做到1/4转）。

第6步，数拍：2，如图14-83所示。

男：右脚后退，继续左转。

女：左脚前进，继续左转。

第7步，数拍：3，如图14-84所示。

男：重心移回左脚，继续左转。

女：重心移回右脚，继续左转。

图14-80 　　　图14-81 　　　图14-82 　　　图14-83 　　　图14-84

第8~10步，数拍：4加1，如图14-85至图14-87所示。

男：左脚到侧旁，跳快滑步左右左，继续转，在第6~10步上完成向右1/8转（可以做到1/4）。

女：右脚到侧旁并稍向后，跳快滑步右左右，继续转动，在第6~10步上完成向左1/8转（可以做到1/4转）。

图14-85 　　　　　　图14-86 　　　　　　图14-87

2. 扇形步

该舞步共10步，音乐2小节，数拍：2、3、4加1，2、3、4加1，如图14-88至图14-93所示。

准备姿势：闭面位置开始，脚分开。男伴重心在右脚，女伴重心在左脚。

第1～5步，数拍：2、3、4加1，如图14-88所示。

男：同基本步的第1～5步，左右、左右左，在第1～5步上向左1/8转。

女：同基本步的第1～5步，右左、右左右，在第1～5步上向左1/8转。

第6步，数拍：2，如图14-89所示。

男：右脚后退，不转。

女：左脚前进，开始左转。

第7步，数拍：3，如图14-90所示。

男：重心移回左脚，不转。

女：右脚后退，并稍向侧旁。

第8～10步，数拍：4加1，如图14-91至图14-93所示，男士左手与女士右手相握持。

男：右脚到侧旁，跳快滑步（右左右）。

女：左脚后退，跳快滑步（左右左），继续转，在第6～10步上向左1/4转。

图14-88 　　图14-89 　　图14-90 　　图14-91 　　图14-92 　　图14-93

3 ▪ 阿列曼娜步

该舞步共10步，音乐2小节，数拍：2、3、4加1，2、3、4加1，如图14-94至图14-104所示。

准备姿势：以扇形位置开始，男伴脚分开，重心在右脚，女伴重心在左脚，如图14-94所示。

第1步，数拍：2，如图14-95所示。

男：左脚前进，不转。

女：右脚靠到左脚，不转。

第2步，数拍：3，如图14-96所示。

男：重心移回右脚，不转。

女：左脚前进，不转。

图14-94 　　　　　图14-95 　　　　　图14-96

第3～5步，数拍：4加1，如图14-97至图14-99所示。

男：左脚几乎靠近右脚，跳快滑步（左右左），不转。

女：右脚前进，跳快滑步（右左右），开始右转。

图14-97 　　　　　图14-98 　　　　　图14-99

第6步，数拍：2，如图14-100所示。

男：右脚后退，不转。

女：左脚前进，继续右转。

第7步，数拍：3，如图14-101所示。

男：重心移回左脚，不转。

女：右脚前进，继续右转，在第6～7步上右转1/2周。

第8～10步，数拍：4加1，如图14-102至图14-104所示。

男：右脚几乎靠到左脚，跳快滑步（右左右），不转。

女：左脚前进，跳快滑步（左右左），继续右转，在第8～10步上完成1转。

图14-100 　　　图14-101 　　　图14-102 　　　图14-103 　　　图14-104

4 ▪ 三个恰恰恰步

该舞步共9步，音乐3小节，数拍：4加1、2加3、4加1，如图14-105至图14-107、图14-83至图14-86、图14-89至图14-93所示。

图14-105 　　　　　　图14-106 　　　　　　图14-107

三个恰恰恰快滑步可以在某个方位上渐进地跳。

（1）向前跳（前进步）：在闭面位置上——在基本的第1～7步之后（在9个步子右左右、左右左、右左右、上下转或渐渐地弯向左，直到3/8段转）女伴是左右左、右左右、左右左，后面跟随以基本步。

（2）向后跳（后退步）：在闭面或开面位置上——在基本步的第2步之后（不转或渐渐地向右或向左拐弯达到3/8转）左右左、右左右、左右左；女伴右左右、左右左、右左右。当不转动时后面用基本步的第6～10步接跳；当向左拐弯时，用扇形步的第6～10步跟随。

5 ▪ 舞步组合

基本步→扇形步→阿列曼娜→三个恰恰恰前进步→基本步→三个恰恰恰后退步。

> **知识窗**
>
> ## 舞场礼仪
>
> 　　国际标准交谊舞是集娱乐、健身与美育于一身的有益活动，对增进健康、陶冶情操有积极的作用，故跳舞要做到姿态美和心灵美，在舞场上要注意一下礼仪。
> 　　1. 参加舞会时应该注意仪表、衣着，须发应整洁，行为举止应文雅，邀请舞伴要大方有礼貌，跳舞前应先征得舞伴的同意，跳完舞应向舞伴致谢。
> 　　2. 在舞场不可大声喧哗或随便穿行，应遵守舞场规定。
> 　　3. 跳舞时要运步自然、潇洒，不要做怪动作。舞伴间要相互尊重，根据对方的水平跳出各种花样。不要苛求对方，更不要显出不耐烦的神态。男伴在领舞时，可做轻微的推、拉、扭、按动作，向女伴示意。

第四节　瑜伽

一、瑜伽运动概述

（一）瑜伽简介

　　瑜伽是东方最古老的强身术之一，它起源于古印度，近年流行于世界。"瑜伽"是梵文辞，是从印度梵语"yug"或"yuj"而来，其含义为"一致""结合"或"和谐"。瑜伽是一个通过提升意识，帮助人们充分发挥潜能的哲学体系及其指导下的运动体系。瑜伽姿势是一个运用古老而易于掌握的方法，提高人们生理、心理、情感和精神方面的能力，是一种达到身体、心灵与精神和谐统一的运动形式。

　　瑜伽发源于印度北部的喜马拉雅山麓地带，古印度瑜伽修行者在大自然中修炼身心时，无意中发现各种动物与植物天生具有治疗、放松、睡眠或保持清醒的方法，患病时能不经任何治疗而自然痊愈。于是古印度瑜伽修行者根据动物的姿势观察、模仿并亲自体验，创立出一系列有益于身心的锻炼系统，也就是体位法。这些姿势历经了五千多年的锤炼，瑜伽教给人们的治愈法让世世代代的人从中获益。

（二）瑜伽的呼吸

　　呼吸就是生命，如果没有食物和水，人的生命还可以维持几天；但是如果没有呼吸，我们在几分钟内就会失去生命。在瑜伽理论中，瑜伽学者们常常形容呼吸就是汲取生命之气。"生命之气"就是精气、精力，它看不到但能时时刻刻感觉到。瑜伽呼吸由三个部分组成——吸气、悬息（屏气）、呼气。人们常常认为吸气是呼吸中最重要的部分，但事实上，吐气才是最关键的部分。吐出去的废气越多，才能有机会吸入更多的氧气。所以在许多的瑜伽呼吸法中，吐气比吸气时间长，悬息会让氧气停留在体内的时间更长。如果是初学者把握不好呼吸，不主张做屏气的练习。

呼吸具有两大功能：供给脑部和血液足够的氧分；摄入生命之气，控制意识。通过瑜伽呼吸法的练习，可将肉体和精神联系起来；可以洁净呼吸系统，排除身体毒素，更深地放松身体和精神；可以增加精力，使我们通向更广阔的精神认知领域。呼吸作为人的生理本能，是一种无意识的自然规律。平常人的呼吸在瑜伽的呼吸定义中被称为"肩式呼吸"。瑜伽的呼吸方法是一种特殊的方法，被称为"完全呼吸法"。它是同时运用腹部、胸部和肩部三合一的呼吸原则，对呼吸重新调整而达到"调息"的呼吸练习方法。瑜伽呼吸方法有十多种，较为简单也容易为初学者所掌握的有"胸式呼吸""腹式呼吸""完全呼吸""交替呼吸"等，还有稍复杂些的，也是程度较高的瑜伽研习者常用的"鸣声呼吸法""语音呼吸法""风箱式呼吸法"等。

> **知识窗**
>
> 大约在公元前300年时，印度大圣哲帕坦伽利创作了《瑜伽经》。《瑜伽经》阐明了使身体健康、精神充实的修炼课程，这门课程经过系统化和规范化，成为当代瑜伽修炼的基础。帕坦伽利在《瑜伽经》中提出的哲学原理被公认为是通往瑜伽精神境界的里程碑，因此，帕坦伽利被尊为瑜伽之祖。
>
> 瑜伽不仅是古印度文明在艺术、哲学、医学领域的奇迹，更已成为世界文明的瑰宝。因其完备的科学性、高度的艺术性和独特的智慧性，已延续5000年并流传至今。20世纪以来，经东西方深入的科学研究，它的神奇功用进一步证实，已被西方研究证明是人类最适宜、最有效的修身习练法之一，这一集文化、艺术、哲学、医学于一体的运动方式再次风靡各国，进入了又一个繁盛时期。

（1）胸式呼吸：气息的吸入局限在胸的区域，气息较浅，这种呼吸适宜做针对性较强的动作（如上背部和胸部的动作）。

方法：呼吸时，意识集中于肺部，缓缓吸气，感觉自己的肋骨向外扩张，气息充满胸腔，保持腹部的平坦；缓缓呼气放松胸腔，将气呼尽。

（2）腹式呼吸：气息的吸入局限于腹部的区域，气息较深，横膈肌下降得较为充分。

方法：呼吸时，更多关注腹部，缓吸气，感觉腹部被气息充分膨胀，向前推出，胸腔保持不动；缓缓呼气，横膈膜上升，腹部慢慢向内瘪进。

（三）瑜伽的静思与冥想

瑜伽健康的实践是体位法、呼吸法、冥想法三者融为一体，达到身心合一的完美境界。瑜伽中的静思与冥想不是宗教，也不是玄学，而是现代人可以利用和学习的一种与自我心灵对话的方式。只要我们能放松自己，保持内心的和平、静观一切，心中无杂念，就已进入冥想状态。这种瑜伽静思的冥想形式常被那些有经验的瑜伽研习者采用。

在体位法练习过程中也可以进行冥想。瑜伽冥想术的目的在于获得内心的平和与安宁，达到无限的精神之爱、欢乐、幸福和智慧。在练习瑜伽体位法时，每个动作完成后的静止过程中，闭上眼睛，配合缓慢深长的呼吸，用心体会动作刺激身体的所在部位，即从姿势的名称联想相应的图像。如练习"树式"姿势时，想象身体像一棵充满生机的树沐浴在阳光下，脚像有力的树根从大地汲取养分，生命变得充满活力、自信。

现代人的精神压力越来越大，冥想是一种很好的精神减压方式。冥想可以提高人集中精神、控制自身意识以及调节身心的能力，从而帮助人们达到内心更平静、祥和的状态，因此，冥想是真正意义上的"寻找自我、认识自我"的方式。冥想并不在于我们可以保持思想清晰和集中的时间有多长，而在于培养反复转移注意力到某个选定目标上的能力。

这里介绍两种冥想技巧：1注意力集中于呼吸，即仔细观察和感受的呼吸过程，在任何情况下都不改变呼吸的节奏，也可把注意力集中在每一次呼气上。2注意力集中到某一物体上，将一支点燃的蜡烛、一枝花或者是一块带条纹的石头等，置于身前不远的地板上或者放在与视线等高的地方，把注意力集中在烛焰上、花上或石头上等，当注意力分散时，重新把注意力集中到这些物体上。也可闭上眼，脑子里默想着烛焰、花或石头的样子，直到它们逐渐从脑海里消失。然后睁开眼睛，再一次凝视眼前的蜡烛、花或石头。

（四）练习瑜伽的注意事项

1. 时间安排与饮食要求

清晨或傍晚是瑜伽锻炼的最佳时间。要保证空腹或完全消化以后（饱餐后3h）进行练习，吃流质食物则可在半个小时后练习。日常饮食尽量避免油腻、辛辣。练习后半小时进食比较科学。

2. 身体清洁

洗澡可以使人体洁净并保持轻松的感觉，这样在进行某些练习时效果更好，因此可以选择在练习前1h左右洗澡。如果想在练功后用热水淋浴，应在15min后进行。

3. 衣着要求

练习瑜伽要尽可能穿着简单、宽松的衣物。练习时最好光着脚，并摘掉手表、腰带或其他饰物。

4. 练习场地与环境

练习瑜伽时要选择安静、洁净、空气新鲜的地方，如果在室内要注意保持空气的流通，这对于调息练习尤为重要。瑜伽练习时必须保持安静，避免交谈和心理活动，可以播放轻松简单的乐曲，以帮助身心能够专心集中。

5 ▪ 女性及某些患病者的注意事项

女性在生理期应避免做腹部过于用力的动作，如用力地呼吸、倒立类动作等。做上体往下倒立的姿势时，高血压、低血压患者、头部受过伤害的人、晕眩病人、心衰的人应避免练习，以免头部充血而发生危险。患椎间盘突出的人应禁止做往前弓背的动作。

6 ▪ 练习方法

瑜伽体位法包括弯、叠、折、俯、扭、抑、屈、伸、提、压等，不正确的练习会损害健康，扰乱心神。一定要在教师的指导下练习。瑜伽练习的每一步骤都要谨慎从事，不可操之过急，在练习过程中逐步增加力度和难度，顺其自然、循序渐进。

7 ▪ 休息

瑜伽休息有两种，一种是短时间的休息，如体位法中常采取10～30s的休息，一般占用练习时间的1/5左右；另一种是专门的休息，有时达十几分钟之久，甚至更长时间，如仰卧瑜伽放松术等。这种方法除了达到放松的目的，还能帮助恢复体内能量和精神。

二、常用瑜伽体位动作介绍

（一）拜日式（向太阳致敬式）

拜日式作为一个整体，对身体的各个不同系统能产生良好影响，而且有助于使各个系统互相达到和谐状态，使人健康而又充满活力。

练习方法如下。

直立，两脚并拢，双手于胸前合十，调整呼吸，使身心平静，如图14-108中①所示。

吸气，手臂向后伸直，放在耳朵两侧，上半身向后仰，臀部向前推，如图14-108中②所示。

吐气，上体前屈，手掌平放于地面，让手指与脚趾呈一直线。头部尽量贴近膝盖，如图14-108中③所示。

吸气，左腿尽量往后伸（初学者让左膝着地），右膝盖弯曲，伸直脊柱，抬头，眼睛向前上方向看，如图14-108中④所示。

憋气（或保持呼吸），把左腿往后伸直，呈伏地挺身姿势，如图14-108中⑤所示。

吐气，膝盖弯曲，膝盖、胸、下巴（或额头）着地，保持髋部抬高。注意放松腰部和伸展胸部，如图14-108中⑥所示。

吸气，臀部往前推，头向后仰，呈眼镜蛇式，如图14-108中⑦所示。

吐气，手脚不动，臀部尽量往上推，呈"倒V"姿势，如图14-108中⑧所示。

吸气，前跨左脚并放在两手中间，右腿往后伸展，眼睛往前上方向看，如图14-108中⑨所示。

吐气，把左脚往前收，两脚并拢，膝盖伸直，额头贴近膝盖，如图14-108中⑩所示。

吸气，上体后仰，全身尽量向后伸展，如图14-108中⑪所示。

吐气，慢慢还原成直立，如图14-108中⑫所示。

图14-108

（二）头倒立式

此式被称为"姿势之王"。练习此式可以加强全身的血液循环，使脸部和身体的皮肤以及内脏不易松弛和下垂。练习时，脸部应尽量放松，手指放松但保持互扣、稳定的姿势，做正常的呼吸。练习时，注意力应放在身体的伸展和平衡感上。

练习方法如下。

跪立，身体前弯，双手肘着地，手臂呈三角形，手指交叉置于身前抱住头部，头顶着地，双腿慢慢伸直，走向头部方向，直到整个背部垂直于地面。然后让双膝弯曲，控制平衡，双腿慢慢离开地面，让大腿与头部呈一直线。保持这个姿势，做3~5次深呼吸。收紧臀部并向上伸展整个腿部和脚背。继续让小腿向上伸展，直到整个身体呈一直线。保持这个姿势尽可能长的时间，并且始终做平静、深长的呼吸。呼气，让身体按照原路线返回到跪立姿势。

（三）树式

这是瑜伽练习里加强平衡能力的姿势之一。通过此练习可以感受身体和内心的平和。同时，此式可调整身体线条，防止胸下垂，是瑜伽姿势中非常具有代表性的姿势。练习时，注意力应放在身体的平衡聚合感和身体积极向上的伸展感上。

练习方法如下。

以右腿站立，保持平衡，慢慢把左脚抬离地面，抵住右大腿内侧，双手胸前合十做祈祷的姿势。注意膝盖应向外打开，如图14-109中①所示。

双手举过头顶，向上收紧腹部，保持尽可能长的时间，做正常、稳定的呼吸。呼气，还原山立式，如图14-109中②所示。换一边做同样的练习。

① ②

图14-109

（四）船式

这是一个强化神经系统的姿势，可加强双腿、腹部和背部的机能，强化内脏。练习时，注意力应放在整个腰背和腹部上。

练习方法如下。

正坐，让上半身和腿部间呈直角。吐气，双手抱住头部后倒，同时身体后倒，以臀部做支点，腿部抬离地面，尽可能与头部在同一水平线上所示。重复2~3次。

变形式：让手臂向前伸展，保持这个姿势尽可能长的时间，做正常、平静的呼吸，如图14-110所示。

图14-110

作业与思考题

1. 你知道几种健美操的常用手形？和同学交流一下，看自己做得对不对。
2. 学完本章内容以后，试着编一套简单的健美操。
3. 体育舞蹈如何分类？各类舞蹈有什么特点？
4. 华尔兹舞和恰恰恰舞的基本特点是什么？
5. 练习瑜伽有哪些注意事项？

网站链接

1. 肌肉网 http：//www.jirou.com/
2. 中国健美操协会 http：//www.caa.net.cn/
3. 中国体育舞蹈联合会 http：//www.dancesport.org.cn/
4. 中国瑜伽在线 http：//www.chinayogaonline.com/

CHAPTER 15
休闲娱乐运动

> 要保持健康的身体，除了节食、安静这两位医生外，还有一位，就是快乐。
>
> 丘吉尔

学海导航

休闲运动是一种以休闲娱乐为目的的体育活动。它是在现代社会快节奏的工作和生活环境下，人们利用闲暇时间，主动、随意地体验各种以身体活动为基础的一种娱乐、健身的过程，是身体放松必不可少的一种运动。它是健康的体育运动与浪漫的文化追求相结合的一种休闲方式，是人们在闲暇时间通过多种具有一定文化品位的运动，达到健身、娱乐、交往、自我实现等目的，进而满足个人身心发展需要的一种活动方式。休闲娱乐运动不仅能缓解压力，松弛过分紧张的情绪，更能张扬个性，追求品位与情趣，因此逐渐被人们接受和喜爱，成为人们文化生活的重要组成部分。本章向大家介绍生活中常见的轮滑、毽球、台球运动。

知识目标

1. 知晓轮滑、毽球、台球运动起源与发展的基本知识。
2. 了解台球运动中主球的运动特征。

能力目标

1. 掌握轮滑直道滑行、弯道滑行、转弯和停止等基本技术。
2. 掌握多种毽球的基本技术，自主进行锻炼。
3. 掌握台球握杆、架杆等基本技术，并能较协调舒畅地击中目标球。

第一节 轮滑

一、轮滑运动简介

轮滑运动最早被人们称为旱冰运动。从技术结构和动作轮廓来看，该项目与冰上运动大体相似，二者有着不可分割的亲缘关系。

1924年4月1日，英国、法国、德国和瑞士四国代表在瑞士蒙特勒成立了国际轮滑联合会。1926年4月，国际轮滑联合会举办了由6个国家参加的第1届欧洲轮滑锦标赛。速度轮滑、花样轮滑、轮滑舞蹈、轮滑球等项目先后被列为世界锦标赛项目。1949年4月，在罗马召开的第44届国际奥委会年会正式承认国际轮滑联合会为非奥运会项目的国际组织。

现在的国际轮滑联合会总部在美国，下设有速度轮滑委员会、花样轮滑委员会和轮滑球委员会。亚洲的轮滑运动开展得较晚，成绩也较差。亚洲的轮滑联盟由中国、韩国、菲律宾、印度、日本等国家和地区组成。目前在亚洲，日本轮滑各项成绩略占领先地位。

二、轮滑运动的基本技术

（一）基础动作

1. 姿势

轮滑是采用特殊的姿势进行练习和比赛的。为了保持快速滑行中身体的平稳，减小空气阻力，运动员在练习和比赛中，采用的是上体前倾，两腿弯曲，用背手或摆臂保持身体平衡的滑跑姿势。

2. 滑跑

滑跑就是快速滑行。与陆地奔跑技术不同，轮滑的滑跑没有向前的反支撑和蹬地后双脚腾空的过程，它的技术是内向型周期循环性动作，技术的构成是由直道滑行的6个阶段、12个技术动作和弯道滑行的4个阶段、8个技术动作构成的一个复步。

3. 蹬地

蹬地腿脚尖轮与支撑腿脚后轮呈一条直线，蹬出后要保持三点一线，即头、支撑腿膝盖和脚尖在一条直线上，收腿身体要稳，保持重心稳定，如图15-1所示。

4. 平衡

由于练习者在轮滑场地滑跑是借助窄而长的轮滑鞋进行的，因而必须有较高的平衡能力。而练习和比赛的路线一般由直道和弯道组成，且轮滑在直道和弯道上分别采用不同的技术动作，因此，运动员必须将较好的平衡控制能力贯穿练习和比赛的直道滑行和弯道滑行中。

图15-1

（二）滑跑技术

1. 轮滑的起跑技术

（1）预备姿势。速度轮滑起跑通常采用的有两种预备姿势：一是侧向起跑法的预备姿势，二是正向起跑法的预备姿势。

侧向起跑法的预备姿势。运动员侧身向起跑方向，两腿平行分立与肩同宽，用轮子的内刃着地，将有力腿放在后面，两脚与起跑线呈20°～30°，身体重心落在两腿中间，两膝微屈约呈110°，膝盖内扣，上体前倾与地面呈40°～50°，前手臂自然下垂，后手臂向侧后平举，高度不超过肩，目视前方8～10m处，当听到枪声时立即跑出。

正向起跑法的预备姿势。运动员以两脚跟分开距离在20~30cm，脚尖分开呈90°~120°，用内轮面压地面，两脚呈外"八"字形站好。这时，两腿微屈约呈110°，两膝关节前弓，身体重心落在两脚中间稍偏前部位，身体重心投影点位于脚前内侧。上体稍前倾与地面呈40°~50°，如果右脚是有力脚，左臂放于体前自然下垂，右臂放于体侧后平举，高度不超过肩，目视前8~10m处，当听到枪声时立即跑出。

（2）疾跑。起动后到发挥出最高速度这一滑跑过程为疾跑。方法是：当第一步踏出之后，就进入疾跑阶段，第二、三步均以踏切动作完成，从第四步开始，采用切滑结合的动作技术。随着步数的增加，滑的成分逐渐增大，切的成分逐渐减小。手臂振幅要小而有力，步伐要清晰自如，步距以较小为佳，下轮动作位于身体重心垂直投影点稍前方。从五、六步开始，上体前倾角度由大变小，蹬腿方向逐渐侧向，滑跑步距由小变大，摆臂振幅逐渐加大。同时，两脚外展角由大变小，身体重心的垂直投影点由前稍向后移，移到正常滑跑时重心垂直投影点的位置。疾跑时是用两脚轮子的内刃完成动作的。

2. 直道滑跑技术

（1）直道滑跑的姿势。上体前倾，肩高于臀，上体与地面呈15°~20°，大腿与躯干呈30°，膝关节弯曲呈90°~110°，踝关节前屈呈50°~70°。上体放松，两臂伸直，两手自然互握于背后，头微抬起，目视前进方向8~12m处。在滑行时身体重心稍前探。

（2）直道滑跑技术动作周期的构成。轮滑的直道滑跑动作是典型的周期性技术动作。一个动作周期由左、右两个单步组成。每一个单步又是由单脚支撑和双脚支撑滑进过程组成。其中，单脚支撑滑进过程是支撑腿滑进的过程，它包括惯性滑进和单脚支撑蹬地两个动作。与支撑腿相对应的浮腿动作是收腿、摆腿和着地动作，并与支撑腿协调一致。因此，轮滑的直道滑跑动作，一个动作周期应该是6个阶段，共包括12个技术动作。此6个阶段、12个技术动作的构成与动作之间的协调对应关系可用表15-1表示。

表15-1　直道滑跑一个动作周期的构成

6个阶段		惯性滑进	单腿支撑蹬地	双腿支撑蹬地	惯性滑进	单腿支撑蹬地	双腿支撑蹬地
12个动作	左腿	惯性滑进	单腿支撑蹬地	双腿支撑蹬地	收腿动作	摆腿动作	着地动作
	右腿	收腿动作	摆腿动作	着地动作	惯性滑进	单腿支撑蹬地	双腿支撑蹬地

（3）直道滑跑的蹬腿动作。轮滑的蹬腿动作是在向前滑进的过程中进行的，也就是说是边滑行边蹬腿。轮滑的蹬腿动作过程包括开始蹬腿阶段、蹬腿的最大用力阶段和结束蹬腿阶段。

当惯性滑进结束，进入蹬腿阶段时，运动员应从用轮子平刃面的滑进过渡到用轮子的内刃滑行。这时，运动员在身体倾斜的状态下滑进，进入了开始蹬腿阶段。开始蹬腿阶段对运动员腿部动作的技术要求是，在伸展髋关节的同时膝关节向前压，踝关节的前屈角度略有缩小并保持这个姿势开始向身体的侧后方蹬腿。

当完成开始蹬腿阶段的技术动作后，就进入了蹬腿最大用力阶段。在这个阶段，运动员的蹬伸腿位于身体的侧方，身体倾斜度达到最适宜角，即上体前倾与地面呈15°~20°，大腿与躯干呈40°左右，膝关节弯曲呈125°左右，踝关节前屈呈50°~70°。这时，运动员可以快速伸展膝关节，同时伸展髋、踝关节。

结束阶段是运动员完成了蹬腿的最大用力阶段后，髋、膝、踝关节完全伸直并准备收腿的最后蹬腿阶段，如图15-2所示。

（4）直道滑跑的摆臂动作。速度轮滑直道滑行的摆臂动作是与支撑腿的蹬地动作协调配合的技术动作。它能有效地提高蹬地的力量，加快身体重心的移动而提高动作频率和保持滑行时身体的平衡。摆臂动作常用于短距离项目的滑跑和比赛时的终点冲刺跑阶段。正确的摆臂动作技术应该是，左腿蹬地时，左臂向右前上方摆，而右臂向右后上方摆；右腿蹬地时，右臂向左前上方摆，而左臂向左后上方摆。摆臂时要注意以肩为轴，配合支撑腿的用力蹬地动作。

蹬腿与摆臂的技术动作是互相作用和影响的。它们在时间和空间上有准确的动作技术配合是达到最佳速度的重要条件。

图15-2

3▪ 弯道滑跑技术

（1）弯道滑跑的姿势。弯道滑跑的动作可分为两种：一种为长距离的弯道滑跑动作，另一种为短距离的弯道滑跑动作。这两种滑跑动作基本一样，只是长距离的弯道滑跑姿势比短距离弯道滑跑姿势各个关节角度稍微大些。

弯道滑跑姿势是采用身体向左倾斜的姿势，这是由圆周运动的特点决定的。在弯道滑跑时，身体呈一直线向左倾斜，头和肩也随之向左侧转动，左肩稍低于右肩，左臂稍低于右臂，双腿完成蹬地动作时，也应尽量与身体倾斜面相一致，上体和支撑腿的滑行方向应该是沿圆弧切线方向。在滑行中身体重心应居中稍偏左侧前方，整个弯道滑跑过程应有加速感。身体倾斜度与弯道半径的大小和滑跑的速度有密切关系，如半径小，速度快，身体倾斜度就大，反之，身体倾斜度就小。掌握好身

图15-3

体倾斜度与弯道弧度的关系，是提高弯道滑跑速度的重要因素，如图15-3所示。

（2）弯道滑跑技术动作周期的构成。轮滑弯道滑跑动作的一个动作周期由左、右两个单步组成。与直道滑跑不同的是，在弯道滑跑过程中几乎没有惯性滑进阶段，两腿几乎一直处于不断交叉压步蹬地的状态。速度轮滑的弯道滑跑动作的一个动作周期分为4个阶段，两腿共8个技术动作。此4个阶段、8个技术动作的构成与动作之间的协调对应关系可用表15-2表示。

表15-2　弯道滑跑一个动作周期的构成

4个阶段		左腿支撑蹬地	向左双腿支撑蹬地	右腿支撑蹬地	向右双腿支撑蹬地
8个技术动作	左	单腿支撑蹬地	双腿支撑蹬地	摆收腿	着地
	右	摆收腿	着地	单腿支撑蹬地	双腿支撑蹬地

（3）弯道滑跑的蹬腿动作。弯道滑跑的蹬腿是右脚用轮子的内刃、左脚用轮子的外刃向右侧后方蹬腿的交叉压步的技术动作。滑跑的方向是弯道圆弧的切线方向。每个步幅不能过长，一般在4～5m。

正确的轮滑弯道滑跑的蹬腿动作应该是，当左腿摆收到右腿支撑脚跟时，右脚进入到开始蹬腿动作阶段。当右脚向左侧前方"压收"动作即将越过左腿时，左腿进入开始蹬腿阶段。当蹬地腿继续快速蹬伸时，蹬腿动作就进入最大用力阶段，此时浮腿悬在新的弯道弧线的切线方向上，整个重心牢牢地压在蹬地腿上，图15-4蹬腿方向要与蹬地腿滑进的切线相垂直。

图15-4

（4）弯道滑跑的摆臂动作。弯道滑跑正确的摆臂动作技术是，右臂摆动与直道滑跑基本相同，但摆臂的幅度稍大，方向更向左侧前方一些；左臂摆臂动作是上臂贴靠住上体，前臂做前后摆动。左臂的摆臂是起平衡协调作用的，因而一般左臂也可置于体侧或背于身后不摆动。

第二节　毽球

毽球是一项新兴的体育运动，在20世纪80年代后期流行于我国。但是踢毽子运动在我国却历史悠久，是传统的民族体育项目之一。

一、踢毽子的历史

关于踢毽子的起源，有两种传说。相传，毽创自轩辕黄帝，是武士练习的一种器具。又一传说认为："创自岳武穆，用箭之翎，配以金石之质，抛足而戏，以释军闷。"

据历史文献和出土文物证明，踢毽子起源于我国汉代，盛行于六朝、隋、唐，唐《高僧传》二集卷十九《佛陀禅师传》中记载：有一个叫跋陀的人到洛阳去，在路上遇到了12岁的惠光，当时惠光在天街井栏上反踢毽子，连续踢了五百次，观众赞叹不已。跋陀是南北朝北魏人，为河南嵩山少林寺的祖师，他非常喜欢惠光，并将他收为弟子，惠光便成了少林寺的小和尚。

宋朝高承在《事物纪原》一书中，对踢毽子有较详细的记载："今时小儿以铅锡为钱，装以鸡羽，呼为毽子，三四成群走踢，有里外廉、拖抢、耸膝、突肚、佛顶珠等各色。"

明、清时期，踢毽子进一步发展，关于踢毽子的记载也就更多了。明代进士、我国历史上有名的散文家刘侗在《帝京景物略》中写道："杨柳儿青，放空钟，杨柳儿死，踢毽子。"踢毽子已成为民谚的内容，而且发展为数人同踢的技巧运动。至清末踢毽子已达到鼎盛时期，参加的人越来越多，不仅用来锻炼身体，作为养生之道，而且把踢毽子和书画、下棋、放风筝、养花鸟、唱二黄等并提，一些人以会踢毽子而自荣。因此，踢毽子的活动更加广泛，特别是青少年参加者更为普遍，当时就有这样的童谣："一个毽儿，踢两半儿，打花鼓，绕花线儿，里踢外拐，八仙过海，九十九，一百。"说明踢毽子已经到了相当普及的程度。民间踢毽爱好者更是用功苦练，以口传身授的方法代代相传。以北京为例，每遇城乡庙会，各路能手步行相聚，观摩、比赛，培养新手，甚是热闹。

二、毽球技术

毽球是技术性很强的运动，具体技术如下。

（一）准备姿势与移动技术

准备姿势是移动的开始，正确的身体准备姿势为迅速移动提供了条件。毽球比赛时的身体准备姿势一般有两种。

（1）两脚左右开立，略比髋宽，脚跟稍提起，脚掌内侧着地，两膝微屈、内扣，重心稍降，上体放松前倾，两脚保持动态。

（2）两脚前后开立，支撑脚在前，踢毽脚在后，其他动作同两脚左右开立。移动时根据来毽的距离远近、球速的快慢，采用各种不同的步法。有上步向前移动、向后撤步移动、上两步移动、交叉步移动等。

（二）踢毽技术

踢毽是毽球的最基本技术，应在进攻、防守以及攻防的转换中，根据不同的情况采用不同的脚法踢毽。

脚内侧踢毽是运用最多的踢法。踢毽时，要以髋为轴，膝关节外展，小腿向上摆，击球一刹那踝关节内屈端平，用脚弓内侧把毽向上踢起，如图15-5中①所示。

脚外侧踢毽常用于接身侧面的来球。踢毽时膝关节内收，小腿向体侧上摆，击球一刹那勾足尖，踝关节外屈端平，用脚背外把毽向上踢起，如图15-5中②所示。

脚背踢毽时大腿带动小腿，击球刹那，脚背纵直，踝关节用力，小腿快速把毽踢起。脚背踢毽可根据不同作用，分为正脚背踢毽、正脚背体侧凌空踢毽、脚尖挑踢，分别用于发毽、进攻和接毽，如图15-5中③所示。

脚前掌身后踢毽主要用于救险毽。当来毽落在紧靠身体后面时，一腿微屈站立，踢毽腿屈膝、腿向后方摆起，使脚前掌对准来毽，同时身体稍转向来毽一侧，踢毽一刹那，脚踝绷直用力，用脚前掌将毽踢起，如图15-5中④所示。

①脚内侧踢毽　②脚外侧踢毽　③脚背踢毽　④大腿触毽

图15-5

凌空踢毽是一种技术较高、难度较大的进攻性很强的踢毽技术，类似于倒钩踢毽技术，所不同的是踢凌空毽时，摆动腿要向外侧上摆，在击毽一刹那，身体后仰左转，踝关节自然绷直。

踢毽练习时，最好先做一些徒手练习，下面介绍几种踢毽的练习方法，如图15-6所示。

（1）踢悬吊在不同高度的毽或小沙袋。

（2）做各种单个踢毽动作。

（3）两人隔网（绳）传接毽，限每人踢两次将毽传出。

（4）用一种踢毽方法，连续踢他人抛来的毽。

①对目标踢毽　　②两人传踢　　③多人传踢

图15-6

（三）触毽技术

触毽是毽球的接毽方法之一，有点像足球中的停球，主要是为了缓冲来毽的力量和为下一个踢毽动作做过渡调整，是比较容易掌握的毽球技术。触毽的方法很多，这里仅举几例供参考。

1. 大腿触毽

当来毽到略低于髋部时，用大腿的前半部分（靠膝部）触毽，如图15-5中④所示。

2. 胸触毽

当来毽传于胸前10cm处时，两臂自然微屈，两肩稍用力向后拉挺胸，同时，两脚蹬地，挺胸迎毽，如图15-7中①所示。

3. 腹触毽

对准来毽屈膝略向后蹲，稍含胸收腹，当腹部触毽一刹那挺腹，使毽轻轻弹出，如图15-7中②所示。

4. 头触毽

当来毽传于头前10cm时，两脚蹬地。同时，颈部稍紧张向前摆头，用前额触毽，如图15-7中③所示。

5. 肩触毽

当来毽传于头前10cm时，肩稍后拉前摆，用肩部击毽。适用于近体上部中速来毽，如图15-7中④所示。

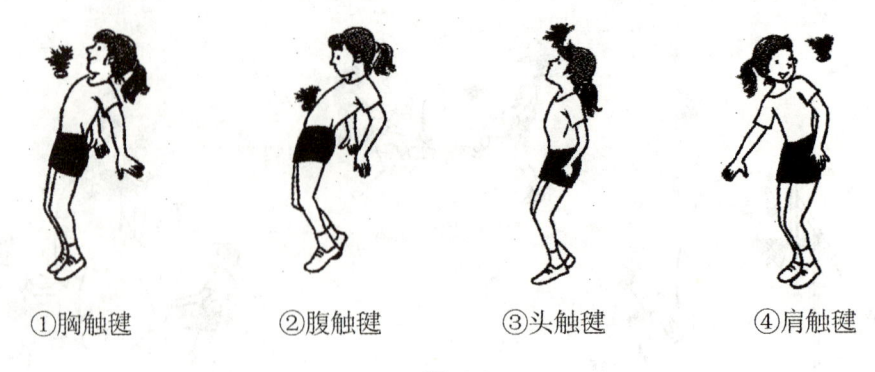

① 胸触毽　　②腹触毽　　③头触毽　　④肩触毽

图15-7

（四）胸部拦网技术

胸部拦网是毽球防守反击的最重要的技术，分单人、双人或三人拦网。拦网时，迅速移动到起跳位置，适时用力跳起，两臂于体侧后摆，提腰收腹挺胸，击毽后前脚掌着地，屈膝缓冲。

第三节　台球

一、台球运动简介

台球运动已有近600年的历史。关于它的起源，众说纷纭，难以定论。有的说是起源于英国、法国、中国，也有的说是古希腊、意大利和西班牙等。

台球在长期流传中经过人们不断改进和丰富，到19世纪初才达到比较完善的程度。1990年，三个世界性台球运动管理机构被国际奥委会正式承认。后经协商，组织了一个统一的机构：世界台球运动联盟（1996年被国际奥委会承认）。1998年，台球成为亚运会正式比赛项目。2000年，悉尼奥运会上把台球列为表演项目。

台球于19世纪末传入中国，仅在几个大城市中的上层社会流传。新中国成立后，台球运动和其他运动一样得到了普及和提高。

台球的种类很多，总的来说，可以分为有袋式和无袋式两大类（即落袋式和撞击式），就地区而言，又可分为英式、美式和法式台球。英式和美式属于有袋台球，法式属于无袋台球。现在最流行英式（斯诺克）和美式台球。

台球是一项文明高雅、轻松愉快的室内运动。它占地小，不受气候和时间的影响；它运动量不大，且千变万化、奥妙无穷，具有浓厚的趣味性；它老少皆宜，是一项既有益于身心健康，又集休闲娱乐和竞技比赛于一体的高雅运动。

经常练习台球，既有利于人体运动器官的锻炼，也可以培养人的优雅气质，还可以调节大脑神经系统，使人呼吸平稳，注意力高度集中；同时，台球运动中蕴藏着复杂的物理和几何学原理，所以，台球运动也可以培养练习者的创造性思维。

二、台球运动的基本技术及原理（以落袋式为例）

台球是运用球杆击打主球，通过主球将目标球撞击入袋或通过主球撞击目标而得分的一项运动。虽然台球的种类很多，但其基本技术及原理差异不大。

（一）击打主球技术

1. 身体姿势

两脚约齐肩宽站立（左脚稍前），左腿向前微屈，右腿伸直，右脚尖向外侧自然转动45°~80°。上体前俯，右肘提起，握杆手与肘关节处在同一条与地面相垂直的线上，如图15-8所示。两眼水平前视，使面部中线与球杆和右臂处在一个垂直面上，如图15-9所示。

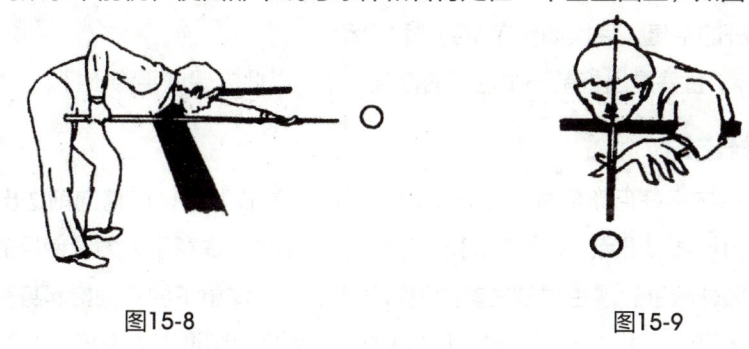

图15-8　　　　　　　　　　图15-9

2. 握杆手势

手腕自然下垂，拇指、食指和中指轻握球杆，其余手指虚握。握杆位置在球杆重心向后移20cm左右处，可以根据主球远近和用力大小，把位置向后或前做适当调整。

3. 架杆手势

架杆就是用手或杆架给球杆一个稳定支撑，一般情况下都是用手给球杆做支架。基本的架杆手势是平背式和凤眼式，其他手势都是在这两种手势上变化出来的。

（1）平背式。左手掌心向下按在台面上，拇指跷起紧靠食指根部形成一个"V"形支点，其余手指尽量分开，掌根、小指、食指和拇指的大鱼际贴住台面，如图15-10所示。

（2）凤眼式。左手掌心向下平放台面，弯曲食指与拇指扣成一个环形支点，其余手指自然弯曲，手掌、中指、无名指和小指构成稳定支架，如图15-11所示。

图15-10　　　　　　　　　　　　图15-11

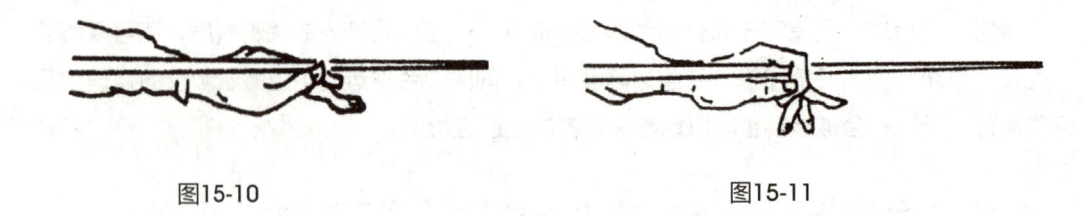

手架的中指尖一般距主球15～20cm；掌根、拇指侧的大鱼际、小指及小鱼际、食指是手架的基本着力点，尽可能使肘关节也贴在台面上，有利于手架的稳定性。可根据需要用手指弯曲、手掌的抬起程度来调节手架高度。

4. 运杆动作

击球前的瞄视准备动作称为运杆。运杆分后摆、暂停两个技术环节。在确定了所击球和目标的部位后，使杆头尽量靠近主球，开始做几次节奏均匀、前后抽拉的运杆动作，目的是获得击球的准确性。

（1）后摆。后摆幅度大小取决于击球力量。肌肉用力时，后摆幅度大，击球的力量也大。为保证出杆的平直，后摆动作应做到"稳"和"慢"。

（2）暂停。暂停是出杆前一个短暂的停顿动作，以此来保证平稳出杆。

5. 出杆击球

出杆击球是在运杆后所完成的动作。出杆时以肘关节为轴，前臂向前送出，稍屏住呼吸，两眼盯住目标球瞄准点。击球瞬间，根据击球的要求，注意手腕力量使用的调控。击球后，球杆一般随球跟进超过主球被击前的位置再停止，并注意不要立刻抬起身来。出杆击球时，手腕动作要灵活、富有弹性，击远距离球时，应利用手腕爆发力出杆。

（二）主球上的击点

用球杆击打主球上的点叫击点。主球上最基本的击点有3个，即高点、中点和低点。另外还有6个比较常用的击点，分别是左上点和右上点、左侧点和右侧点、左下点和右下点。如果球杆击打在球的边缘部位，便会发生打滑现象（滑杆）。若把主球平视面直径划分为10等份，取其中6等份在球中心画圆，在这个范围内击球，就不会"滑杆"。如果击球技术高超，也可超过这个"安全区"击球，如图15-12所示。

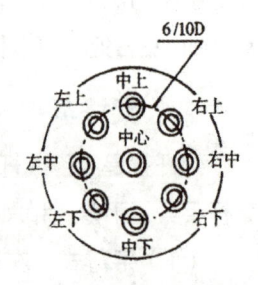

图15-12

（三）瞄准方法

瞄准方法中，直接测点瞄准法和厚薄度瞄准法较为常见。

1. 直接测点瞄准法

不管采用哪种方法，首先应了解目标球的撞击点。由目标球所对的球袋中心，经过目标球中心点延长，这条预想的线与目标球球体外缘相交，这个相交点就是目标球的撞击点。

除了直线球外，还可以直接去瞄准目标球的撞击点。瞄准点是在撞击点垂直向后移至球的半径长度，便可得到主球撞击目标球时主球球心的位置。这个位置就是目标球的瞄准点。主球的位置在目标球中心与袋口中心点直线延长线左、右两侧约90°范围内。只要瞄准点不变，都能将目标球撞击入袋，如图15-13所示。

2. 厚薄度瞄准法

这是一种利用主球球体遮挡目标球球体厚薄程度进行间接瞄准的方法。如将目标球的直径划分成4等份，如图15-14所示，图中主球左侧边的延长线A与目标球上的3/4那条线对齐，然后沿着主球中心T_1一直向前看到T_2点时，这个T_2点的部位就是瞄准点。1/2、1/3等厚薄瞄准方法同3/4的瞄准方法。

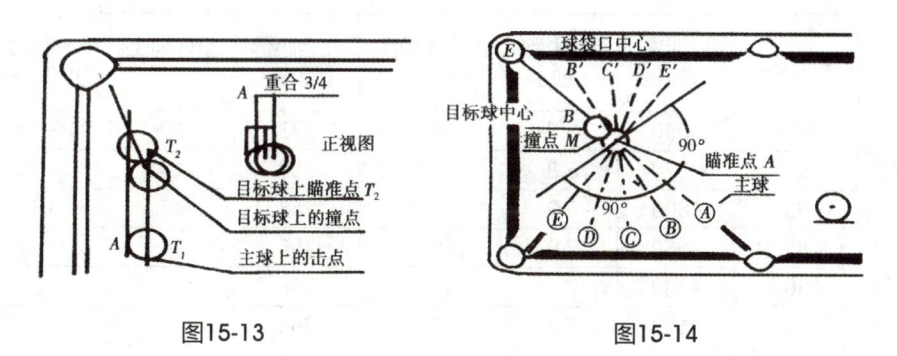

图15-13

图15-14

击打主球的中心点，力度控制适中，撞落目标球的可能性是比较大的。但是要想在完成目标球落袋的同时，又能使主球按预定的路线行进到预想的位置，即行进到有利撞落第二个目标球的位置或给对方制造障碍球，那就需要了解和掌握以上台球运动最基本的技术和原理，并根据实际情况灵活应用于比赛之中。

作业与思考题

1. 课后和同学结伴加强轮滑练习，练习中注意安全。
2. 上网查找一些有关我国毽球发展概况的资料。
3. 你认为打好台球的关键是什么？

网站链接

1. 中国轮滑协会 http://www.rollersports.cn/
2. 中国台球协会 http://www.cbsa.sport.org.cn/
3. 中国毽球协会 http://jianqiu.sport.org.cn/

附录 《国家学生体质健康标准（2014年修订）》测试评分表

体重指数（BMI）单项评分表（单位：千克/米^2）

等级	单项得分	大学男生	大学女生
正 常	100	17.9～23.9	17.2～23.9
低体重	80	≤17.8	≤17.1
超 重	80	24.0～27.9	24.0～27.9
肥 胖	60	≥28.0	≥28.0

大学男生各测试项目评价表（大一、大二适用）

等级	单项得分	肺活量（毫升）	50米跑（秒）	坐位体前屈（厘米）	立定跳远（厘米）	引体向上（次）	耐力跑1000（分·秒）
优秀	100	5040	6.7	24.9	273	19	3'17"
优秀	95	4920	6.8	23.1	268	18	3'22"
优秀	90	4800	6.9	21.3	263	17	3'27"
良好	85	4550	7.0	19.5	256	16	3'34"
良好	80	4300	7.1	17.7	248	15	3'42"
及格	78	4180	7.3	16.3	244		3'47"
及格	76	4060	7.5	14.9	240	14	3'52"
及格	74	3940	7.7	13.5	236		3'57"
及格	72	3820	7.9	12.1	232	13	4'02"
及格	70	3700	8.1	10.7	228		4'07"
及格	68	3580	8.3	9.3	224	12	4'12"
及格	66	3460	8.5	7.9	220		4'17"
及格	64	3340	8.7	6.5	216	11	4'22"
及格	62	3220	8.9	5.1	212		4'27"
及格	60	3100	9.1	3.7	208	10	4'32"
不及格	50	2940	9.3	2.7	203	9	4'52"
不及格	40	2780	9.5	1.7	198	8	5'12"
不及格	30	2620	9.7	0.7	193	7	5'32"
不及格	20	2460	9.9	-0.3	188	6	5'52"
不及格	10	2300	10.1	-1.3	183	5	6'12"

附录 《国家学生体质健康标准（2014年修订）》测试评分表

大学男生各测试项目评价表（大三、大四适用）

等级	单项得分	肺活量（毫升）	50米跑（秒）	坐位体前屈（厘米）	立定跳远（厘米）	引体向上（次）	耐力跑1000（分·秒）
优秀	100	5140	6.6	25.1	275	20	3'15"
优秀	95	5020	6.7	23.3	270	19	3'20"
优秀	90	4900	6.8	21.5	265	18	3'25"
良好	85	4650	6.9	19.9	258	17	3'32"
良好	80	4400	7.0	18.2	250	16	3'40"
及格	78	4280	7.2	16.8	246		3'45"
及格	76	4160	7.4	15.4	242	15	3'50"
及格	74	4040	7.6	14.0	238		3'55"
及格	72	3920	7.8	12.6	234	14	4'00"
及格	70	3800	8.0	11.2	230		4'05"
及格	68	3680	8.2	9.8	226	13	4'10"
及格	66	3560	8.4	8.4	222		4'15"
及格	64	3440	8.6	7.0	218	12	4'20"
及格	62	3320	8.8	5.6	214		4'25"
及格	60	3200	9.0	4.2	210	11	4'30"
不及格	50	3030	9.2	3.2	205	10	4'50"
不及格	40	2860	9.4	2.2	200	9	5'10"
不及格	30	2690	9.6	1.2	195	8	5'30"
不及格	20	2520	9.8	0.2	190	7	5'50"
不及格	10	2350	10.0	-0.8	185	6	6'10"

大学女生各测试项目评价表（大一、大二适用）

等级	单项得分	肺活量（毫升）	50米跑（秒）	坐位体前屈（厘米）	立定跳远（厘米）	1分钟仰卧起坐（次）	耐力跑800米（分·秒）
优秀	100	3400	7.5	25.8	207	56	3'18"
优秀	95	3350	7.6	24.0	201	54	3'24"
优秀	90	3300	7.7	22.2	195	52	3'30"
良好	85	3150	8.0	20.6	188	49	3'37"
良好	80	3000	8.3	19.0	181	46	3'44"
及格	78	2900	8.5	17.7	178	44	3'49"
及格	76	2800	8.7	16.4	175	42	3'54"
及格	74	2700	8.9	15.1	172	40	3'59"
及格	72	2600	9.1	13.8	169	38	4'04"
及格	70	2500	9.3	12.5	166	36	4'09"
及格	68	2400	9.5	11.2	163	34	4'14"

续 表

等级	单项得分	肺活量（毫升）	50米跑（秒）	坐位体前屈（厘米）	立定跳远（厘米）	1分钟仰卧起坐（次）	耐力跑800米（分·秒）
及 格	66	2300	9.7	9.9	160	32	4'19"
	64	2200	9.9	8.6	157	30	4'24"
	62	2100	10.1	7.3	154	28	4'29"
	60	2000	10.3	6.0	151	26	4'34"
不及格	50	1960	10.5	5.2	146	24	4'44"
	40	1920	10.7	4.4	141	22	4'54"
	30	1880	10.9	3.6	136	20	5'04"
	20	1840	11.1	2.8	131	18	5'14"
	10	1800	11.3	2.0	126	16	5'24"

大学女生各测试项目评价表（大三、大四适用）

等级	单项得分	肺活量（毫升）	50米跑（秒）	坐位体前屈（厘米）	立定跳远（厘米）	1分钟仰卧起坐（次）	耐力跑800米（分·秒）
优 秀	100	3450	7.4	26.3	208	57	3'16"
	95	3400	7.5	24.4	202	55	3'22"
	90	3350	7.6	22.4	196	53	3'28"
良 好	85	3200	7.9	21.0	189	50	3'35"
	80	3050	8.2	19.5	182	47	3'42"
及 格	78	2950	8.4	18.2	179	45	3'47"
	76	2850	8.6	16.9	176	43	3'52"
	74	2750	8.8	15.6	173	41	3'57"
	72	2650	9.0	14.3	170	39	4'02"
	70	2550	9.2	13.0	167	37	4'07"
	68	2450	9.4	11.7	164	35	4'12"
	66	2350	9.6	10.4	161	33	4'17"
	64	2250	9.8	9.1	158	31	4'22"
	62	2150	10.0	7.8	155	29	4'27"
	60	2050	10.2	6.5	152	27	4'32"
不及格	50	2010	10.4	5.7	147	25	4'42"
	40	1970	10.6	4.9	142	23	4'52"
	30	1930	10.8	4.1	137	21	"5'02"
	20	1890	11.0	3.3	132	19	5'12"
	10	1850	11.2	2.5	127	17	5'22"

附录 《国家学生体质健康标准（2014年修订）》测试评分表

大学生加分指标测试项目评分表一（单位：次）

加分	引体向上（男）		1分钟仰卧起坐（女）	
	大一、大二	大三、大四	大一、大二	大三、大四
10	10	10	13	13
9	9	9	12	12
8	8	8	11	11
7	7	7	10	10
6	6	6	9	9
5	5	5	8	8
4	4	4	7	7
3	3	3	6	6
2	2	2	4	4
1	1	1	2	2

注：引体向上（男）、1分钟仰卧起坐（女），均为高优指标，学生成绩超过单相评分100分后，已超过的次数所对应的分数进行加分。

大学生加分指标测试项目评分表二（单位：分·秒）

加分	1000米跑（男）		800米跑（女）	
	大一、大二	大三、大四	大一、大二	大三、大四
10	-35"	-35"	-50"	-50"
9	-32"	-32"	-45"	-45"
8	-29"	-29"	-40"	-40"
7	-26"	-26"	-35"	-35"
6	-23"	-23"	-30"	-30"
5	-20"	-20"	-25"	-25"
4	-16"	-16"	-20"	-20"
3	-12"	-12"	-15"	-15"
2	-8"	-8"	-10"	-10"
1	-4"	-4"	-5"	-5"

注：1000米跑（男）、800米跑（女）均为低优指标，学生成绩低于单项评分100分后，以减少的秒数所对应的分数进行加分。

参考文献

[1] 杨文轩，陈琦.体育原理[M].北京：高等教育出版社，2004.

[2] 杨忠伟.体育运动与健康促进[M].北京：高等教育出版社，2004.

[3] 邹继豪，等.体育与健康教程[M].沈阳：辽宁大学出版社，2007.

[4] 周西宽.体育基本理论教程[M].北京：人民体育出版社，2004.

[5] 陶志翔.乒乓球技巧[M].北京：中国社会出版社，2005.

[6] 张先松.健身健美运动[M].北京：高等教育出版社，2005.

[7] 黄宽柔，姜桂萍.舞蹈与健美操[M].北京：高等教育出版社，2006.

[8] 邹师，高罕斌，潘海波.大学体育健康教程[M].北京：北京体育大学出版社，2011.

[9] 田振生，张秉祥.大学体育教程[M].保定：河北大学出版社，2008.

[10] 陈志勇.现代大学体育教程[M].北京：北京体育大学出版社，2006.

[11] 王英杰，章春筱.体育与健康[M].北京：机械工业出版社，2009.

[12] 蔡志坚.大学体育[M].北京：高等教育出版社，2010.

[13] 范素萍，姜明.体育与健康[M].北京：科学出版社，2004.

[14] 从群，等.大学体育[M].上海：上海交通大学出版社，2006.

[15] 吕玉环，李书玲，王美莲.大学生体育与健康教程[M].长春：东北师范大学出版社，2011.

[16] 李学彬，杜建强.体育教程[M].郑州：大象出版社，2007.

[17] 姚宏茂，邵晓春，应菊英.新编高职高专体育教程[M].北京：高等教育出版社，2009.

[18] 辛克海，刘凯.体育与健康[M].北京：北京师范大学出版社，2010.

[19] 吴仕贵，郭淑霞，杨崇武.体育与健康[M].北京：北京师范大学出版社，2006.

[20] 王永祥，焦波，姜勇.体育与健康教程[M].长春：吉林大学出版社，2013.

版权声明

根据《中华人民共和国著作权法》的有关规定，特发布如下声明：

1.本出版物刊登的所有内容（包括但不限于文字、二维码、版式设计等），未经本出版物作者书面授权，任何单位和个人不得以任何形式或任何手段使用。

2.本出版物在编写过程中引用了相关资料与网络资源，在此向原著作权人表示衷心的感谢！由于诸多因素没能一一联系到原作者，如涉及版权等问题，恳请相关权利人及时与我们联系，以便支付稿酬。（联系电话：010-60206144；邮箱：2033489814@qq.com）